한 권으로 평생 써먹는

# 토지보상
# 투자

한 권으로 평생 써먹는

# 토지보상 투자

김보겸 지음

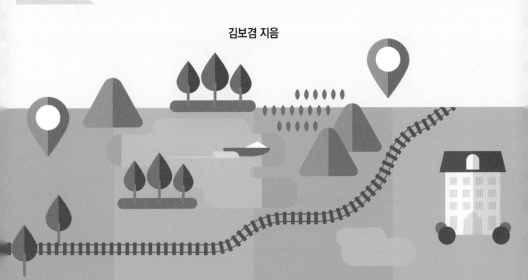

매일경제신문사

이 책은 토지보상 투자를 안전한 재테크 수단으로 만들려고 하는 사람들을 위한 일종의 '교과서'다. 아파트 갭 투자밖에 몰랐던 한 투자자가 우연히 알게 된 토지보상 투자 사례로 인해, 그 길을 걷게 됨으로써 알게 된 지식과 경험을 바탕으로 정리한 내용이다. 처음부터 출판하려고 마음먹었던 것은 아니다. 7년 전 처음 토지보상 투자를 시작할 때뿐만 아니라 지금도 마찬가지지만, 토지보상을 투자 관점에서 체계적으로 설명한 도서나 강의는 거의 찾아볼 수가 없다. 토지보상 투자 특강이나, 세미나를 진행하는 곳의 대부분은 투자자를 모집하는 것이 목적이다. 고가의 강의료를 받고 진행하는 곳조차도 특별한 내용이 없이 사례 위주로 설명하는 것이 전부다.

이 책은 토지보상 투자를 체계적으로 배우고 싶은 사람들을 위해 기술한 것이니, 더 이상 속지 말고 이 책을 여러 번 읽고 이해하길 바란다.

## 공부만 하지 말고 직접 실행하라

이 책에는 토지보상 투자를 처음 시작하는 초보부터 경험이 많은 투자자까지 토지보상 투자를 위해 꼭 알고 있어야 하는 내용을 정리했다. 어떤 투자자는 이론 공부를 완벽하게 이해한 후에 투자하려고 한다. 더는 이곳저곳 기웃거리면서 특별한 무엇인가를 더 알려고 하기보다는 이 책의 내용을 이해하고 직접 실행함으로써, 다양한 사례를 통해 실력을 쌓는 것이 더 좋으리라 생각한다.

## 꽃 중의 꽃, '보상금 증액을 위한 활동'

아파트 투자로 수익은 낼 수 있으나, 부자가 될 수 없다고들 말한다. 그러나 토지의 가치는 IMF 외환위기 때 10% 하락한 것을 제외하고는 꾸준히 상승하고 있다. 게다가 개발 호재가 있으면 하루아침에 벼락부자가 되기도 하고 몇 배 이상이 상승하기도 한다.

토지보상의 핵심은 개발정보다. 이러한 개발정보를 활용해 투자하게 되면 막연해서 어렵게 느껴졌던 토지도 쉽게 접근하게 될 것이다. 이런 이유로 토지보상 투자를 부동산 투자의 '꽃'이라 말한다.

토지보상 투자는 접근하는 방식에 따라 레벨이 있다. 단순히, 토지보상 투자를 오래 했다고 높은 수준이 되는 것은 아니다. 토지보상 투자의 레벨은 크게 3가지로 구분할 수 있다.

첫째, 찾기 쉬운 물건에만 투자하거나 대략적으로라도 토지보상금을 분석하지 않고 투자한 후 시행사가 주는 대로만 토지보상금을 받는 하위 수준의 투자자가 있다.

둘째, 다양한 개발정보를 파악하고 관리하면서 그 개발정보를 활용해

경쟁하지 않는 물건에 투자하거나, 토지보상 감정에 대한 지식을 습득해 예상 토지보상금을 산출한 후 투자하는 투자자, 형질변경을 통해서 토지보상금을 높이는 중급 수준의 투자자가 있다.

셋째, 보상 예정인 토지를 취득한 후에 주민대책위원회에 소속되거나 위원장이 되어 내 편인 감정평가사를 추천하는 투자자가 있다. 민간이 시행하는 사업은 시행사와 협상을 어떻게 하는지에 따라 보상금이 달라지는데, 민간 시행자와 협상을 해서 유리한 결과가 나오도록 활동하는 투자자는 상급 수준의 투자자다. 여기서 상급 수준의 투자를 토지보상금을 증액하는 활동이라 해서 부동산 투자의 '꽃 중의 꽃'이라고 한다.

처음부터 상급 수준의 투자를 할 수는 없을 것이다. 특히 전업으로 투자를 하는 사람이 아니면 상급 수준의 활동은 어려울 수 있다. 그러므로 필자처럼 직장인이라면, 하급 수준의 투자를 거쳐 중급 수준 이상의 투자를 위해 노력하면 된다. 전업으로 목표를 둔 자는 상급 수준의 투자를 위해 목표를 잡고 나아가면 될 것이다.

필자의 지인 중에는 상급 수준의 투자자가 있다. 그 지인은 오랫동안 토지보상 투자만 해왔고, 수많은 토지보상 물건을 투자하면서 증액 활동을 위해 노력했다. 여러분도 최상급의 수준을 목표로 두고 토지보상 투자를 위해 노력하길 바란다.

## 토지보상 투자, "소액부터 거액까지 투자가 가능하다"

토지보상 투자 시에 큰 금액의 물건에 투자하는 사람도 있고, 적은 금액의 물건에 투자하는 사람도 있다. 한편, 비슷한 돈을 투자해서 적은 수익을 보는 투자자도 있고 큰 수익을 내는 투자자도 있다. 물건을 분석하고 투자하는 방식은 금액이 적든 크든 비슷하게 처리한다. 적은 금액의 물건은 경쟁률이 더 높은 경우가 많으니, 이왕이면 큰 물건에 투자하기를 권한다.

"토지 투자는 어렵다"라는 사람이 많다. 그래서인지 부동산 투자를 처음 시작하는 초보자들이 가장 먼저 투자하는 것이 아파트 시장이다. 그렇지만, 아파트 투자 특히, 아파트 갭 투자는 하락장이나 횡보장에서 경험이 많은 투자자 이외에는 접근하기 어려울 것이다. 잘못해서 시장에 진입했다가는 역전세로 손해를 볼 수 있다. 그러나 토지보상 투자는 공익사업이 계속 발생하므로 부동산 시장의 사이클과는 관련이 없다. 자금이 여력이 되는 투자자는 적절하게 비중으로 조절해서 투자하면 된다.

이 책은 토지보상 투자자가 알아야 할 사항을 체계적으로 전달하기 위해 다음과 같은 점에 역점을 두고 기술했다.

**첫째, 토지보상 투자를 시작하는 투자자가 알고 있어야 할 용어, 사이트를 안내하고 사용방법을 기술했다.**

CHAPTER 01은 총 3장으로 구성되었다. 제1장은 처음 토지보상 투자를 하는 사람이 자주 질문하는 용어 위주로 선택해서 용어를 설명했다. 제2장은 개발정보를 어떻게 찾고, 관리해야 하는지를 기술했다. 매일 새로운 정보가 쏟아지고 그 양이 너무 많아 기억하기가 어렵다. 따라서 수집도 체계적으로 해야 하고 수집된 정보를 분석하고 활용할 수 있도록 관리해야 한다. 제3장은 토지보상 투자를 위해 유용한 사이트를 안내하고 투자에 어떻게 활용하는지를 소개했다.

**둘째, 토지보상 투자 물건을 찾는 노하우를 모두 다루었다.**

토지보상 투자를 처음 시작한 투자자부터 오랫동안 투자한 투자자도 보상 물건을 찾는데 어려워하다가, 찾기 쉬운 미지급용지 투자만 주로 하든가 토지보상 투자를 포기하게 된다. CHAPTER 02는 기본적인 내용은 물론이고, 경쟁을 피할 방법이 서술되어 있다. 또한, 이해하기 쉽고 실전에 적용할 수 있도록 가능한 최신의 사례를 들어 설명했다. 여기에 서술한 내용은 필자가 이론 공부와 더불어 경험으로 알게 된 내용을 체계적으로 정립한 것이다. 이렇게 정리한 내용은 국내 어디에도 없을 것이다. 그러니 더 이상의 이론은 불필요하다. 여러 번 정독하고 실행에 옮기면서 자기 것으로 만들어 가면 된다.

**셋째, 투자를 위해 알아야 할 감정평가 방법과 세금을 다루었다.**

CHAPTER 03은 토지보상 투자자가 꼭 알아야 할 "경매 감정과 보상 감정의 차이"를 이해할 수 있도록 했다. 취득세 및 양도세에 관해 설명함으로써, 보상투자를 처음 접하는 투자자가 대략적인 수익률을 계산해서 입찰가를 산정할 수 있도록 했다. 처음 토지보상을 하는 투자자가 가장 어려워하는 것이 예상 토지보상금을 산출하는 것이다. "보상금을 몰라서, 투자하기 어려워요"라고 말하는 투자자가 많다. 토지보상 감정 시에는 감정평가사의 재량으로 선택할 수 있는 항목이 있다. 투자자가 토지보상금을 정확하게 산출하기 위해 노력하는 것은 무의미하기 때문에, 대략 산출할 수 있으면 된다. 보상금 산출에 집중하는 것보다 숨은 개발정보를 활용해 값싸게 물건을 취득하는 데 노력하는 것이 더 효율적이다.

**넷째, '토지보상법'에 따른 토지보상 절차를 이해하도록 설명했다.**

CHAPTER 04는 토지보상 절차에 관해 설명했다. 토지보상 절차를 잘 이해하고 있음으로써, 투자한 물건을 협의 단계에서 보상금을 수령하고 끝낼 것인지, 수용재결과 이의재결 신청까지 갈 것인지를 판단하도록 했다. 때로는 양도세 절감을 위해 재결신청을 할 수도 있다.

토지보상 투자는 시간을 투자한 만큼 수익을 안겨다 준다. 토지보상 투자에 성공하려면 끊임없이 개발정보를 파악하고 그 정보를 적재적소에서 사용할 수 있도록 관리할 시간이 필요하다.

필자에게 토지보상 투자를 배운 수강생들 대부분은 토지보상 투자를 위해 일정 시간을 내지 못해서 포기한다. 적은 시간이라도 매일 시간을 투자하다 보면 좋은 결과로 돌아올 것이다. 끊임없이 계속하는 것이 답이다. 또한, 토지보상 투자는 혼자보다 여러 명이 같이 투자하면 더 수월하다. 주변에 지인들과 같이 투자해라. 같이할 지인이 없으면 필자가 운영하는 네이버 카페 토지투자캠퍼스, 토투캠(https://cafe.naver.com/totucam)에 가입한 후 활동하면 된다.

이 책을 출판할 수 있도록 많은 분의 응원과 도움이 있었음을 여기에 밝힌다. 실력이 알려지지 않은 필자에게 처음 강의 기회를 줘서 여기까지 올 수 있도록 해준 수원마스터경매학원 카페 원장님과 관계자에게 감사를 전한다. 또한, 묵묵하게 응원해주는 공장마왕 카페의 공장마왕

님에게 감사를 전한다. 그리고 항상 필자를 응원해주시는 카페 회원들과 포기하지 않고 계속 필자와 함께 투자 모임을 하는 스터디 모임 회원에게도 감사를 전한다.

무엇보다도 휴일에도 강의와 투자 모임으로 같이 시간을 보내지 못하는 부분을 불평 없이 이해해주는 아내 권희영에게도 감사의 말을 전한다. 그리고 이 책을 출간할 수 있게 해준 나눔스쿨 카페의 나눔부자 님과 캠부스 카페의 토지대장 님, ㈜두드림미디어 한성주 대표님과 모든 직원께 깊은 감사를 전한다.

아무쪼록 이 책을 통해서 어렵고 막막하게만 느껴졌던 토지보상 투자에 대한 확실한 해법을 터득하기 바란다. 또한, 토지보상 투자 기법을 한 차원 높게 성장시키기를 진심으로 기원한다.

**푸른나무 김보겸**

## 제3장 토지보상 투자에 유용한 사이트 활용하기

## CHAPTER 02 토지보상 물건 찾는 노하우

## 제1장 숨겨진 개발정보를 찾아 투자하기

# 토지보상
# 투자의 시작

토지보상 투자를 주제로 한 책이나, 유튜브 동영상은 투자자 관점이 아닌, 행정사 또는 변호사 관점에서 설명한 것이 대부분이다. 토지를 소유하고 있던 원주민이 보상금을 잘 받도록 조언하거나, 이주대책, 생계대책 등 간접보상을 위한 대응전략을 수립하는 데 도움이 되는 내용이 많다. 투자자에게 필요한 접근법은 달라야 하는데, 이런 부분에 관해 설명하는 곳은 거의 없다.

대부분의 투자자는 토지 투자를 어려워한다. 토지 투자는 수익성, 안정성은 좋은데, 환금성이 부족한 것이 가장 큰 이유일 것이다. 토지보상 투자는 많은 토지 투자 방법 가운데 하나지만, 수익성, 안정성, 환금성을 모두 갖췄다는 점에서 주목해야 한다. 또, 초보자를 포함해서 누구나 쉽게 접근할 수 있는 투자 방법이다.

이 책은 토지보상 절차나 '공익사업을 위한 토지 등의 취득 및 보상에 관한 법률'(이하 '토지보상법'이라고 칭한다)에 관한 해설이 주된 목적이 아니다. 토지보상이라는 개념을 활용해서 투자금에 맞는 투자처와 투자물건을 스스로 찾아, 경쟁을 피하면서 꾸준하게 수익을 창출할 방법을 주로 다루고 있다.

# 제1장

## 토지보상 관련
## 주요 용어 이해하기

# 토지보상 투자란
# 무엇인가?

토지보상 투자는 공공주택지구, 도시개발 사업, 산업단지, 도로개설, 도시계획시설(공원, 도로) 등의 공익사업으로 편입되어, 현재 토지보상 중이거나, 향후 토지보상이 예정되거나 미보상된 토지에 투자하는 것을 말한다.

경매나 공매 등의 방식으로 저가에 매수해서 해당 공익사업의 사업시행자에게 매각한다. 사업시행자에게 매각하는 방법에는 사업시행자와 협의를 하는 협의 취득과 관할 토지수용위원회의 수용재결에 의해 취득하는, 두 가지 방법이 있다.

여기에서 저가에 매수하는 것이 토지보상 투자에서 제일 중요한 부분을 차지한다. [자료 1-1]의 뉴스 사례처럼 토지보상금에 대한 분석 없이 '묻지 마 투자'에 나서면 투자 금액을 날리는 경우가 빈번하게 발생하기 때문이다.

# [자료 1-1] 토지보상 묻지 마 투자 피해 사례

**M** 매일일보  2020.03.26.

**토지보상 경매시장 '묻지마 투자' 주의보**

사진=지존 최근 **토지보상금**을 노린 경매물건의 응찰자가 늘어나고 있는 가운데, '**묻지마 투자**'로 인한... 낙찰자가 잔금납부를 포기한 이유는 경매대상 2필지의 토...

이데일리  📄 A26면 TOP  2018.08.02.  네이버뉴스

**"보상금이 낙찰가의 절반"..토지보상 경매 '묻지마 투자' 주의보**

이해하지 못한 채 막연히 **토지보상** 경매 투자가 돈이 된다는 기대감으로 **묻지마 투자**에 나섰다간 낭패를 볼 수 있다"고 말했다. 권소현 (juddie@edaily.co.kr)  < ©...

뉴스1  2018.08.05.  네이버뉴스

**대박 노리다 쪽박...토지보상 경매 '묻지마 투자' 주의보**

각종 개발사업지구에 편입돼 낙찰을 받고 **토지보상금**을 받으면 막대한 시세차익을 얻을 수 있다는 기대감에 '**묻지마 투자**'도 성행하고 있어 각별한 주의 필요...

**MT** 머니투데이  2019.06.01.  네이버뉴스

**토지보상 노린 '묻지마' 투자...억대 손실 보기도**

역대급 **토지보상금**이 시장에 풀리며 **토지** 경·공매 투자가 주목받지만 막연한 기대감에 '**묻지마 투자**'에 나서면 금전적 피해를 볼 수 있어 주의가 요구된다. 1일 부...

이투데이  2023.03.30.

**[종합] K칩스법, 국회 문턱 넘었다...'하영제 체포동의안' 통과**

장 의원도 K칩스법을 '**묻지 마 재벌** 감세'라고 규정하며 "재벌의 압력과 대통령 하명에 입법부가 굴복하는... 그 밖에 가덕도 신공항 조기 착공을 위해 **토지 보상** 시...

서울파이낸스  2021.05.26.

**한탕 노린 토지 경매 '활활'...'묻지마 투자' 주의 필요**

이와 같은 **묻지마**식 **토지** 투자가 늘어나는 이유로는 **토지보상금**이 꼽힌다. 한국토지주택공사(LH)는 3기신도시와 관련해 **토지보상금**을 약 9조1054억원을 풀기로 ...

출처 : 네이버 뉴스

# 공익사업이란
# 무엇인가?

공익사업은 공공의 이익 증진을 위해 필요한 사업이다. '토지보상법'에는 공익사업 종류를 [자료 1-2]에 나열한 7가지와 별표로 구분한다.

별표에 해당하는 사업에는 관련 법률에 따라 토지 등을 수용하거나 사용할 수 있는 사업 19가지와 해당 법률로 사업인정이 의제되는 공익사업 93가지가 있다. 즉, 투자 대상이 되는 물건이 우리가 생각하는 것보다 훨씬 더 많다는 것이다.

[자료 1-2] **'토지보상법' 제4조**

1. 국방·군사에 관한 사업
2. 관계 법률에 따라 허가·인가·승인·지정 등을 받아 공익을 목적으로 시행하는 철도·도로·공항·항만·주차장·공영차고지·화물터미널·궤도(軌道)·하천·제방·댐·운하·수도·하수도·전기·전기통신·방송·가스 및 기상 관측에 관한 사업
3. 국가나 지자체가 설치하는 청사·공장·연구소·시험소·보건시설·문화시설·공원·수목원·광장·운동장·시장·묘지·화장장·도축장 또는 그 밖의 공공용 시설에 관한 사업
4. 관계 법률에 따라 허가·인가·승인·지정 등을 받아 공익을 목적으로 시행하는 학교·도서관·박물관 및 미술관 건립에 관한 사업

5. 국가, 지자체, '공공기관의 운영에 관한 법률' 제4조에 따른 공공기관, '지방공기업법'에 따른 지방공기업 또는 국가나 지자체가 지정한 자가 임대나 양도의 목적으로 시행하는 주택 건설 또는 택지 및 산업단지 조성에 관한 사업

6. 제1호부터 제5호까지의 사업을 시행하기 위하여 필요한 통로, 교량, 전선로, 재료 적치장 또는 그 밖의 부속시설에 관한 사업

7. 제1호부터 제5호까지의 사업을 시행하기 위하여 필요한 주택, 공장 등의 이주단지 조성에 관한 사업

8. 그 밖에 별표에 규정된 법률에 따라 토지 등을 수용하거나 사용할 수 있는 사업

출처 : 법제처 국가법령정보센터

# 잔여지 매수청구란
# 무엇인가?

　잔여지는 공익사업에 해당하는 필지가 전면 편입되지 않고 일부만 편입되는 경우에 발생한다. 이런 경우에는 편입되는 부분은 면적만큼 보상받고, 편입되지 않은 부분은 분할한 후 소유하게 된다. 그런데 잔여지가 발생해서 종전 목적으로 사용이 현저히 곤란하다면, 사업시행자에게 잔여지를 매수해줄 것을 청구할 수 있다. 잔여지 매수기준은 대략 정해져 있으나, 일률적으로 적용하지 않는다. 구체적인 기준은 시행사와 협의하는 것이 좋다.

　잔여지는 사업시행자에게 매수 청구할 것인지, 또는 잔여지를 활용해서 건축 등의 수익을 고려할 것인지, 다각적으로 판단해서 처리하는 것이 좋다.

　토지보상 투자를 처음 시작하는 투자자는 잔여지를 처리하기 곤란해서 전면 편입되지 않은 물건은 피하게 된다. 필자도 초기에는 전면 편입되는 물건에만 투자했다. 그러나 건축 관련 지식을 조금 습득한 이후부터는 도로 사업으로 보상받고, 잔여지가 되는 토지를 눈여겨보고 있다.

지역 입지가 좋은 곳을 선정해 도로에 접한 잔여지를 활용해서 꼬마상가 등을 건축한다면 수익이 극대화될 수 있기 때문이다.

잔여지 매수청구는 사업완료의 고시가 있는 날부터 1년이 지난 후에는 청구할 수 없다.
일단의 토지에서 공익사업에 편입되는 토지와 미편입되는 토지의 소유자가 동일해야 잔여지 매수청구를 할 수 있다.

# 저촉과 접합의 차이는
# 무엇인가?

　국어사전에서 말하는 저촉은 '법률이나 규칙 따위에 위반되거나 어긋남'을 의미한다. '개인정보보호법에 저촉된다'라는 예문을 보면 이해가 쉬울 것이다.

　접합이란 뜻은 '이어 닿아 있다'라는 의미다. 그렇다면 '도시계획시설 저촉'은 무슨 의미일까? 국어사전에서 정의한 대로 해석하면, '도시계획시설에 위반되거나 어긋남'이라는 뜻이다. 그러나 부동산 관련 공법에서 사용하는 의미는 다르다.

　저촉과 접합이라는 단어는 도시·군계획시설(이하 '도시계획시설'이라 칭한다)에서 많이 사용한다. '국토의 계획 및 이용에 관한 법률'(이하 '국토계획법'이라 칭한다)에서 규정하고 있는 도로, 공원 등 기반시설 중에서 관련 법령 제30조에 따라 결정된 기반시설을 도시계획시설이라고 한다. 이렇게 결정된 도시계획시설 부지에는 공작물이나 건축물을 건축할 수 없도록 제한하고 있다.

　도시계획시설 중에 '완충녹지'를 예를 들면, [자료 1-3] 사례에서 저촉이라고 표시된 것과 [자료 1-4] 사례에서 아무 표시가 없는 것이 있다.

저촉이라는 것은 해당 토지의 '일부'가 [자료 1-5]처럼 완충녹지에 포함되어 있다는 표현이다. 아무 표시가 없는 것은 해당 토지의 '전부'가 [자료 1-6]처럼 완충녹지에 포함된다는 표현이다.

그리고 [자료 1-7] 사례와 같이 도시계획시설에 '접합'이라고 표시되어 있다면 [자료 1-8] 사례를 보듯이 해당 토지와 도시계획시설의 경계가 접해 있다는 표현이다.

[자료 1-3] **도시계획시설 저촉 사례**

| 소재지 | 충청남도 서산시 ▇▇ 107-7번지 | | | |
|---|---|---|---|---|
| 지목 | 전 ❓ | | 면적 | 200 ㎡ |
| 개별공시지가(㎡당) | 353,000원 (2022/01)  연도별보기 | | | |
| 지역지구등 지정여부 | 「국토의 계획 및 이용에 관한 법률」에 따른 지역·지구등 | 도시지역 , 제2종일반주거지역, 완충녹지(저촉) | | |
| | 다른 법령 등에 따른 지역·지구등 | 가축사육제한구역(전부제한지역:모든 축종 불가)<가축분뇨의 관리 및 이용에 관한 법률>, 상대보호구역<교육환경 보호에 관한 법률> | | |
| 「토지이용규제 기본법 시행령」 제9조 제4항 각 호에 해당되는 사항 | 중점경관관리구역(2021-11-10) | | | |
| 확인도면 | | | | |

범례
- ☐ 준보전산지
- ☐ 도시지역
- ■ 제2종일반주거지역
- ☐ 절대보호구역
- ☐ 상대보호구역
- ☐ 대로2류(폭 30m~35m)
- ☐ 소로3류(폭 8m 미만)
- ☐ 완충녹지
- ☐ 법정동

☐ 작은글씨확대  축척 1 / 1200 ▾  변경  도면크게보기

출처 : 토지이음

## [자료 1-4] 도시계획시설 전면 편입 사례

| 소재지 | 충청남도 서산시 ███ 107-11번지 | | |
|---|---|---|---|
| 지목 | 답 ❓ | 면적 | 64 ㎡ |
| 개별공시지가(㎡당) | 342,600원 (2022/01) [연도별보기] | | |
| 지역지구등 지정여부 | 「국토의 계획 및 이용에 관한 법률」에 따른 지역 · 지구등 | 도시지역 , 제2종일반주거지역 , 완충녹지 | |
| | 다른 법령 등에 따른 지역 · 지구등 | 가축사육제한구역(전부제한지역:모든 축종 불가)<가축분뇨의 관리 및 이용에 관한 법률>, 상대보호구역<교육환경 보호에 관한 법률> | |
| 「토지이용규제 기본법 시행령」 제9조 제4항 각 호에 해당되는 사항 | 중점경관관리구역(2021-11-10) | | |
| 확인도면 | 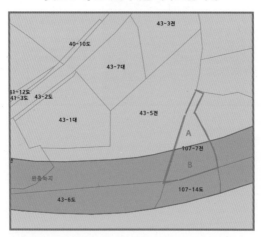 | | |

범례
- ☐ 도시지역
- ■ 제2종일반주거지역
- ☐ 상대보호구역
- ☐ 대로2류(폭 30m~35m)
- ☐ 소로1류(폭 10m~12m)
- ☐ 소로2류(폭 8m~10m)
- ☐ 소로3류(폭 8m 미만)
- ☐ 완충녹지
- ☐ 법정동

☐ 작은글씨확대   축척 1 / 1200 ∨ [변경] [도면크게보기]

출처 : 토지이음

## [자료 1-5] 도시계획시설 저촉 도면 사례

도면 설명 : 빨강색 부분은 완충녹지다. 지번 107-7번지에서 'A'는 완충녹지에 해당하지 않고, 'B'는 완충녹지에 해당한다.

## [자료 1-6] 도시계획시설 전면포함 도면 사례

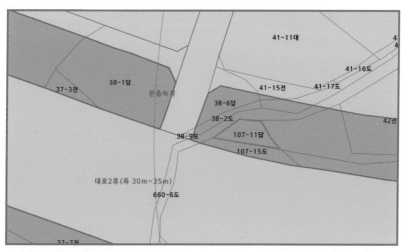

도면 설명 : 빨강색 부분은 완충녹지고, 지번 107-11번지는 전면이 완충녹지다.

## [자료 1-7] 도시계획시설 접합 사례

| 소재지 | 경상남도 창원시 진해구 ▓▓ 10-7번지 | | |
|---|---|---|---|
| 지목 | 대 ❓ | 면적 | 89.2 ㎡ |
| 개별공시지가(㎡당) | 780,300원 (2022/01) 연도별보기 | | |
| 지역지구등 지정여부 | 「국토의 계획 및 이용에 관한 법률」에 따른 지역·지구등 | 도시지역 , 준주거지역 , 대로3류(폭 25m~30m)(접합) | |
| | 다른 법령 등에 따른 지역·지구등 | 가축사육제한구역(전부제한)<가축분뇨의 관리 및 이용에 관한 법률>, 상대보호구역(도천초등학교)<교육환경 보호에 관한 법률>, 제한보호구역(해군기지)<군사기지 및 군사시설 보호법>, 역사문화환경보존지역<문화재보호법>, 현상변경허가 대상구역<문화재보호법> | |
| 「토지이용규제 기본법 시행령」제9조 제4항 각 호에 해당되는 사항 | 중점경관관리구역(2018-11-30)(진해원도심 중점경관관리구역) | | |
| 확인도면 | | 범례 | |

범례
☐ 제한보호구역(해군기지)
☐ 중점경관관리구역
☐ 도시지역
■ 제2종일반주거지역
■ 준주거지역
☐ 상대보호구역
☐ 현상변경허가 대상구역
☐ 역사문화환경보존지역
☐ 대로3류(폭 25m~30m)

출처 : 토지이음

## [자료 1-8] 도시계획시설 접합 도면 사례

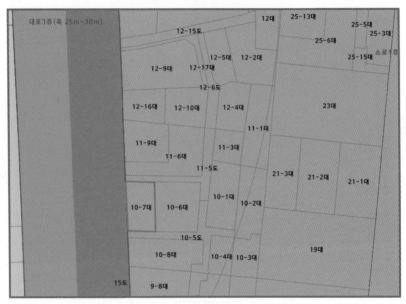

도면 설명 : 빨강색 부분은 도로고, 지번 10-7번지는 도로에 접해 있다.

# 도로구역과 접도구역의 차이는 무엇인가?

　도로구역은 도로를 구성하는 일단의 토지로, 도로관리청이 '도로법'에 따라 지정하는 구역을 의미한다. 도로구역에 있는 토지·건축물 또는 그 토지에 정착된 물건의 소유권이나 그 토지·건축물 또는 물건에 관한 소유권 외의 권리를 수용하거나 사용할 수 있다. 이러한 토지 등의 수용 및 사용에 관해서는 '토지보상법'을 준용한다.

　접도구역은 도로 구조의 파손을 방지하고 미관의 훼손이나 교통에 대한 위험을 방지하기 위해 지정한다. 도로경계선으로부터 일정 범위에 접도구역을 둔다. 일반도로의 경우 도로경계선에서 5m, 고속국도는 50m를 초과하지 않는 범위에서 접도구역을 지정할 수 있다.

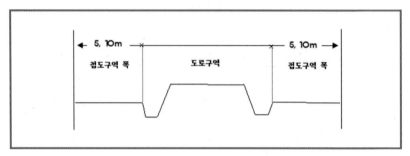

5, 10m
접도구역 폭

도로구역

5, 10m
접도구역 폭

출처 : 접도구역 관리지침(국토교통부 지침)

　토지보상 투자 시 도로구역은 토지의 소유 시기에 상관없이 보상 대상이나, 접도구역은 '매수청구'만 가능하다. 매수청구는 '도로법' 제41조 제2항에 따라 접도구역이 지정될 당시부터 해당 토지를 계속 소유한 자가 할 수 있다. 그 때문에, 필자는 접도구역은 투자에서 제외하고 있다.

# 지구단위계획구역이란
# 무엇인가?

지구단위계획은 종전 '건축법'의 도시설계와 도시계획법의 상세계획을 통합하면서 생긴 제도다. 도시 내 일정구역을 대상으로 인간과 자연이 공존하는 환경친화적 도시환경을 조성하고, 지속 가능한 도시개발 또는 도시 관리를 가능하게 하기 위해서 수립한다. 세부적인 계획으로는 광역도시계획, 도시기본계획 등 상위계획과 관련 계획의 취지를 살려 토지이용을 구체화·합리화하려는 것이다.

쉽게 설명하면 지구단위계획구역에서 지구는 '건물', 단위는 유닛(Unit)으로 '구성체', 계획은 'Plan', 구역은 하지 말라는 '행위 제한'으로 보면 된다. 건물을 지을 때는 마음대로 하지 말고 미리 수립한 계획대로 건축하라는 의미다.

개발 압력이 높은 지역은 용도지역, 용도지구 등의 행위 제한만으로는 개발의 효율성을 극대화하기 어려운 경우가 많다. 그래서 일정구역을 지구단위계획구역으로 지정한다. 개별 필지별로 상세계획을 수립해서 개발을 종합적으로 유도하고 최대한의 개발 효과를 얻는 계획이다.

[자료 1-10] **지구단위계획 대상구역**

| 구분 | 대상구역 |
|------|----------|
| 도시지역 | • 도시개발구역, 정비구역<br>• 택지개발예정지구, 대지조성사업지구<br>• 산업단지 및 준산업단지, 관광단지 및 관광특구<br>• 개발제한구역, 도시자연공원구역, 시가화조정구역에서 해제되는 구역<br>• 녹지지역에서 주거/상업/공업지역으로 변경되는 구역<br>• 주택재건축사업에 의해 공동주택을 건축하려는 지역<br>• 시범도시 등 기타사항 |
| 비도시지역 | • 계획관리지역이 50% 이상으로 일정한 조건을 갖출 것<br>• 일정한 요건에 해당하는 개발진흥지구 |

지구단위계획을 수립하는 대상구역은 [자료 1-10]과 같다. 토지보상 투자뿐만 아니라 부동산 투자를 하려는 투자자는 지구단위계획의 의미를 정확하게 알고 있어야 한다.

지구단위계획 대상구역에 대해 2가지 사례로 설명하겠다. [자료 1-11]에서 의미하는 지구단위계획구역은 '공공주택특별법'에 따라 조성되는 3기 신도시(광명시흥지구)다. 토지보상 투자를 할 수 있는 관심 지역이 될 수 있다.

반면에 [자료 1-12]의 지구단위계획구역은 인천시 연수구 연수동의 '연수지구'라는 지구단위계획구역이다. 주요 내용은 문화재 용지를 관리하기 위한 것이다. 그러므로 토지보상 투자와는 거리가 먼 내용인 것이다. 일반적인 부동산 투자 시에도 주의를 해야 한다.

토지이용계획확인서에 지구단위계획구역으로 지정된 경우, 평소에 개발 사업 파악을 꾸준히 해왔던 토지보상 투자자는 지역명만으로도 '지구단위계획구역'으로 지정한 이유를 알고 있을 것이다.

그렇지 않을 때는 해당 지자체 담당에게 지구단위계획구역으로 지정한 이유를 문의하면 알려줄 것이다. 그리고 [자료 1-13]과 같이 지구단위계획구역으로 지정한 이유에 대해 힌트를 주는 경우가 있다.

**[자료 1-11] 광명시흥지구 사례**

| 소재지 | 경기도 시흥시 과림동 ▓▓▓▓ | | | |
|---|---|---|---|---|
| 지목 | 전 ❓ | | 면적 | 942 ㎡ |
| 개별공시지가(㎡당) | 430,100원 (2022/01) 연도별보기 | | | |
| 지역지구등 지정여부 | 「국토의 계획 및 이용에 관한 법률」에 따른 지역·지구등 | 도시지역 , 자연녹지지역 , 지구단위계획구역 | | |
| | 다른 법령 등에 따른 지역·지구등 | 공공주택지구<공공주택 특별법>, 과밀억제권역<수도권정비계획법> | | |
| | 「토지이용규제 기본법 시행령」 제9조 제4항 각 호에 해당되는 사항 | 토지거래계약에관한허가구역(2021-02-25) | | |

출처 : 토지이음

**[자료 1-12] 연수지구 사례**

| 소재지 | 인천광역시 연수구 연수동 ▓▓▓ | | | |
|---|---|---|---|---|
| 지목 | 임야 ❓ | | 면적 | 1,416.9 ㎡ |
| 개별공시지가(㎡당) | 228,500원 (2022/01) 연도별보기 | | | |
| 지역지구등 지정여부 | 「국토의 계획 및 이용에 관한 법률」에 따른 지역·지구등 | 자연녹지지역 , 지구단위계획구역 | | |
| | 다른 법령 등에 따른 지역·지구등 | 상대보호구역<교육환경 보호에 관한 법률>, 현상변경허가 대상구역(2016-10-31)(문의사항은 연수구 문화체육과 032-749-7312로 연락하시기 바랍니다.)<문화재보호법>, 준보전산지<산지관리법>, 과밀억제권역<수도권정비계획법>, 철도보호지구(2014-07-15)<철도안전법> | | |
| | 「토지이용규제 기본법 시행령」 제9조 제4항 각 호에 해당되는 사항 | | | |

범례
☐ 준보전산지
☐ 철도보호지구
■ 제3종일반주거지역
☐ 자연녹지지역
☐ 지구단위계획구역

출처 : 토지이음

## [자료 1-13] 교산지구 사례

| 소재지 | 경기도 하남시 교산동 ▓▓▓ ▓▓▓ | | |
|---|---|---|---|
| 지목 | 답 ❓ | 면적 | 1,055 ㎡ |
| 개별공시지가(㎡당) | 363,000원 (2022/01) 연도별보기 | | |
| 지역지구등 지정여부 | 「국토의 계획 및 이용에 관한 법률」에 따른 지역·지구등 | 도시지역 , 제3종일반주거지역 , 지구단위계획구역(교산지구) , 중로1류(폭 20m~25m)(저촉) | |
| | 다른 법령 등에 따른 지역·지구등 | 가축사육제한구역(전부제한지역)<가축분뇨의 관리 및 이용에 관한 법률>, 공공주택지구(개발행위허가제한지역)<공공주택 특별법>, 상대보호구역(하남교산 유3, 교육환경보호구역 세부내용은 관할 교육지원청에 별도 확인요)<교육환경 보호에 관한 법률>, 상대보호구역(하남교산 초4, 교육환경보호구역 세부내용은 관할 교육지원청에 별도 확인요)<교육환경 보호에 관한 법률>, 배출시설설치제한지역<물환경보전법>, 과밀억제권역<수도권정비계획법>, 공장설립승인지역(수도법 시행령 제14조의3제1호)<수도법>, (한강)폐기물매립시설 설치제한지역<한강수계 상수원수질개선 및 주민지원 등에 관한 법률> | |
| 「토지이용규제 기본법 시행령」 제9조 제4항 각 호에 해당되는 사항 | 토지거래계약에관한허가구역(2022-12-26) | | |

범례
- ☐ 보전산지
- ☐ 공익용산지
- ☐ 도시지역
- ☐ 공장설립승인지역
- ■ 제3종일반주거지역
- ■ 일반상업지역
- ■ 자연녹지지역
- ☐ 지구단위계획구역

출처 : 토지이음

# 농지취득자격증명
# 제도란?

농지취득자격증명 제도란 농사짓는 사람만 농지를 소유할 수 있다는 경자유전(耕者有田)의 법칙에 따라서 농지를 취득할 수 있는 자의 자격을 제한하는 제도를 말한다.

농지란 지목이 전, 답, 과수원을 말한다. 공익사업에 편입되는 토지는 농지가 많이 차지한다. 따라서 토지보상 투자자는 농지취득자격증명 제도를 잘 이해하고 있어야 한다.

농지를 매매하거나 경매 또는 공매로 취득하는 경우에는 농지취득자격증명원이 필요하다. 특히 경매는 낙찰 후 7일 이내, 매각결정기일 이내에 제출하지 못하면 매각불허가결정과 함께 입찰보증금이 몰수된다. 그러므로 사전에 농지취득자격증명원 발급 가능 여부를 확인하는 것이 좋다. 농지취득자격증명원은 정부24를 통해 신청이 가능하므로 경매 또는 공매 입찰 전에 미리 신청하는 것이 좋다.

농지취득자격증명원 없이 농지를 취득할 수 있는 조건이 있다. 그 조건 중에 [자료 1-14]는 토지보상 투자와 관련된 항목이다. 농지취득자격증명 없이 농지를 취득할 수 있는 경우라면 [자료 1-15]처럼 미발급 사유 내용이 포함된 공문을 받아서 제출하면 된다.

농지의 투기 방지를 위해 2022년부터 농지취득자격증명의 발행이 까다로워졌다. 농림지역의 농업진흥구역에서 농지를 취득할 경우, 비농업인은 농작물 또는 다년생 식물을 경작할 때는 1,000㎡ 이상의 농지를 취득해야 한다. 시설재배일 경우에는 330㎡ 이상의 농지를 취득해야 한다. 그러므로 토지보상 투자를 위해 농업진흥구역에서 1,000㎡ 미만의 농지를 취득하려고 하는 투자자는 농지취득자격증명의 발행 여부를 반드시 확인해야 한다. 투자할 때 반드시 주의해야 한다.

**[자료 1-14] 농지취득자격증명이 필요 없는 경우**

| 농지취득자격증명이 필요 없는 경우 |
| --- |
| • '국토계획법'에 따른 도시지역 안에 주거지역·상업지역·공업지역 또는 도시계획시설예정지로 지정 또는 결정된 농지 |
| • '국토계획법'에 따른 계획관리지역의 지구단위계획구역으로 지정된 농지(2009년 11월 28일 이후 농림축산식품부 장관과 농지전용에 관한 협의를 거쳐 지정된 농지에 한정한다) |
| • 토지수용으로 농지를 취득하여 소유하는 경우 |
| • 농림축산식품부 장관과 협의를 마치고 '토지보상법'에 따라 농지를 취득하여 소유하는 경우 |

출처 : 농지취득자격증명 발급심사 요령

## [자료 1-15] 농지취득자격증명 미발급 사례

<table>
<tr><td></td><td style="text-align:center">여 의 동</td><td style="text-align:right">사람의 도시<br>품격의 전주</td></tr>
</table>

수신 김보겸 귀하 (우13916 경기도 안양시 ⬛⬛⬛⬛⬛⬛⬛)
(경유)

제목 농지취득자격증명 미발급 통지(김보*)

1. 민원접수번호 : 20204660077003217
2. 우리동 소재 농지에 대한 농지취득자격증명 신청서가 접수되어 현지확인한 결과,
신청대상 농지는 「농지법」제2조(정의)에 따른 농지에 해당하지 않으므로, 농림축산
식품부예규 제39호 「농지취득자격증명발급심사요령」제9조 제2항에 따라 농지취득자
격증명 미발급 사유를 명시하여 통보하고자 합니다.

    가. 민원구분 : 농지취득 자격증명 신청-농업경영계획서를 작성하지 않는 경우
    나. 민원인명 : 김 보 겸 ⬛⬛⬛⬛⬛
    다. 취득농지 : 고랑동 ⬛⬛ (전, 297.44㎡)
    라. 처리결과 : 반려(농지취득자격증명 미발급)

3. 미발급 사유 : 신청대상 농지는 농지취득자격증명을 발급받지 아니하고 취득할 수
있는 농지임(지구단위계획구역, 일반공업지역으로 결정된 농지).

4. 이 처분에 대하여 이의가 있을 경우「행정심판법」제27조 규정에 따라 처분이 있음
을 알게 된 날부터 90일 이내, 처분이 있었던 날부터 180일 이내에 전라북도 행정
심판위원회에 청구(서면 또는 온라인:www.simpan.go.kr)하거나, 「행정소송법」제20
조 규정에 따라 처분이 있음을 안 날부터 90일 이내, 처분이 있는 날부터 1년 이
내에 행정소송을 제기할 수 있음을 알려드립니다. 끝.

# 나지상정
# 평가란?

토지보상 투자 시 가장 많이 궁금해하는 것은 '투자하려는 토지 위에 소유자가 다른 묘지, 건축물 등이 있을 때는 어떻게 처리해야 하는가?'다.

> **토지보상법 시행규칙 제22조(취득하는 토지의 평가)**
> ② 토지에 건축물 등이 있는 때에는 그 건축물 등이 없는 상태를 상정하여 토지를 평가한다.

질문에서 우려하는 것처럼, 건축물 등과 토지의 소유자가 다른 물건을 빈번하게 접하게 된다. 필자가 처음 토지보상 투자를 시작한 수년 전만 해도 이런 물건은 특수물건에 해당해서 크게 수익을 안겨주는 물건이었다(현재는 일반적인 물건에 포함됨).

그 이유는 '토지보상법 시행규칙' 제22조 제2항에 근거한다. 토지에 건축물 등이 있는 때는 건축물 등이 없는 상태를 상정해 평가하기 때문이다. 예를 들면, 산업단지 조성사업에 편입된 농지를 경매로 취득하려고 하는데 '묘지'가 있으면, 분묘기지권 성립 등의 문제로 그 묘지를 처리하기가 쉽지 않다. 그러므로 경매 감정평가 시 주변의 농지 시세에서 저감해서 평가할 수 있다. 이렇게 저감한 상태에서 경매가 진행되고 여러 번 유찰이 되면, 아주 낮은 가격으로 낙찰받을 수 있다. 그런데 토지 보상 평가 시에는 묘지가 없다고 가정하고 평가하게 된다. 저가매수, 고가보상이 가능한 것이다.

다만, 타인 소유 건축물 등이라도 철탑 등처럼 별도의 권리를 가지고 있는 경우는 제한받는 상태로 평가할 수 있다.

# 공탁이란
# 무엇인가?

공탁의 사전적 의미는 '법령의 규정에 따라 금전이나 유가증권, 기타 물품 등을 공탁소에 맡기는 것'이다. 사업시행자가 보상금을 지급할 때 다음 사항에 해당하면 보상금 지급이 불가능하다. 이런 경우에 사업시행자는 수용 또는 사용의 개시일까지 수용하거나, 사용하려는 토지 등 소재지의 공탁소에 보상금을 공탁할 수 있다.

> **사업시행자가 공탁이 가능한 경우**
> ① 보상금을 받을 자가 그 수령을 거부하거나 보상금을 수령할 수 없을 때
> ② 사업시행자의 과실 없이 보상금을 받을 자를 알 수 없을 때
> ③ 관할 토지수용위원회가 재결한 보상금에 대하여 사업시행자가 불복할 때
> ④ 압류나 가압류에 의하여 보상금의 지급이 금지되었을 때 등

공탁은 사업시행자가 토지의 소유권을 취득하기 위한 절차다. 토지소유자가 공탁금을 수령하지 않았더라도, 수용개시일이 되면 사업시행자는 토지의 소유권을 취득하게 된다. 그러므로 토지수용 및 토지보상에 관련된 공탁은 추후 생길 수 있는 여러 문제점을 미연에 방지할 수 있는 꼭 필요한 제도다.

# 제2장

## 개발정보는
## 어디에서 찾나?

개발정보란 앞에서 설명한 것처럼 공익사업에 대한 개발정보를 말한다. '국토계획법'에 따라 시행되는 도시계획시설과 111개 개별법에 따라 시행되는 사업이 대표적인 공익사업이다.

그렇다면 이렇게 많은 공익사업은 어디에서 확인할 수 있을까? 공익사업에 대한 정보는 [자료 1-16]처럼 지자체 고시공고, 보도자료, 지역별 뉴스, 정부 부처 등 다양한 통로를 통해 파악할 수 있다.

[자료 1-16] **개발정보 파악 채널**

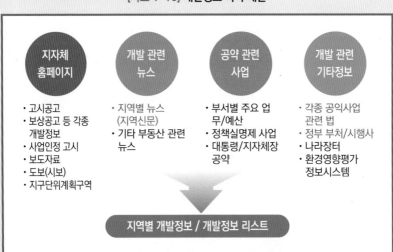

투자자의 상황이 다 다르므로, 다양한 통로를 모두 파악하기는 쉽지 않을 것이다. 투자자는 주어진 시간에 따라 선택과 집중이 필요하다. 매일 새로운 정보가 쏟아지고 그 양이 너무 많아 기억하기도 어렵다. 따라서 수집도 체계적으로 해야 하며, 수집된 정보를 분석하고 활용할 수 있도록 관리해야 한다.

[자료 1-16]의 개발정보를 파악하는 몇 가지 채널에 대해 알아보자.

# 지방자치단체의
# 홈페이지 활용하기

공익사업은 지자체가 주관이 되어 진행하는 사업뿐만 아니라 국가나 공공기관 등이 주관이 되어 진행하는 사업도 해당 지자체의 협조를 통해서 진행하는 경우가 많다. 그러므로 지자체 홈페이지는 개발정보를 가장 빠르고 손쉽게 파악할 수 있는 필수적인 채널이다.

다음은 지자체 홈페이지에서 알 수 있는 몇 가지 개발정보 사례다.

① 지자체(구례군 사례)의 '보도자료' 화면이다. 3,068억 원 규모의 신규 사업을 추진한다는 내용의 보도자료다.

② 지자체(경기도 광주시 사례)의 '고시공고' 화면이다. 도시계획시설 공원 조성 사업에 대한 개발정보, 보상계획열람공고 등 토지보상 투자를 위한 개발정보와 고시공고를 열람할 수 있다.

## 고시공고

⌂ › 광주소식 › 공고 › 고시공고

현재 페이지 81 / 전체 페이지 2824

제목 ▼      검색

| 번호 | 고시공고번호 | 제목 | 담당부서 | 등록일 |
|---|---|---|---|---|
| 27432 | 광주시 공고 제2023-356호 | 2023년 광주시 체납관리단 채용 서류심사 결과 및 면접심사 시행 계획 | 징수과 | 2023-02-06 |
| 27431 | 광주시 고시 제2023-102호 | 제4차 광주시 교통약자 이동편의 증진계획 고시 | 교통과 | 2023-02-03 |
| 27430 | 광주시 공고 제2023-301호 | 고산근린공원 조성사업 보상계획열람공고 공시송달 공고 | 공원정책과 | 2023-02-03 |
| 27429 | 광주시 공고 제2023-385호 | 담배소매업 폐업 및 소매인 지정신청 공고[동부인재개발원 편의점] | 일자리경제과 | 2023-02-03 |
| 27428 | 광주시 공고 제2023-348호 | 도시계획시설(공원) 사업시행자 지정 및 실시계획인가 열람공고 | 공원정책과 | 2023-02-03 |
| 27427 | 광주시 공고 제2023-373호 | 「건축법」위반건축물 행정처분 공시송달 공고(김○○ 외 8) | 건축과 | 2023-02-03 |
| 27426 | 광주시 광남1동 공고 제2023-7호 | 주민등록 거주불명자 행정상 관리주소 이전 공고(2차) | 광남1동 | 2023-02-03 |
| 27425 | 광주시 퇴촌면 고시 제2023-7호 | 공유수면 점용사용 실시계획 준공검사확인 고시[2016-136호] | 퇴촌면 | 2023-02-03 |
| 27424 | 광주시 공고 제2023-327호 | 수용재결신청서 열람공고[퇴촌면 도시계획시설(중로3-6호선) 도로개설공사] | 도로사업과 | 2023-02-03 |
| 27423 | 광주시 공고 제2023-375호 | 광주비전 관련 개인정보 제3자 제공사항 공고 | 홍보담당관 | 2023-02-03 |

출처 : 경기도 광주시

CHAPTER 01 토지보상 투자의 시작 47

# 지역별 뉴스(지역신문)
# 홈페이지 활용하기

　지역별 뉴스는 각 지방의 뉴스를 상세하게 취재하고 공표하는 것이 목적이다. 해당 지역 개발 사업의 정보를 지역별 뉴스에서 초기에 정확하게 알 수 있는 경우가 많다.

　다음 지역신문은 〈강원일보〉의 사례다. 투자에 활용하는 구체적인 방법은 CHAPTER 01, 제3장을 참조하면 된다.

출처 : 〈강원일보〉

# 지자체 정책실명제 중점관리 대상 사업 파악하기

  지자체 정책실명제 중점관리 대상 사업은 정부 국정과제에 따른 사업, 주요 시정현안사업 등 시민적 관심이 높고 영향이 큰 사업들은 중점관리 대상 사업으로 별도로 선정한 것을 말한다. 이 사업들은 시민이 그 추진사항을 알 수 있도록 지자체 홈페이지를 통해 공개하고 있다.

  다음은 보령시의 정책실명제 중점관리 대상 사업이다.

출처 : 보령시

# 공익사업 관련 법 주관 정부 부처 홈페이지 활용하기

    각종 공익사업 관련 법이란 개별 법률에 따라 시행되는 공익사업을 말하는 것으로, 약 112개의 법률이 있다. 이런 법률은 주관하는 정부 부처와 사업을 맡아서 하는 공공기관이 있기 때문에, 정부 부처와 공공 기관의 홈페이지를 통해서 개발정보를 파악할 수 있다.

    다음은 '공공주택 특별법'과 관련된 국토교통부(정부 부처)와 해당 사업 자의 사례다.

    ① 국토교통부의 '공지사항' 화면이다. 3기 신도시에 해당하는 부천 대장동을 '부천대장 공공주택지구'로 지정한다는 내용이다.

② 부천도시공사가 진행하고 있는 공공주택 대장지구 사업 진행 현황이다.

출처 : 부천도시공사

# 환경영향평가 정보지원시스템 활용하기

　환경영향평가 정보지원시스템은 환경영향평가 결과를 볼 수 있는 사이트다. 환경영향평가는 개발 사업 시행과정에서 나타날 수 있는 환경 영향을 예측 분석해서 환경에 미치는 영향을 최소화할 수 있는 저감 방안을 강구하는 것이다. 구체적인 활용하는 방법은 CHAPTER 01, 제3장을 참조하면 된다.

　다음은 환경영향평가 정보지원시스템을 접속하면 처음에 보이는 화면으로, 환경영향평가의 초안을 공람할 수 있다.

출처 : 환경영향평가 정보지원시스템

# 제3장

## 토지보상 투자에 유용한
## 사이트 활용하기

현대의 전쟁은 정보력이 매우 중요하다. 2022년 2월에 발생한 러시아-우크라이나 전쟁은 많은 사람이 우크라이나가 며칠도 버티지 못하고 항복하거나 붕괴할 것이라는 생각했다. 이 전쟁에서 러시아가 고전하는 원인은 정보기관의 사조직화, 군 내부의 부패로 인한 정보전과 정책의 총체적인 실패에서 비롯되었다는 분석이 많다. 전쟁뿐만이 아니다. 정보력은 모든 분야에서 꼭 필요한 경쟁력이다.

토지보상 투자에서도 정보력은 매우 중요하다. 경쟁을 피하면서 저렴하게 물건을 확보하려면 숨은 정보를 찾아내는 것이 관건이다. 최근에는 다양한 부동산 정보 사이트를 손쉽게 접할 수 있으니, 적재적소에 사용할 수 있도록 한다.

[자료 1-17] **토지보상 관련 주요 사이트**

| 구분 | 관련 사이트 |
|------|-------------|
| 개발정보 | 환경영향평가 정보지원시스템, 지역신문, 주요 국회의원 홈페이지, 내고장 알리미, 지방자치단체 홈페이지, 지방자치단체 의회 회의록, 도시계획위원회, 공공기관 등 |
| 이용 상황 | 국토정보맵, 토지이음, 브이월드, 문화재 공간 정보 서비스, K-Geo플랫폼, 구글어스 프로 등 |
| 시세파악 | 국토교통부 실거래가 조회, 땅야, 밸류맵, 디스코, 부동산 플래닛, 네이버 시세 등 |
| 기타 | 국토관리청, 국토교통부, 농어촌공사, 각 지방자치단체, 철도공단, 문화재청, 환경부, 도시공사, 도로정보 포털, 지방재정 365, 전자관보, e나라도움, LH 토지보상 등 |

출처 : 저자 작성

# 환경영향평가 정보지원시스템 이해하기

환경영향평가 제도는 [자료 1-18]과 같이 각종 개발 사업계획 수립 단계에서 입지의 적정성부터 추진 과정 중 환경에 미칠 영향을 고려하는 것이다. 자연훼손과 환경오염을 최소화하는 사전 예방적 환경정책이다. 환경영향평가 관련 정보를 쉽게 활용할 수 있도록 환경부는 환경영향평가 정보지원시스템을 통해서 환경영향평가와 관련된 정보를 제공하고 있다.

[자료 1-18] **환경영향평가**

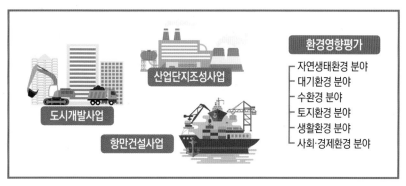

출처 : 서울시 도시계획용어사전

토지보상 투자자뿐만 아니라, 모든 부동산 투자자는 환경영향평가 정보시스템(https://www.eiass.go.kr)의 자료를 활용할 수 있어야 한다. 도시개발 사업, 도로건설사업, 산업단지 조성사업 등의 개발 사업을 진행하기 위해서는 환경영향평가를 거쳐서 개발 사업절차가 진행된다. 이 말은 개발정보를 빠르게 접할 수 있다는 것이다. 바꿔 말하면, 경쟁을 피할 수 있는 투자 물건을 확보할 기회를 얻을 수 있다는 것이다.

환경영향평가 자료는 요약문을 읽어보면 된다. 요약문에는 개발계획의 추진 경위와 향후 계획, 계획 내용이 서술되어 있다. [자료 1-19]와 같이 지역 개황도, 위치도 등이 포함되어 있어 투자에 중요한 개발 사업지의 위치를 알 수 있다.

**[자료 1-19] 구리교문 공공주택지구 전략환경영향평가 초안**

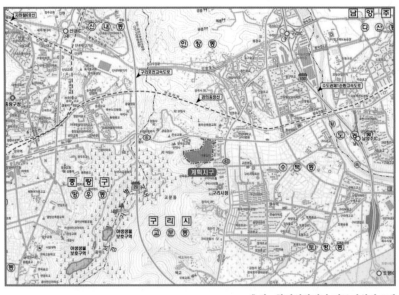

출처 : 환경영향평가 정보지원시스템

환경영향평가 대상 사업은 골프장 건설처럼 자연환경과 생태계를 훼손할 우려가 큰 사업과 자연공원, 백두대간 보호지역 등 환경적으로 민감한 지역에서 시행하는 사업이 해당된다. 또한, 매립사업, 댐 건설 등 환경 영향이 오랫동안 또는 복합적으로 발생해 환경 영향을 쉽게 예측하기 어려운 사업, 대기·수질오염 등 복합적인 환경오염이 발생이 예상되는 사업이 포함된다. [자료 1-20]에서 분류한 것처럼 전략환경영향평가, 환경영향평가, 소규모 환경영향평가에 따라 달라진다.

환경영향평가 정보지원시스템을 활용해서 투자하는 구체적인 방법은 CHAPTER 2의 제1장 25에서 기술하겠다.

[자료 1-20] **환경영향평가 대상 사업**(2015. 12. 30 기준)

| 구분 | 계획의 종류 |
|---|---|
| 전략환경영향평가 | • 정책계획<br>도시의 개발(2), 도로의 건설(1), 수자원의 개발(1), 철도의 건설(1), 관광단지의 개발(3), 산지의 개발(5), 특정 지역의 개발(2), 폐기물·분뇨·가축분뇨 처리시설 설치(2)<br><br>• 개발기본계획<br>도시의 개발(15), 산업입지·산업단지조성(10), 에너지의 개발(1), 항만의 건설(8), 도로의 건설(2), 수자원의 개발(1), 철도의 건설(2), 공항의 건설(2), 하천의 개발(2), 개간·공유수면 매립(1), 관광단지 개발(5), 산지의 개발(3), 특정 지역의 개발(21), 체육시설의 설치(2), 폐기물·분뇨·가축분뇨 처리시설의 설치(1), 국방·군사시설의 설치(2), 토석·모래·자갈·광물의 채취(1) |

| 구분 | 계획의 종류 |
|---|---|
| 환경영향평가 | 도시의 개발 사업(13), 산업입지 및 산업단지의 조성사업(7), 에너지 개발 사업(7), 항만의 건설사업(5), 도로의 건설사업(1), 수자원의 개발 사업(3), 철도(도시철도를 포함)건설(3), 공항의 건설사업(1), 하천의 이용 및 개발 사업(1), 개간·공유 수면 매립사업(2), 관광단지의 개발 사업(6), 산지의 개발 사업(2), 특정 지역의 개발 사업(10), 체육시설의 설치사업(5), 폐기물처리시설·분뇨처리시설 및 가축분뇨 처리시설 설치(2), 국방·군사시설의 설치사업(3), 토석·모래·자갈·광물 등의 채취사업(7) |
| 소규모 환경영향평가 | '국토의 계획 및 이용에 관한 법률' 적용지역, '개발제한구역의 지정 및 관리에 관한 특별조치법' 적용지역, '자연환경보전법' 및 '야생생물보호 및 관리에 관한 법률' 적용지역, '산지관리법' 적용지역, '자연공원법' 적용지역, '습지보전법' 적용지역, '수도법', '하천법', '소하천정비법' 및 '지하수법' 적용지역, '초지법' 적용지역, 그 밖의 개발 사업 |

# 지역신문을 통해
# 개발정보를 파악하기

**[자료 1-21] 지역신문 개발정보 뉴스 사례**

정부, 지정 위한 행정절차 돌입
내달 19일까지 주민 의견 청취 공람
LH, 주택 2500호 짓고 학교 등 조성

▲ 서산 온석공원 일대 공공지원 민간임대주택 촉진지구 조감도. 서산시 제공

[충청투데이 김덕진 기자] 정부가 서산 온석공원 일대를 공공지원 민간임대주택 촉진지구로 지정하기 위한 행정절차에 돌입했다.

지난달 31일 맹정호 서산시장은 자신의 페이스북에 이같이 밝히고 "도시다운 서산, 균형있게 발전하는 서산을 만들겠다"고 강조했다.

그에 따르면 지난 2월 LH는 서산시와의 업무협의를 통해 국토부에 지구지정을 제안, 3월 국토부가 이를 수용해 주민 의견 청취 공람이 시작됐다. 공람은 31일부터 내달 19일까지 시 주택과와 동문1동 행정복지센터에서 진행된다.

이 계획에 따르면 LH는 동문1동 일원 43만 8849㎡(13만 2700여평) 부지에 주택 2500호를 짓고 학교, 공원, 상업 및 지원시설을 조성한다.

출처 : 〈충청투데이〉 이덕진 기자, 2022년 3월 22일

[자료 1-21]은 정부가 서산시 온석근린공원 일대를 '공공지원 민간임대주택 촉진지구'로 지정하기 위한 행정절차에 돌입했다는 내용이다. 지역신문사 〈충청투데이〉가 발행한 내용을 일부 캡처한 자료다. 뉴스에는 친절하게도 '동문1동 일원 43만 8,849㎡에 주택 2,500호를 짓고 학교, 공원, 상업 및 지원시설을 조성'한다고 알려주고 있다. 이처럼 지역신문은 전국을 대상으로 하는 신문인 전국지에 비해 해당 지방에 관한 상세한 기사를 취재하고 공표하는 것을 목적으로 한다. 그러므로 해당 지역 개발 사업의 정보를 초기에 정확하게 알 수 있는 경우가 많다.

**[자료 1-22] 지역신문**

| 매체명 | 홈페이지 | 비고 |
|---|---|---|
| 부산일보 | http://www.busan.com | |
| 경북도민일보 | http://www.hidomin.com | |
| 경남도민일보 | http://www.idomin.com | |
| 경북일보 | http://www.kyongbuk.co.kr | |
| 경남일보 | http://www.gnnews.co.kr | |
| 광주일보 | http://www.kwangju.co.kr | |
| 전북도민일보 | http://www.domin.co.kr | |
| 전남도민일보 | http://www.jndomin.kr | |
| 전북일보 | http://www.jjan.kr | |
| 전남일보 | https://jnilbo.com | |
| 경기일보 | https://kyeonggi.com | |
| 충청투데이 | https://www.cctoday.co.kr | |
| 강원도민일보 | http://www.kado.net | |
| 강원일보 | https://kwnews.co.kr | |
| 제주일보 | http://www.jejuilbo.net | |

토지보상 투자 초보자가 손쉽게 찾을 수 있는 물건은 보상 중이거나 보상 시기가 다가온 것이다. 이런 물건은 앞서 설명한 사례처럼 경쟁이 심해 '묻지 마' 투자가 되는 경우가 많다. 한 지역만 해도 지역신문사는 무수히 많다. [자료 1-22]와 같이 지역별로 지역신문사를 즐겨찾기 해 두고, 수시로 개발뉴스를 파악하는 것이 정보력에서 승리하는 지름길이다.

# 내고장 알리미
# 활용하기

　행정안전부에서 운영하는 내고장 알리미(https://www.laiis.go.kr)는 지자체의 각종 현황 정보를 신속하게 업데이트한다. 국민의 알 권리를 위해 제공하는 사이트다.

　토지보상 투자와 관련된 부분은 각 지자체의 예산과 주요 업무계획이다. 주요 업무계획이란 일 년 동안 지자체의 각각 부서가 해야 할 주요 업무를 정리한 자료로, 부서별 공익사업이 포함되어 있어 토지보상 투자에는 매우 중요한 자료다.

　[자료 1-23]은 강원도 양양군의 2022년 부서별 주요 업무계획 중에 토지매입 사업 부분만 정리한 자료다. 이 자료를 활용해서 투자할 물건을 수시로 찾으면 된다.

　예를 들면, [자료 1-23]에서 '8번 루첸 관광단지조성' 사업은 2022년부터 시작하고, 사업비(2,700억 원)와 사업면적(200만㎡)이 작지 않음을 알 수 있다. 실제로 시행만 된다면 파급효과는 매우 클 것이다. 경험상, 초기에는 현지가 개발정보가 외부보다 느리다. 이런 점을 고려해서 임장이나 경매를 통해 물건을 시세보다 낮은 가격으로 확보하는 기회를 만들면 된다.

## [자료 1-23] 지자체 부서별 주요 업무계획 사례

| 번호 | 시도 | 시군구 | 개발사업명 | 주소 | 주요위치 | 사업기간 | 사업비 | 면적(m2) | 비고 |
|---|---|---|---|---|---|---|---|---|---|
| 1 | 강원도 | 양양군 | 가족센터건립 | 양양읍 서문리 44-3일원 | 양양고등학교 | 2021~2023 | 46억 | 1,715 | |
| 2 | 강원도 | 양양군 | 공공산후조리원 신축 | 양양읍 서문리 68-1일원 | 양양고등학교 | 2021~2023 | 61억 | 1,638 | |
| 3 | 강원도 | 양양군 | 작은도서관 조성 | 양양읍 서문리 44-3일원 | 양양고등학교 | 2021~2023 | 2억 | 99 | |
| 4 | 강원도 | 양양군 | 국공립어린이집 확충 | 현남면 인구리 273-2일원 | 인구초등학교 | 2021~2023 | 17억 | 490 | |
| 5 | 강원도 | 양양군 | 친환경 스마트 육상연어양식 농동단지 | 손양면 중광정리 131-8 일원 | 세기연수원 | 2022~2023 | 213억 | 116,818 | 민간개발/동원산업특수법인 |
| 6 | 강원도 | 양양군 | (진입도로)친환경 스마트 육상연어양식 | 손양면 여운포리 1-1 일원 | 세기연수원 | 2022 | 3억 | 2,809 | 민간개발/동원산업특수법인 |
| 7 | 강원도 | 양양군 | 중국예술인마을 기반시설 | 강현면 답리 14-2 | 사천리복지회관 | 2022.01~03 | 2억 | | 480m, 8m |
| 8 | 강원도 | 양양군 | 투견관광단지 조성 | 강현면 금풍리, 양양을 기리, 강 | 양양포들농공단지 | 2022~2026 | 2700억 | 2,087,567 | ㈜대영수안 |
| 9 | 강원도 | 양양군 | 양양군립도서관 | 강현면 답리 14-4 일원 | 롤리전원주택단지 | 2022.01~12 | 3.5억 | 1,500 | |
| 10 | 강원도 | 양양군 | 현남생활체육공원 | 현남면 장리 36 일원 | 양양군수협 | 2019~2023 | 61억 | 25,768 | 토지수용 2022.01~08 |
| 11 | 강원도 | 양양군 | 양양 다목적체육관 건립 | 양양읍 구교리 184-3일원 | 양양종합운동장 | 2019~2023 | 39억 | 1,150 | |
| 12 | 강원도 | 양양군 | 양양 종합스포츠타운 조성 | 손양면 학포리 138일원 | 양양국제공항 | 2020~2024 | 98억 | - | 2023년 실시계획인가예장 |
| 13 | 강원도 | 양양군 | 농업인운동시설 | 현북면 하광정리 471-1일원 | 하조대해수욕장 | 2021~2022 | 13억 | 3,000 | 2022년토지매입 |
| 14 | 강원도 | 양양군 | 울치군계획도로(확포장) | 강현면 정상리 562-29일원 | 강현동초교 | 2022~2024 | 13억 | 334m | |
| 15 | 강원도 | 양양군 | 영양소로 개설 | 양양읍 서문리 241일원 | 양양중학교 | 2022~2023 | 6억 | 106m | |
| 16 | 강원도 | 양양군 | 영양소로 개설 | 양양읍 연화리 235일원 | 양양조등학교 | 2022~2023 | 3억 | 100m | |
| 17 | 강원도 | 양양군 | 양양역세권 주변 연계개발 전략수립 | 양양읍 송리, 조산리 일원 | | 2022~2040 | - | 1,834,000 | |
| 18 | 강원도 | 양양군 | 양양남대천 지방하천정비사업 | 서면 용천리~현북면 법수치리 | | 2019~2023 | 95억 | 15.5km | 도비 52억 |
| 19 | 강원도 | 양양군 | 여운포 소하천정비사업 | 현북면 말곡리~손양면 상운리 | | 2019~2023 | 178억 | 4.632km | 군비 |
| 20 | 강원도 | 양양군 | 포매 소하천정비사업 | 현남면 전포매리~후포매리 | | 2019~2024 | 69억 | 2.55km | 국비186백만, 도비3314백만원 |
| 21 | 강원도 | 양양군 | 군도4호(송현~가평간) 도로개설 | 손양면 송현~손양면 가평리 | | 2016~2022 | 131억 | 3.72km | 도비 33억 |
| 22 | 강원도 | 양양군 | 농어촌도로 개설사업(10개소) | 양양군 전역 | | 2022 | 15억 | - | 주요업무계획 참조 |
| 23 | 강원도 | 양양군 | 수변레포츠공원 조성 | 양양읍 조산리 99-11일원 | 양양송이조각공원 | 2022 | 5억 | - | |
| 24 | 강원도 | 양양군 | 샛강 플랜터 산책로 조성공사 | 강현 남문리 362일원 | 양양소방서 | 2022 | 3억 | - | |
| 25 | 강원도 | 양양군 | 남대천 화류원 조성사업 | 양양읍 연화리2-1일원 | 양양송이조각공원 | 2022 | 1억 | - | |
| 26 | 강원도 | 양양군 | 탑스힐 전망대 조성사업 | 손양면 가평리 산44-3일원 | 양양송이조각공원 | 2022 | 3억 | - | |

내고장 알리미를 활용해서 지자체 주요 업무계획을 찾는 방법을 알아보자.

① 내고장 알리미(https://www.laiis.go.kr)에 접속한다.

출처 : 내고장 알리미

② 메인화면에서 '내고장 정보' 경로에 '업무계획'을 선택한다.

출처 : 내고장 알리미

③ 업무계획에서 원하는 지자체를 선택한다.

출처 : 내고장 알리미

④ 해당 지자체의 원하는 연도의 업무계획을 내려받아서 볼 수 있다.

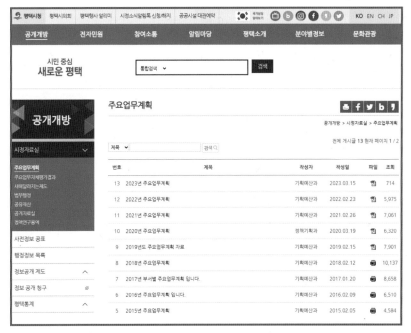

출처 : 평택시청

# 도시계획위원회의 '회의결과' 활용하기

　도시계획위원회는 도시기본계획 수립 및 도시관리계획 결정 등 도시계획과 관련된 사항을 심의·자문하는 의사결정기구를 말한다. '국토의 계획 및 이용에 관한 법률'에 근거하며, 중앙도시계획위원회와 지방도시계획위원회로 구분된다. 지방도시계획위원회는 특별시·광역시·도·시·군·구 도시계획위원회로 구분한다.

　도시계획위원회에서 게시하는 심의 결과를 지속적으로 살펴보는 것은 토지보상 투자뿐만 아니라 부동산 투자에 있어서 매우 중요하다.

　심의 후에 도시관리계획 등이 결정되므로, [자료 1-24]처럼 해당 지자체에 도시관리계획 등이 결정돼서 공고되기 전에 미리 알 수 있기 때문이다.

**[자료 1-24] 경기도 도시계획위원회 개최결과 사례**

## 2022년도 제17회 경기도 도시계획위원회 개최결과

○ 일   시 : 2022. 10. 21.(금) / 14:00 ~ 16:40
○ 장   소 : 경기도 인재개발원(3층 회의실)
○ 참석위원 : 18명

| 번호 | 안 건 제 목 | 개     요 | 심의결과 | 소관부서 |
|---|---|---|---|---|
| 1 | 안산 도시관리계획(개발제한구역 해제) 결정(변경)(안) | ○ 위치 : 안산시 단원구 신길동 331-1번지 일원<br>○ 면적 : 299,827㎡<br>○ 주요내용<br>  - 산업단지 조성을 위한 GB해제 | 조건부 의결 | 공간전략과<br>임시▒<br>(8008-6162) |
| 2 | 남양주 도시관리계획(개발제한구역 해제) 결정(변경)(안) | ○ 위치 : 남양주시 일원<br>○ 주요내용<br>  - 개발제한구역 경계선 관통대지 및 섬형 토지 해제(11곳, 3,869㎡) | 조건부 의결 | 공간전략과<br>조현▒<br>(8008-6173) |
| 3 | 2030년 광명시 공원녹지기본계획(안) 승인 | ○ 목표연도 : 2030년  ○ 계획인구 : 431천인<br>○ 계획구역 : 광명시 행정구역 전역(38.5㎢)<br>○ 주요내용<br>  - 공원계획 : 172개소, 3.68㎢<br>  - 공원결정면적 : 8.5㎡/인 | 재심의 의결 | 공원녹지과<br>송준▒<br>(8008-6036) |

출처 : 경기도 도시계획위원회

# 지방의회 '회의록'
# 활용하기

　지방의회는 주민이 직접 뽑은 의원들로 구성된 지자체의 최고 의사결정기관이다. 헌법 제118조에서는 '지자체에 의회를 둔다. 지방의회의 조직, 권한, 의원선거와 지자체의 장의 선임방법 기타 지자체의 조직과 운영에 관한 사항은 법률로 정한다'라고 규정해 지방의회의 설치를 보장하고 있다.

　지방의회는 주민이 선출한 주민의 대표기관의 지위, 지자체의 의사를 최종적으로 확정하는 의결기관의 지위, 지자체의 조례를 제정한다. 개폐하는 입법기관의 지위 및 의회의 결정사항이 집행기관에 의해 그대로 실현되고 있는가를 감독, 확인하는 행정 감사기관의 지위도 지닌다.

　지방의회에서 진행되는 모든 회의 과정은 일반 국민에게 공개되어야 한다. 회의가 공개되어야 하는 이유는 의회의 정책 결정이 주민에 의해서 평가되어야 하기 때문이다. 그 정책 결정 과정이 공개되어 투명성이 확보되어야 한다.

회의록은 회의의 진행 과정이나 내용·결과 전체를 기록한 결과물로써 회의의 투명성과 민주성을 위해 작성된다. 의장이 사회의 안녕질서 유지를 위해 필요하다고 인정한 부분을 제외하고는 모두 공개하는 것이 원칙이다. 회의록 종류는 본회의 회의록, 위원회 회의록, 행정사무감사 회의록, 행정 사무조사 회의록이 있다. 이 회의록을 투자 여부를 판단할 때 적절하게 사용하면 된다.

공원 조성이 계획되어 있는 물건을 사례로 들어 회의록 활용 방법에 대해 알아보자. [자료 1-25]는 울산지방법원을 통해 진행된 경매 물건이다. 유찰되어 3회 차에 매각되었다.

[자료 1-26]을 보면 알 수 있듯이, 2014년에 결정한 근린공원(함월공원)이다. 근린공원으로 결정되었다고 바로 조성되는 것은 아니다. 예산이 확보되어야 시행되는 것이며, 시행되지 않을 때는 장기 미집행 공원이 될 수 있다. 즉, 근린공원으로 결정한 후 20년간 토지소유자의 재산권을 침해할 수 있는 것이다.

## [자료 1-25] 근린공원 경매 물건 사례

| 울산지방법원 | 대법원바로가기 | ○법원안내 | | | 가로보기 | 새로보기 | 새로보기(2) |
|---|---|---|---|---|---|---|---|
| 2021 타경 4439 (강제) | | 매각기일 : 2022-10-19 10:00~ (수) | | | 경매3계 052-216-8263 | | |
| 소재지 | 울산광역시 중구 성안동 산 ▓▓ | | | | | | |
| 용도 | 임야 | 채권자 | 박OO | | 감정가 | 99,603,230원 | |
| 지분토지 | 760.33㎡ (230평) | 채무자 | 김OO | | 최저가 | (49%) 48,805,000원 | |
| 건물면적 | | 소유자 | 김OOOO | | 보증금 | (10%)4,880,500원 | |
| 제시외 | | 매각대상 | 토지지분매각 | | 청구금액 | 45,300,047원 | |
| 입찰방법 | 기일입찰 | 배당종기일 | 2021-07-26 | | 개시결정 | 2021-05-03 | |

기일현황 ▼건물보기

| 회차 | 매각기일 | 최저매각금액 | 결과 |
|---|---|---|---|
| 신건 | 2022-08-03 | 99,603,230원 | 유찰 |
| 2차 | 2022-09-14 | 69,722,000원 | 유찰 |
| 3차 | 2022-10-19 | 48,805,000원 | 매각 |
| 장 외 3/입찰1명/낙찰52,000,000원(52%) | | | |
| | 2022-10-26 | 매각결정기일 | 허가 |
| | 2022-11-23 | 대금지급기한 납부 (2022.11.22) | 납부 |
| | 2022-12-21 | 배당기일 | 완료 |
| | 배당종결된 사건입니다. | | |

감정평가현황 ⓢ 두나감정 , 가격시점 : 2021-05-07    🔍 감정평가서

| 토지 | 건물 | 제시외건물(포함) | 제시외건물(제외) | 기타(기계기구) | 합계 |
|---|---|---|---|---|---|
| 99,603,230원 | × | × | × | × | 99,603,230원 |
| 비고 | ✱ 감정평가서상 제시외건물가격이 명시 되어있지않음. 입찰시 확인요함. | | | | |

## [자료 1-26] 사례 토지 토지이용계획확인서

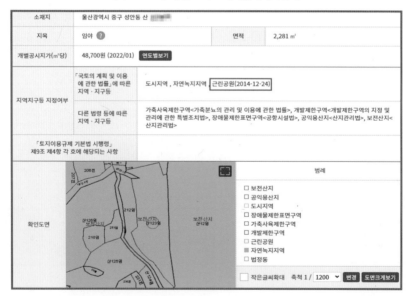

| 소재지 | 울산광역시 중구 성안동 산 ▓▓▓▓▓ | | |
|---|---|---|---|
| 지목 | 임야 ❓ | 면적 | 2,281 ㎡ |
| 개별공시지가(㎡당) | 48,700원 (2022/01) 연도별보기 | | |
| 지역지구등 지정여부 | 「국토의 계획 및 이용에 관한 법률」에 따른 지역 · 지구등 | 도시지역 , 자연녹지지역 근린공원(2014-12-24) | |
| | 다른 법령 등에 따른 지역 · 지구등 | 가축사육제한구역<가축분뇨의 관리 및 이용에 관한 법률>, 개발제한구역<개발제한구역의 지정 및 관리에 관한 특별조치법>, 장애물제한표면구역<공항시설법>, 공익용산지<산지관리법>, 보전산지<산지관리법> | |
| 「토지이용규제 기본법 시행령」 제9조 제4항 각 호에 해당되는 사항 | | | |
| 확인도면 | | 범례<br>□ 보전산지<br>□ 공익용산지<br>□ 도시지역<br>□ 장애물제한표면구역<br>□ 가축사육제한구역<br>□ 개발제한구역<br>□ 근린공원<br>□ 자연녹지지역<br>□ 법정동<br><br>□ 작은글씨확대  축척 1 / 1200 ▼ 변경  도면크게보기 | |

출처 : 토지이음

사례 토지는 필자에게 강의를 이수한 회원들에게 선착순으로 접수받아 공동 투자를 진행한 물건이다. 약 10명 정도를 모집했으나 3명이 신청했다.

　　신청 회원이 많지 않았던 이유는 공원 조성 진행 여부가 명확하지 않기 때문이다. 공원 조성이 되지 않을 때는 개발제한구역 안에 있는 토지라서 장기간 투자금이 묶일 수가 있다.

　　함월공원은 [자료 1-27] 개발계획처럼 전임 시장은 적극적으로 추진하려고 했으나, 입찰 시기에 현 시장은 예산 문제로 조성 계획이 중단된 상태였다. 이런 상태에서 투자 여부를 결정해야 하는데, 여러분은 어떻게 할 것인가? 필자의 회원들이 대부분 포기했듯이 포기할 것인가? '하이 리스크, 하이 리턴(High Risk, High Return)'이라는 말이 있듯이 위험을 무릅쓰고 투자해야 하는가?

　　위험을 감수하고 무조건 투자할 필요는 없다. 여러 가지 조사를 거쳐서 투자 여부를 판단하면, 충분히 '로우 리스크, 하이 리턴(Low Risk, High Return)'으로 만들 수 있다.

**[자료 1-27] 울산시 함월 및 무지공원 조성 계획**

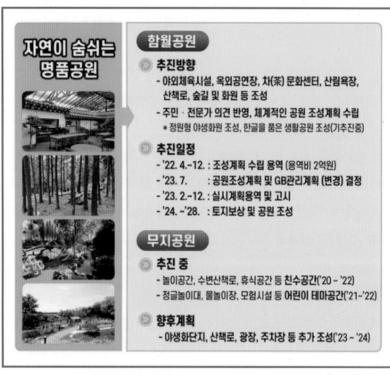

상기 사례 토지에 투자할 것인지를 판단할 때 여러 가지 조사를 거쳐서 판단하면 된다. 조사 내용 중의 하나가 지방의회 회의록을 참조하는 것이다. 판단 자료로 활용하기 위해 회의록을 찾는 방법을 알아보자.

① 울산광역시의회(https://www.council.ulsan.kr)에 접속한 후, '회의록'을 선택한다. 위치는 지방의회 홈페이지에 따라 다를 수 있다.

② 화면에서 '회의록 검색'을 찾아서 선택한다.

③ '회의록 검색' 경로에 '색인어 검색'이 있을 것이다. 지방의회에 따라 위치가 다를 수 있다.

④ 색인어 검색에서 대수선택과 회의 구분은 '전체'로 선택하고, 검색어는 원하는 단어를 기재한 후에 검색 시작을 누르면 된다. 여기서는 '함월공원'이라는 단어로 검색을 해보겠다.

⑤ 전체 회의록에서 검색어가 포함되어 있으면, 빨강 네모로 표시한 것처럼 해당 회의록이 검색된다.

⑥ 상기 회의록에서 첫 번째 회의록을 선택해서 누르면 검색어가 포함된 회의 내용을 열람할 수 있다. 내용을 읽어보고 투자에 참조하면 된다.

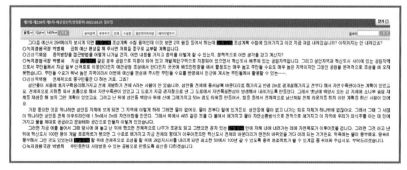

# 국토정보플랫폼 국토정보맵을 활용해
# 이전 '토지이용상황' 파악하기

    정부 기관인 국토교통부 국토지리정보원에서 운영하는 국토정보플랫폼은 국내 모든 지도 자원의 근원이 되는 곳이다. 가장 방대한 자료를 품고 있는 곳으로, 전국의 수치 지도, 항공사진, 정사 영상, 구지도, 측량 자료 등을 웹 기반으로 추가 프로그램 설치 없이 구할 수 있다.

    국토정보플랫폼은 토지보상 투자에 있어서 없어서는 안 되는 중요한 사이트다. 가장 많이 사용하는 경우가 미보상용지와 미지급용지를 투자할 때다. [자료 1-28]은 2021년 12월에 188%로 매각된 미보상용지 사례다. 소유권 이전 후에 보상 신청하게 되면 세전 100% 이상의 수익을 얻을 수 있는 보상 물건이다. 그 이유는 현재 도로로 사용하고 있지만, 보상 평가할 때는 도로에 편입될 당시의 이용 상황을 상정해서 평가하기 때문이다. [자료 1-29]는 사례로 제시한 물건의 과거와 현재 항공사진이다. 과거 항공사진을 보면 도로가 개설되기 전에는 임야로 이용 중인 것을 알 수 있다.

## [자료 1-28] 미보상용지 사례

## [자료 1-29] 도로 개설 전후 항공사진

출처 : 국토정보플랫폼 국토정보맵

　　국토정보플랫폼 국토정보맵을 참조할 때 주의할 사항은 공익사업에 편입되기 전에 항공사진이 촬영되지 않았을 수도 있다는 것이다. 이런 경우에는 비슷한 시기에 다른 인접 지역 항공사진을 찾아봐야 한다. 이

방법으로도 찾기 어려우면 산림청의 산림공간서비스, 구글어스 프로, 지자체에서 제공하는 항공사진 서비스를 참조하면 된다.

국토정보플랫폼 국토정보맵의 과거 항공사진은 지번 또는 도로명 주소로 검색할 수 있지만, 정확한 위치를 표시해주지는 않는다. 오래된 과거 항공사진일수록 해당 위치를 찾기 어려우니, 세심하게 파악해야 한다. 특히, 공익사업에 편입되기 전부터 도로로 이용 중이었는지, 아닌지를 판단할 때는 매우 중요하다. 판단이 어려울 때는 다른 방법으로 이용 상황을 파악해야 한다.

국토정보맵으로 과거 항공사진을 찾는 법을 알아보자.

① 국토정보플랫폼(http://map.ngii.go.kr)에 접속한다.

출처 : 국토정보플랫폼

② 메인화면에서 '국토정보맵' 경로에서 '통합지도 검색'을 클릭한다.

③ '통합지도검색' 화면에서 찾고자 하는 지번 또는 도로명, 지명 등을 기재하고 검색을 클릭한다.

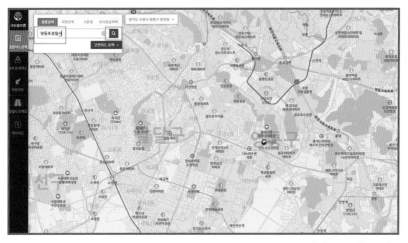

④ '영등포경찰서'를 사례로 검색한 화면이다. 항공사진이 1945년부터 2022년까지 220건이 촬영되었다. 검색 결과에서 원하는 연도를 클릭한다.

출처 : 국토정보플랫폼

⑤ 1979년 항공사진을 클릭해본다. 3개의 항공사진이 있는데, 촬영된 위치가 다르다. 이전 이용 상황을 알고자 하는 곳을 선택하면 된다.

⑥ 다음 사진에 Ⓐ표시한 두 곳은 펼치기와 닫기 기능이다.

⑦ 검색 부분을 닫은 후에 지도에 마우스를 클릭하면 상하좌우로 이동할 수 있다. 마우스 휠을 상하로 움직이면 화면이 확대와 축소를 할 수 있다.

출처 : 국토정보플랫폼

상기 사진에서 A는 영등포경찰서의 정확한 위치를 표시하는 것이 아니라, 인접한 위치를 의미한다. 앞서 설명한 것처럼 지명, 지번 또는 도로명 주소로 검색한 결과를 표시해주는 것이고, 정확한 위치를 표시해주는 것은 아니다.

# 토지이음에서 개발정보와 도시계획 파악하기

    토지보상 투자를 하려는 투자자는 토지이음 사용방법을 반드시 익혀야 한다. 국토교통부에서 운영하는 토지이음 홈페이지에서는 토지이용계획과 도시계획열람 등 토지정보를 열람할 수 있다. 토지이용계획 열람에서 지번 주소, 도로명 주소로 조회하면 지목, 면적, 연도별 개별공시지가, 지역 지구 등 지정 여부, 확인도면을 조회할 수 있다. 건축 행위 등에 대한 제한도 알 수가 있으므로 토지 매매, 토지보상 투자 시 좋은 참고 자료가 된다.

    토지이음을 투자에 활용하는 방법은 여러 가지가 있다. 그중 한 가지를 사례로 설명하겠다.

    [자료 1-30]의 경매 물건은 캠프스탠턴 일반산업단지 조성사업을 위해 개발행위허가 제한지역이다. 2021년 2월 26일에 지정된 곳의 물건이다. 지자체가 개발행위허가 제한지역으로 지정하는 이유는 여러 가지가 있는데, 그중 하나가 도시개발 사업, 산업단지 등의 원활한 사업추진을 도모하고 부동산 투기를 예방하기 위해서다.

**[자료 1-30] 개발예정지 경매 사례**

상기 물건이 개발행위허가 제한지역으로 지정되었는지는 [자료 1-31]을 통해서 확인할 수 있다. [자료 1-32]로는 개발행위허가 제한지역 범위와 해당 물건의 위치를 확인할 수 있다. [자료 1-32] 왼쪽의 범례는 오른쪽 화면에 보이는 곳에 해당하는 지역 지구 등이다. [자료 1-32] 왼쪽의 빨강 네모 표시의 개발행위허가제한 부분을 마우스로 체크하면 오른쪽에 빨강색 범위로 표시된다. 해당 경매 물건은 조성될 산업단지 경계에 위치하고([자료 1-32] 하단 부분) 있다.

개발행위허가 제한지역이 모두 사업 대상 지역으로 지정(산업단지 지구 지정)되는 것이 아니므로, 해당 물건은 투자하기에 좋은 물건이다. 공익사업에 편입된다면 보상 대상이 되는 것이고, 편입이 안 된다면 조성될 산업단지 진입 부근의 토지가 될 수 있기 때문이다.

## [자료 1-31] 토지이음 사례

출처 : 토지이음

## [자료 1-32] 토지이음 사례

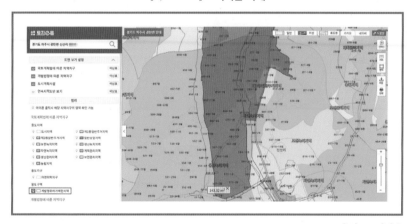

출처 : 토지이음

또한, 토지이음은 [자료 1-33]처럼 해당 필지 인근의 상세한 도시계획을 확인할 수 있다. 도로, 공원, 철도 등 계획된 도시계획을 알 수 있다.

[자료 1-33] **도시계획 사례**

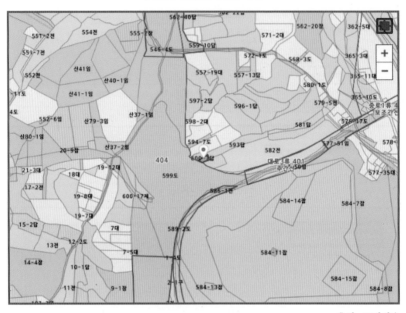

출처 : 토지이음

# K-Geo 플랫폼
# 활용하기

K-Geo 플랫폼(국가공간정보 통합 플랫폼)은 기존의 국토정보시스템과 국가공간정보통합체계를 클라우드 기반으로 통합하고 대국민 서비스를 확대한 것이다. K-Geo 플랫폼의 기능은 크게 3가지가 있다.

대국민 [스마트국토정보서비스]
• 토지 찾기(내토지, 조상땅) 온라인 신청·열람 서비스
• 위치 기반의 부동산 정보(토지, 건물, 가격) 서비스
• 공간정보목록조회 및 국토이용현황 서비스

정부 기관 [공간정보 융·복합 활용 서비스]
• 오픈소스 기반의 지도제작 및 활용 서비스
• 3D 활용한 시뮬레이션 등 공간 분석 서비스
• 지적전산자료 제공 및 측량업 관리 서비스

공공기관 [공간정보 기반 업무 지원 서비스]
• 공공보상 기초자료 생성 및 관리
• 온라인 정책 정보 신청 및 관리
• 공간정보 양방향 연계 관리

출처 : 국토교통부

이 3가지 기능에서 필자가 주로 사용하는 것은 스마트국토정보서비스다. 대국민 인터넷 서비스인 스마트국토정보는 전국의 토지, 건물 등 부동산 관련 정보를 PC, 태블릿, 모바일을 통해 열람할 수 있게 되어 토지보상 투자 물건 주변 지역의 토지와 건물 대장을 열람할 때 유용하게 활용할 수 있다.

K-Geo 플랫폼 사용법을 알아보자.
① K-Geo 플랫폼(https://kgeop.go.kr)에 접속한다.

출처 : K-Geo 플랫폼

② 메인화면에 '토지정보(화살표 부분)'의 바로 가기를 클릭한다.

출처 : K-Geo 플랫폼

③ 검색창에 원하는 장소나 지번 또는 건물명을 입력하고 검색을 하면 관련되는 곳을 찾을 수 있다. 검색 결과에서 찾고자 하는 곳을 클릭한다.

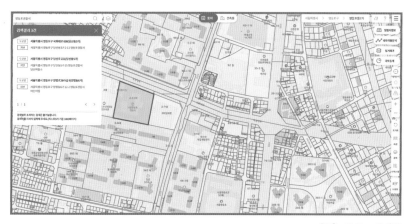

출처 : K-Geo 플랫폼

④ 찾고자 하는 곳을(여기서는 영등포경찰서) 클릭해서 다음 화면처럼 정보가 나오면, 토지정보의 상세정보 보기(A 부분)를 클릭한다. 건축물 정보(B 부분)를 먼저 클릭해서 정보를 확인할 수도 있다.

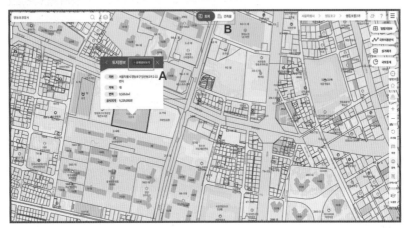

출처 : K-Geo 플랫폼

⑤ 앞 화면에서 토지정보의 상세정보 보기(A 부분)를 클릭하면 토지대장 정보를 상세하게 확인할 수 있다. 건축물이 있으면 건축물대장 정보도 확인할 수 있다.

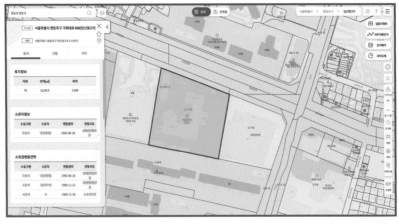

출처 : K-Geo 플랫폼

⑥ 영등포경찰서의 건축물대장 정보는 조회되지 않는다.

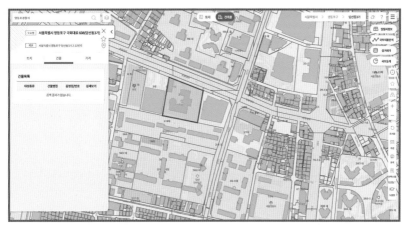

출처 : K-Geo 플랫폼

# 구글어스 프로
# 익히기

구글어스(Google Earth)는 구글에서 제공하는 지도 프로그램이다. 2005년 6월 28일부터 배포되었고, 전 세계의 모습을 위성사진으로 볼 수 있다. 구글 지도가 2013년에 새로 바뀌면서, 크롬 브라우저를 이용해서 구글 지도를 사용할 경우 구글어스의 3D 기능을 브라우저상에서 곧바로 이용할 수 있다. 구글어스 일반 버전은 단순히 인터넷만 연결된다면 이용할 수 있는 웹 버전이고, 구글어스 프로는 고급 기능이 추가된 다운로드 버전이다.

한국의 일부 공항이나 항구 등은 국가전략시설이라는 이유로 네이버 지도나 다음 지도에서는 가려져 있거나 저해상도 사진으로만 확인할 수 있다. 그러나 구글어스의 위성사진을 확인하면 다른 지역과 마찬가지로 그대로 볼 수 있다. 기본적으로 구글어스 프로는 일반 버전과는 다르게 개인이 인쇄용으로 사용할 수 있을 정도로 높은 해상도를 지원하고 있다. 직접 좌표를 입력하지 않아도 지리정보시스템 이미지를 인식해 자동으로 위치를 찾아주는 기능이 있다. 이 외에도 다양한 기능이 있으므로 구글어스를 제대로 활용하려면 프로 버전을 사용하는 것이 좋다. 한국에서는 국가 중요시설과 북한 때문에 PC에서 구글어스를 다운로드 후 사용해야 한다.

토지보상 투자와 관련된 기능은 크게 두 가지가 있다. 한 가지는 토지의 과거 이용 상황을 확인할 때고, 다른 한 가지는 개발이 계획된 도면이나 사진을 오버레이 하는 기능이다. 구글어스 프로에서 오버레이를 하면 특정 지역에 계획되어 있는 개발정보를 지도상으로 확인할 수 있다. 입지를 파악하기에도 좋고, 진행되는 경매나 공매 물건이 토지보상 대상에 포함되는지도 확인할 수 있다.

## 구글어스 프로로 과거 이용 상황 파악하는 법

과거 이용 상황 파악은 토지보상 투자할 때 특히, 미보상과 미지급용지, 예정공도에 투자할 때 사용한다. 과거 공익사업에 편입되기 전에 해당 토지가 농지로 사용했는지, 임야였는지, 건물이 있었는지, 도로로 사용했는지 등을 알아보려고 할 때, 앞에서 설명한 국토정보플랫폼 국토정보맵의 항공사진을 주로 이용한다. 국토정보맵으로 확인이 안 되면 구글어스 프로에서 확인해본다.

① 구글어스 프로를 실행한다.

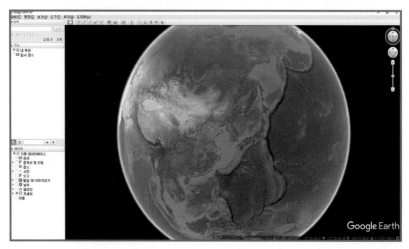

② 왼쪽 상단에 찾고자 하는 지번을 입력하고 검색한다. 지명, 건물명 등을 입력해도 된다. 여기서는 2021년 12월에 진행된 공매 물건을 사례로 설명하겠다. 왼쪽 상단에 '태안군 남면 원청리 ○○○-○○'을 입력하고 검색 버튼을 클릭한다. '원청리'를 입력하고 해당 위치를 찾아도 된다.

③ 구글어스 프로 위쪽에 시계 모양의 버튼(A)을 클릭한다.

④ 시계 모양 버튼을 클릭하면 바(Bar)가 하나 나타난다.

시기별로 클릭하면서 이 지역이 어떻게 달라졌는가를 훨씬 쉽게 알수 있다. 여기서 중요한 것은 흰색 세로줄이 위성사진이 찍힌 시기를 뜻한다. 파란색으로 된 부분의 시기는 볼 수 없다.

⑤ 다음 첨부한 사진에서 왼쪽 사진(2003년)은 도로와 건물이 없지만, 오른쪽 사진(2021년)은 도로와 건물이 있는 것을 확인할 수 있다.

## 구글어스 프로 오버레이 기능 활용하기

구글어스 프로 오버레이 기능으로 진행되는 경매나 공매 물건이 토지보상 대상에 포함되는지를 확인할 수 있다.

**[자료 1-34] 지역별 개발계획 사례**

출처 : 토투캠-토지투자캠퍼스 네이버 카페(https://cafe.naver.com/totucam)

① 개발계획(개발도면) 이미지를 준비한다.

개발계획 사례는 환경영향평가 정보지원시스템의 초안 공람 자료를 내려받은 것이다. 내려받은 이미지는 [자료 1-34]와 같이 다음이나 네이버 등 포털사이트를 활용해서 검색이 쉽도록 지역별로 관리하는 것이 좋다.

② 구글어스 프로를 실행시킨다.

③ 구글어스 프로를 실행한 후 이미지를 오버레이 할 위치를 정한다. 오버레이 할 위치는 [자료 1-34]를 참조해서 카카오맵 또는 네이버 지도에서 주변의 지번, 건물명 등을 찾아서 검색한다. 여기서는 풍천리의 '알파카월드'라는 건물명으로 검색했다.

출처 : 구글어스 프로

④ 구글어스 프로 화면 상단에 '이미지 오버레이 추가 버튼'을 클릭한다.

⑤ 이미지 오버레이 추가 버튼을 클릭하면 다음과 같은 화면이 나타난다.

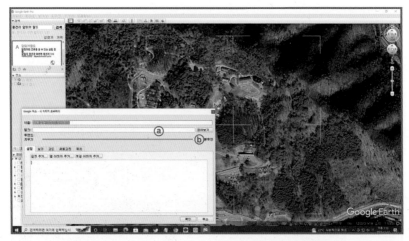

⑥ 상기 화면의 링크(ⓐ) 부분에 사용할 이미지 URL을 '링크' 옆에 입력하고, 오버레이 이미지와 그 아래의 지구 사진이 모두 잘 보이도록 투명도(ⓑ)를 조절한다. 이미지 파일의 URL은 네이버 카페에 올려놓은 이미지

([자료 1-34])에 오른쪽 마우스를 클릭해 이미지 주소 복사를 하면 된다.

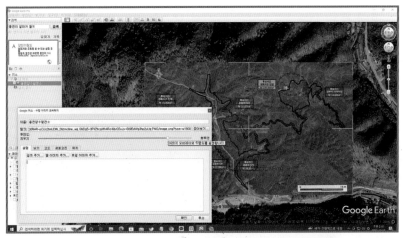

⑦ 특정 도로나 강, 섬 등으로 크기를 개략적으로 맞춘다.

참고로 위치 지정, 크기 편집 등의 사용법은 구글에서 찾아서 익히면 된다. 작업 완료 후 제목을 입력하고 확인 버튼을 누르면 다음 화면처럼 된다.

⑧ 작업한 화면은 저장을 해놓고 필요할 때마다 사용하면 된다. 매각된 경매 물건(강원도 홍천군 화촌면 풍천리 산 ○○)을 예를 들어본다. 앞 화면에서 매각된 물건의 지번을 입력하면 양수 발전소에 편입되는 것을 다음 화면에서 확인할 수 있다.

출처 : 구글어스 프로

# 지방재정 365에서
# 지자체 예산 확인하기

지자체의 예산은 토지보상 투자할 때 매우 중요하다. 추진 의지가 아무리 강해도, 예산이 없으면 진행할 수 없기 때문이다. 사업추진이 순조롭지 않으면 결국은 보상 시기도 불명확하게 된다. 그래서 각 지자체 예산계획이나 집행 현황을 파악하고 있어야 한다. 특히, 중기 지방재정계획은 매우 중요하다. 지자체 예산은 각 지자체 사이트에 접속해서 일일이 찾을 필요 없이 지방재정 365에서 확인하면 된다.

**중기 지방재정계획의 개념**
- 지자체의 발전계획과 수요를 중·장기적으로 전망해서 반영한 다년도 예산으로 효율적인 재원 배분을 통한 계획적인 지방재정 운용을 위해, 수립하는 5년간의 연동화 계획

**중기지방재정계획의 관련 근거**
- 지방재정법 제33조(중기지방재정계획의 수립)
- 지방재정법 제44조의 2(예산안 첨부서류)

중기지방재정계획의 주요 내용

• 재정목표 : 지역발전 및 재정운용의 목표·전략 등 기본방향
• 재정전망 : 세입·세출 추계 및 투자 가용재원 전망
• 투자 계획 : 분야별 정책 방향 및 투자 계획 수립

출처: 지방재정 365

2023년에 게시된 '수원시 중기지방재정계획'을 지방재정 365에서 검색해보면, 중기지방재정계획이 토지보상 투자할 때 왜 필요한지를 알 수 있을 것이다.

① 지방재정 365(https://lofin.mois.go.kr/portal/main.do)에 접속한다.

출처 : 지방재정 365

② 메인 화면의 지방재정 전문통계에서 '우리 지자체 예산서(빨강 네모 표시)'를 클릭한다.

출처 : 지방재정 365

③ 우리 지자체 예산서 화면에서 알고자 하는 지자체를 선택해서 클릭한다. 여기서는 '수원시'를 클릭한다.

| 우리 지자체 예산서 |  |
| --- | --- |
| 서울 | 본청 / 종로구 / 중구 / 용산구 / 성동구 / 광진구 / 동대문구 / 중랑구 / 성북구 / 강북구 / 도봉구 / 노원구 / 은평구 / 서대문구 / 마포구 / 양천구 / 강서구 / 구로구 / 금천구 / 영등포구 / 동작구 / 관악구 / 서초구 / 강남구 / 송파구 / 강동구 |
| 부산 | 본청 / 중구 / 서구 / 동구 / 영도구 / 부산진구 / 동래구 / 남구 / 북구 / 해운대구 / 사하구 / 금정구 / 강서구 / 연제구 / 수영구 / 사상구 / 기장군 |
| 대구 | 본청 / 중구 / 동구 / 서구 / 남구 / 북구 / 수성구 / 달서구 / 달성군 |
| 인천 | 본청 / 중구 / 동구 / 미추홀구 / 연수구 / 남동구 / 부평구 / 계양구 / 서구 / 강화군 / 옹진군 |
| 광주 | 본청 / 동구 / 서구 / 남구 / 북구 / 광산구 |
| 대전 | 본청 / 동구 / 중구 / 서구 / 유성구 / 대덕구 |
| 울산 | 본청 / 중구 / 남구 / 동구 / 북구 / 울주군 |
| 세종 | 본청 |
| 경기 | 본청 / 수원시 / 성남시 / 고양시 / 용인시 / 부천시 / 안산시 / 안양시 / 남양주시 / 화성시 / 평택시 / 의정부시 / 시흥시 / 파주시 / 광명시 / 김포시 / 군포시 / 광주시 / 이천시 / 양주시 / 오산시 / 구리시 / 안성시 / 포천시 / 의왕시 / 하남시 / 여주시 / 동두천시 / 과천시 / 양평군 / 가평군 / 연천군 |

출처 : 지방재정 365

④ 수원시의 예산을 확인할 수 있는 곳이다. 여기에서 중기지방재정계획을 클릭한다.

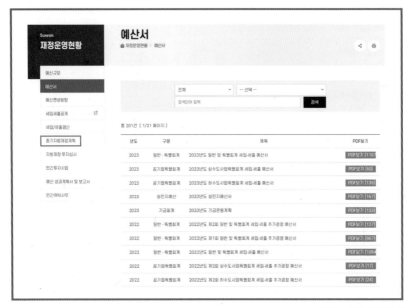

출처 : 지방재정 365

⑤ 그동안 발표된 중기지방재정계획을 게시하고 있다. 여기서 최신에 발표된 중기지방재정계획을 클릭한 후 PDF 자료를 내려받는다.

출처 : 지방재정 365

⑥ 내려받은 중기지방재정계획을 살펴보면서 토지매입과 관련된 사업을 찾아보면 된다. 특히, 국비나 도비를 지원받는 사업은 꼼꼼하게 살펴보기를 바란다. 세부 사업추진계획서를 보면 왜 중기 지방재정계획을 봐야 하는지 알 수 있을 것이다.

**세부사업계획서**

회계연도 : 2023년
회계구분 : 일반
분    야 : 전체
부    문 : 전체

(단위 : 백만원)

| 분야·부문·정책·단위·세부사업 | 사업개요 | 국가계획 | 투자심사 | 지방비채 | 의무지출 경직성 | 의무지출 임의 | 재원 | 총사업비 | 기투자 | 연도별투자계획 | | | | | | 향후 |
|---|---|---|---|---|---|---|---|---|---|---|---|---|---|---|---|
| | | | | | | | | | | 소계 | 2023 | 2024 | 2025 | 2026 | 2027 | |
| 지지대공원 조성 | | Y | Y | N | N | N | 시군구비 | 4,580 | 3,950 | 630 | 630 | 0 | 0 | 0 | 0 | 0 |
| | | | | | | | 지방채 | 6,500 | 6,500 | 0 | 0 | 0 | 0 | 0 | 0 | 0 |
| 일월공원 조성 | 기간:2017-2023 대상:율전동 480-1번지 일원 규모:A-109,462㎡ 내용:공원편입토지 보상 및 공원조성 | Y | Y | N | N | N | 계 | 39,965 | 37,965 | 2,000 | 2,000 | 0 | 0 | 0 | 0 | 0 |
| | | | | | | | 재 원 | 39,965 | 37,965 | 2,000 | 2,000 | 0 | 0 | 0 | 0 | 0 |
| | | | | | | | 시군구비 | 8,965 | 6,965 | 2,000 | 2,000 | 0 | 0 | 0 | 0 | 0 |
| | | | | | | | 지방채 | 31,000 | 31,000 | 0 | 0 | 0 | 0 | 0 | 0 | 0 |
| 숙지공원 조성 | 기간:2017.9.-2024.12. 대상:수원시민 규모:273,670㎡ 내용:숙지공원 조성 | Y | Y | N | N | N | 계 | 43,450 | 38,750 | 4,700 | 3,300 | 1,400 | 0 | 0 | 0 | 0 |
| | | | | | | | 재 원 | 43,450 | 38,750 | 4,700 | 3,300 | 1,400 | 0 | 0 | 0 | 0 |
| | | | | | | | 시군구비 | 8,750 | 4,050 | 4,700 | 3,300 | 1,400 | 0 | 0 | 0 | 0 |
| | | | | | | | 지방채 | 34,700 | 34,700 | 0 | 0 | 0 | 0 | 0 | 0 | 0 |
| 조원공원 조성 | 기간:2018-2023 대상:수원시민 규모:33,800㎡ 내용:조원공원 조성 | Y | Y | N | N | N | 계 | 34,500 | 33,600 | 900 | 900 | 0 | 0 | 0 | 0 | 0 |
| | | | | | | | 재 원 | 34,500 | 33,600 | 900 | 900 | 0 | 0 | 0 | 0 | 0 |
| | | | | | | | 시군구비 | 6,000 | 5,100 | 900 | 900 | 0 | 0 | 0 | 0 | 0 |
| | | | | | | | 지방채 | 28,500 | 28,500 | 0 | 0 | 0 | 0 | 0 | 0 | 0 |
| 제2호 역사공원 조성 | 기간:2018-2025 대상:팔달구 역사공원 내용:토지보상 및 공원 조성 | Y | N | N | N | N | 계 | 8,633 | 3,933 | 4,700 | 3,600 | 0 | 1,100 | 0 | 0 | 0 |
| | | | | | | | 재 원 | 8,633 | 3,933 | 4,700 | 3,600 | 0 | 1,100 | 0 | 0 | 0 |
| | | | | | | | 시군구비 | 8,633 | 3,933 | 4,700 | 3,600 | 0 | 1,100 | 0 | 0 | 0 |

출처 : 지방재정 365

**Tip**

**'구글 내 지도'를 통한 개발정보 활용법**

빨강색은 양양군의 주요 개발 계획, 파랑색은 2023년 5월에 진행되는 공매 물건, 검정색은 2023년 5월에 진행되는 경매 물건이다. 양양군 개발계획은 직접 파악해서 작성한 엑셀 자료고, 공매와 경매 현황은 데이터 추출한 엑셀 자료다. 양양군분만 아니라 전국의 개발계획을 파악한 후 '구글 내 지도'를 활용하면 투자 물건을 찾는 데 소요되는 시간을 획기적으로 단축할 수가 있다.

# 토지보상
# 물건 찾는 노하우

한 출판사에서 무작정 따라서 해보자는 타이틀로 기획한 책을 시리즈로 출간하고 있다. 분야는 여행, 주식, 인터넷, 언어, 부동산 등 매우 다양하다. 이 시리즈 책 중 필자가 처음 접한 것은 윈도XP를 따라 하는 책이었다. 필자의 기억으로는 2000년대 초였다. 윈도98을 오랫동안 사용하다가 윈도XP로 교체하게 되어 사용법을 익히기 위해 구매한 책이다. 설치부터 각각의 항목에 대한 설명이 잘되어 있어서, 정말 그대로 따라 하면서 사용법을 익혔던 기억이 난다.

토지보상 투자를 처음 시작하는 초보 투자자는 대부분 투자를 어려워한다. 아마도 용어가 낯설고 적용되는 법률에 따라 투자 방법도 조금씩 다르다 보니 복잡하게 느껴질 수 있다. 초보 투자자는 모든 내용을 이해하고 투자할 필요는 없다고 생각한다. 쉽게 접근할 수 있는 물건부터 접근해서 실력을 쌓아가면 된다.

이번 CHAPTER에서는 경쟁력 있는 토지보상 물건을 찾는 방법과 관리하는 법 등 토지보상 투자를 초보 투자자가 그대로 따라 할 수 있게 설명했다. 토지보상 물건 찾는 것을 어렵게만 생각하지 말고, 실행에 옮겨보기를 바란다.

필자에게 강의를 듣는 수강생 중에는 경험이 풍부한 투자자가 많다. 그런데 이분들과 대화를 나눠보면, 토지보상 투자를 주먹구구식으로 해왔다는 것을 느낄 수 있다. 그 이유 중 하나는 공익사업의 종류를 잘 모르고 있다는 것이다. 도로, 철도, 산업단지, 택지 등 많이 알고 있어야 10개 이내다. 공익사업의 종류를 많이 알고 있는 만큼 투자할 물건이 눈에 잘 보이고, 경쟁하지 않는 투자를 할 수 있다. 이를 위해서는 '토지

## [자료 2-1] 토지보상 물건 찾는 방법

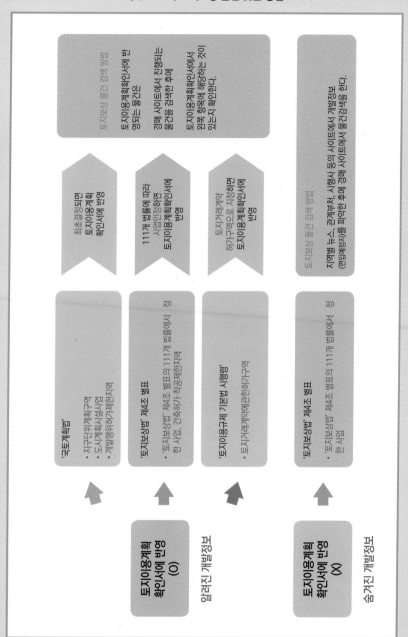

보상법'의 이론적인 내용과 투자 경험을 바탕으로 필자가 정리한 [자료 2-1]의 내용을 반드시 이해하고 있어야 한다.

[자료 2-1]에서 알려진 개발정보와 숨겨진 개발정보는 필자가 정의한 것이다. 알려진 개발정보란 공익사업이 토지이용계획확인서에 반영된 상태를 말한다. 공익사업이 토지이용계획확인서에 반영되는 시점은 3가지 경우가 있다.

첫 번째는 '국토계획법'에 따라 지구단위계획구역, 도시계획시설 사업, 개발행위허가제한 지역으로 결정된 경우, 두 번째는 '토지보상법' 제4조 별표에 나열된 111개 개별법에 따라 진행하는 공익사업이 사업인정을 받을 경우와 건축허가·착공제한지역, 세 번째는 '토지이용규제기본법 시행령'에 따라 정한 토지거래계약에 관한 허가 구역으로 지정되는 경우다. 이런 물건은 유료 또는 무료 경매 사이트에서 진행되는 물건을 검색한 후에 토지이용계획확인서를 확인하면 공익사업에 해당하는지를 간접적으로 알 수 있다.

숨겨진 개발정보란 사업의 발표 시점부터 사업인정 전까지를 말한다. 이 시기에는 토지이용계획확인서에 공익사업이 반영되지 않는다. 때문에, 숨겨진 개발정보는 공익사업에 대한 사업절차, 사업 위치 등의 개발정보를 파악한 후에 유료 또는 무료 경매 사이트에서 편입되는 위치의 지역을 설정해서 검색하거나, 지도검색으로 물건을 찾으면 된다. 숨겨진 개발정보, 즉 일반 투자자들이 잘 모르는 사업을 많이 알고 있으면 있을수록 경쟁을 피하면서 수익률이 좋은 물건을 찾을 수 있다.

그렇다면 숨겨진 개발정보는 어떻게 찾을 것인가? [자료 2-1]에서 언급했듯이 지역별 뉴스, 관계부처, 시행사 등의 사이트([자료 2-2] 참조)에서 찾으면 된다.

| 분류 | 관련 기관 | 관련 메뉴 |
|---|---|---|
| 정부<br>부처 | 산업통상자원부 | 고시공고, 보도자료 |
| | 환경부 | 알림정보, 정보공개, 환경정책 |
| | 국토교통부 | 보도자료, 알림마당, 정책정보, 공지사항, 전자관보 |
| | 행정안전부 | 보도자료, 정책자료 |
| | 기획재정부 | 고시공고, 보도자료 |
| | 문화체육관광부 | 주요 정책 |
| | 국방부 | 고시공고 |
| | 농림축산식품부 | 훈령예규고시, 공고 |
| | 과학기술정보통신부 | 훈령예규고시 |
| | 해양수산부 | 보도자료, 정보공개, 공지사항, 알림뉴스, 부서별 사전공표 |
| | 중소벤처기업부 | 고시 |
| | 조달청 | 나라장터 : 용역발주 |
| | 방위사업청 | 국방전자조달 : ~조성사업 |
| | 문화재청 | 행정자료, 고시, 주요 정책정보 |
| | 산림청 | 공고 |
| | 해양수산청 | 고시공고, 알림마당, 공지사항 |
| | 4대강유역환경청 | 정보마당 |
| 기타 | 지역별 뉴스 | [자료 1-21] 참조 |
| | 5대발전소 | 사업실명제 등 |
| | 한국지역난방공사 | 사업실명제 등 |
| | 수자원공사 | 사전공포 |
| | 환경영향평가 정보지원시스템 | 전략환경영향가, 환경영향평가 등 |

 Tip

농어촌도로 등 사업인정 후에도 토지이용계획확인서에 반영되지 않는 공익사업도 있다. 이런 사업은 공익사업이 진행되는 것을 알고 있어야 토지보상 물건을 찾을 수 있다.

# 제1장

## 숨겨진 개발정보를
## 찾아 투자하기

CHAPTER 02의 제1장 제목을 본 투자자 중 일부는 필자가 'LH 또는 도시개발공사 임직원인가?'라고 생각할 수도 있겠다. 하지만 필자는 평범한 직장인이다.

국토 및 도시계획을 포함해서 대부분 개발 사업은 '선계획, 후개발'이다. 광역도시계획 등 '국토계획법'에 따라 수립되는 계획은 통상 10년에서 20년의 발전 방향을 담고 있으며, 5년마다 재검토를 통해 장기 발전 방향을 수정 및 보완하고 있다. 지역 계획과 부문별 계획도 마찬가지로 각 지자체나 시행 주체가 관련 법에 정한 절차에 따라 계획을 수립해 진행하게 되므로 관심만 가지면 누구나 알 수 있는 계획이다.

그런데 수립한 계획에 따라 반드시 개발이 진행되는 것이 아니라서, 계획이 발표되는 시점에는 대부분 투자자는 관심을 두지 않는다. 그리고는 사업이 구체적으로 실현되는 시점에서 물건을 찾아 투자하게 된다. 이런 경우는 경쟁이 과열되어서 수익성이 낮은 투자를 할 수 있다. 경쟁을 피하면서 큰 이익을 얻으려면 계획 단계에서 투자해야 한다. 여기서 중요한 것은 필자가 말하는 '숨겨진 개발정보'다. 즉, 개별법에 따라 진행되는 사업 중에 사업인정 전(前)인 사업을 말한다. 이러한 사업 중에 대통령 또는 지자체장의 공약, 정책사업 등과 관련된 것은 부득이한 경우를 제외하고는 사업을 진행하게 된다. 그러므로 발표되는 계획을 파악해서 구체적으로 실현되기 전에 물건을 찾아 투자하는 것이 성공의 지름길인 것이다.

이번 CHAPTER 02의 제1장에서는 '숨겨진 개발정보'를 찾아 투자하는 방법에 관해 설명했다. 주어진 각자의 여건에 따라 개발정보를 파악해 필요할 때 적절하게 투자하자.

개별 법률에 따라 시행되는 사업은 앞에서 설명했듯이 계획이 발표된 시점부터 사업인정이 고시되는 시점까지는 관심을 따로 가지고 있지 않으면, 사업이 진행되고 있는 것을 투자자가 모르는 경우가 많다. 사업인정이 고시되면 토지이용계획확인서에 반영되므로 유료 또는 무료 경매 사이트에서 물건 검색한 후에 해당 필지에 대한 토지이용계획확인서를 확인하면 공익사업을 진행하는 것을 알 수가 있다.

개별 법률에 따라 시행되는 사업의 종류를 알기 위해서는 '토지보상법'의 제4조 별표를 참조하면 된다. 별표에 해당하는 사업에는 관련 법률에 따라 토지 등을 수용하거나 사용할 수 있는 사업 19가지와 해당 법률로 사업인정이 의제되는 공익사업 93가지가 있다. 여기서는 몇 가지 중요한 사업에 관해 설명할 것이다. 접근하는 방식은 비슷하니 여기서 설명하지 않은 사업들은 해당 법률을 파악한 후 서술한 방식대로 투자하면 된다.

# 전원개발촉진법에 따른
# 전원개발 사업

'전원개발촉진법'의 주요 내용은 다음과 같다.

[자료 2-3] **전원개발촉진법의 주요 내용**

| 해당 조항 | 내용 | 비고 |
|---|---|---|
| 제3조 | 전원개발 사업자는 '전기사업법' 제7조에 따라 허가를 받은 발전사업자·송전사업자 등 | 6대 발전소가 대표적임. |
| 제5조 | 전원개발 사업자는 전원개발 사업 실시계획을 수립한다. | 산업통상자원부 장관 승인 |
| 제6조의 2 | 제5조에 따른 실시계획의 승인·변경승인 및 고시가 있는 때에는 사업인정의 고시가 있는 것으로 본다. | 토지의 수용·사용 가능 |
| 제11조 | 산업통상자원부 장관은 전원개발 사업 예정구역을 지정할 수 있다. | 실시계획승인 전이라도 매수청구 가능 |

## 음성 천연가스발전소 건설 사업(사례 1)

음성 천연가스발전소

발전회사 : 한국동서발전(주)

사업 위치 : 충청북도 음성군 음성읍 평곡리 일원

주요 사업내용 :

(1) 제8차 전력수급기본계획 반영: 2017년 12월

(2) 발전사업 변경허가 취득(당진→음성) : 2019년 1월

(3) 발전사업 변경허가 취득(4차) : 2020년 7월

(4) 전원개발 사업 실시계획 승인 신청 : 2020년 10월

(5) 송전용 전기설비 이용계약 체결(↔한전) : 2021년 3월

(6) 환경영향평가 초안 접수 : 2020년 2월

(7) 환경영향평가 협의 완료 : 2021년 4월

(8) 전원개발 사업 실시계획 승인 고시 : 2021년 9월

(9) 공사계획 인가 : 2022년 3월

출처 : 한국전력거래소 2022년 3월까지 사업 진행 현황

### (1) 전력수급기본계획

음성 천연가스발전소 건설사업은 당진에코파워의 석탄화력 연료전환 사업이다. 제8차 전력수급기본계획에 반영되어 안정적인 전력수급에 기여하기 위해 한국동서발전(주)에서 진행하고 있다.

 Tip

한국동서발전(주)는 한국전력공사를 민영화하기 위해 분리된 한국수력원자력, 한국남동발전, 한국중부발전, 한국서부발전, 한국남부발전, 한국동서발전 6개의 회사가 사실상 대한민국 전기의 대부분을 생산하고 있어서, 전기를 생산하는 발전사업은 6개의 회사가 맡아서 하고 있다.

내용 중에 제8차 전력수급기본계획이라는 용어가 나온다. 전력수급기본계획이란 정부가 '전기사업법' 제25조에 따라 전력 수급의 안정을 위해 2년마다 세우는 15년 단위의 중장기 계획이다.

전기사업법 제25조(전력수급기본계획의 수립)

① 산업통상자원부 장관은 전력 수급의 안정을 위하여 전력수급기본계획(이하 '기본계획'이라 한다)을 수립하여야 한다.

(중간 생략)

⑧ 산업통상자원부 장관은 기본계획의 수립을 위하여 필요한 경우에는 전기사업자, 한국전력거래소, 그 밖에 대통령령으로 정하는 관계 기관 및 단체에 관련 자료의 제출을 요구할 수 있다.

천연가스발전소 건설사업에 편입되는 토지에 투자하려는데, 왜 전력수급기본계획을 알아야 하는지 의문이 생기는 투자자도 있을 것이다. 앞에서 설명했듯이, 공익사업은 근거법에 따라 '선계획, 후개발'이라고 했다. 음성 천연가스발전소는 제8차 전력수급기본계획에 따라 진행되는 사업이다. 현재는 제10차 전력수급기본계획까지 발표되었다.

앞의 전기사업법 제25조 ⑧항에 기본계획은 한국전력거래소 등에 자료 제출을 요구할 수 있다고 했다. [자료 2-4]에 나오는 것처럼, 한국전력거래소는 전력 시장의 운영, 전력계통의 운영, 실시간 급전 운영, 전력수급기본계획 수립 등의 기능을 담당하고 있는 곳이다.

## [자료 2-4] 전력수급기본계획 수립 체계

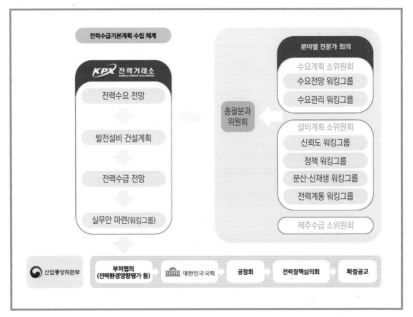

출처 : 한국전력거래소

경쟁에서 앞서가기 위해서 토지보상 투자자는 발표되는 전력수급기본계획을 정독해야 한다. 그것부터가 투자의 시작이다. [자료 2-5]는 '전기사업법' 제25조에 따라, 2017년 12월 29일에 공고한 제8차 전력수급기본계획 중에 음성 천연가스발전소 건설사업과 관련된 내용을 발췌한 것이다.

[자료 2-5] 전력수급기본계획 수립 체계

【 석탄 발전 】

| '17년 | | '22년 | | '30년 |
|---|---|---|---|---|
| 36.9GW | ➡ | 42GW | ➡ | 39.9GW |

ㅇ 미세먼지 대책('17.9월)과 발전설비 현황조사 결과 반영

ㅇ '17 ~ '22년 : 노후 7기 (2.8GW) 폐지*,
　　　　　　　공정률 낮은 신규석탄 9기중 7기 건설(7.3GW) 등

* 조기폐지 대상 노후석탄 10기 중 3기는 '17년중 폐지 완료

※ 삼척화력 건설시 추가 보완대책 : ① 최고 수준의 환경 관리 실시,
② 기존 석탄 4기 추가 LNG 전환, ③ 환경급전과 경제급전의 조화

ㅇ '23 ~ '30년 : 당진에코 1·2호기, 태안 1·2호기, 삼천포 3·4호기는
　　　　　　　LNG로 연료전환(2.1GW)

출처 : 산업통상자원부 제8차 전력수급기본계획

## (2) 전원개발 사업자

음성 천연가스발전소 건설사업은 앞에서 설명했듯이 한국동서발전㈜에서 진행하고 있는 사업이다. 한국동서발전㈜ 사이트를 통해 제8차 전력수급기본계획이 발표된 이후에 사업 진행에 관한 정보를 지속적으로 파악해야 한다. 특히 [자료 2-6]과 같이 정보공개에 공개되는 '대상 사업 리스트'에 신규로 음성 천연가스발전소 건설사업이 게시되는지를 살펴봐야 한다.

**[자료 2-6] 한국동서발전(주) 대상 사업 리스트**

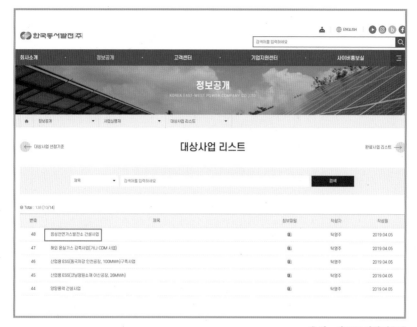

출처 : 한국동서발전(주)

[자료 2-6]에서 빨강 네모로 표시한 '48번 음성 천연가스발전소 건설' 자료를 내려받은 후 열어보면 다음과 같다.

## [자료 2-7] 음성 천연가스발전소 건설사업

| 사업실명제 등록번호 | 2019-17 | 담당부서 작성자 | 신성장사업처 신규발전추진부 차장 <br> kycymkk@ewp.co.kr |
|---|---|---|---|
| 사 업 명 | 음성천연가스발전소 건설사업 (당사 지분율 : 100%) | | |

| 사업개요 및 추진경과 | ○ 추진배경<br> - 당진에코파워의 석탄화력 연료전환 사업으로 제8차 전력수급 기본<br>  계획 반영되어 안정적인 전력수급에 기여<br>○ 추진기간 : 2022. 07. ~ 2024. 12<br>○ 총사업비 : 약 1조원<br>○ 주요내용 : 1,000MW급 1기 가스복합발전소 건설<br>○ 추진경과<br> - '17. 12 : 제8차 전력수급계획 연료전환사업 반영<br> - '18. 02 : 음성복합 발전사업 기본방침(안) 수립<br> - '18. 03 : 전기사업변경허가 1차 취득(연료변경, 석탄→LNG)<br> - '18. 06 : 기재부 예비타당성조사 착수<br> - '18. 09 : 음성 발전사업 검증위원회 구성 및 출범<br> - '18. 12 : 검증위원회 검증결과 및 권고안 발표<br> ※ 발전소 건설시 지역경제 활성화 효과 기대로 발전소 건설 추진의사 표명<br> - '19. 01 : 전기사업변경허가 2차 취득(부지,용량변경) |
|---|---|

### 사업수행자

○ 최초 입안자 및 최종 결재자
- 최초 입안자 : 차장 김민수
- 최종 결재자 : 사장직무대행 박희성
○ 사업 관련자

| 구분 | 성명 | 직급 | 수행기간 | 담당업무<br>(업무분담 내용) |
|---|---|---|---|---|
| 처장 | 안희 | 1(을) | '18.06 ~ 현재 | 신성성장사업 업무총괄 |
| 부장 | 이영 | 2 | '18.06 ~ 현재 | 신규발전추진부 업무총괄 |
| 차장 | 김 | 3 | '18.03 ~ 현재 | 신규발전추진 실무 |

| 다른기관, 민간인 관련자 | ○ 기재부, 산업부, 충청북도청, 음성군청 |
|---|---|

| 추진실적 | ○ '15. 01 : 음성복합 발전소 건설관련 업무협약서 체결<br>  (음성군↔한국동서발전)<br>○ '17. 12 : 제8차 전력수급계획 연료전환사업 반영<br>○ '18. 03 : 전기사업변경허가 1차 취득(연료변경, 석탄→LNG)<br>○ '19. 01 : 전기사업변경허가 2차 취득(부지, 용량변경)<br> - 부지(당진→음성), 용량변경(580MW→970MW) |
|---|---|

출처 : 한국동서발전(주)

## (3) 환경영향평가

음성 천연가스 발전소는 발전 시설용량이 1만 킬로와트 이상의 발전소 건설사업이다. '환경영향평가법' 제22조 및 같은 법 시행령 제31조 제2항 및 제47조의 관련 [별표]의 규정에 따른 환경영향평가 대상 사업으로 [자료 2-8]과 같다.

[자료 2-8] 환경영향평가 대상 사업의 종류 및 범위

| 구분 | 환경영향평가 대상 사업의 종류 및 범위 | 협의 요청 시기 |
|---|---|---|
| 3.<br>에너지<br>개발 사업 | '전원개발촉진법' 제2조 제2호에 따른 전원개발 사업 중 다음의 어느 하나에 해당하는 시설에 관한 사업<br>1) 발전시설용량이 1만 킬로와트 이상인 발전소. 다만, 댐 및 저수지 건설을 수반하는 경우에는 발전시설용량이 3,000킬로와트 이상인 것<br>(이하 생략) | '전원개발촉진법' 제5조 제1항에 따른 실시계획의 승인 전 |

여기서 중요한 것은 환경영향평가서 초안 공람이 공고되는 단계에서 물건을 찾아 투자할 수 있다는 것이다. 환경영향평가는 실시계획승인 전(前)에 실시하는 것으로 되어 있다. 환경영향평가서 초안 공람이나 본안 결과서를 활용해서 투자함으로써 다른 투자자보다 한발 앞서 투자할 수 있는 것이다. 물론 더 공격적인 투자자는 환경영향평가 이전 단계에서 투자할 것이다. 이럴 경우, 사업 위치가 바뀔 수 있다는 것을 주의해야 한다.

토지보상 투자 관점에서 환경영향평가서는 CHAPTER 01의 제3장에서 언급했듯이, 사업 위치를 정확히 알아내는 수단으로 활용한다. 본안 결과에서 사업 위치가 변경되었는지 확인하면 된다.

구체적으로 환경영향평가 정보지원시스템에서 환경영향평가 초안을 내려받는 것과 사업 위치를 찾는 법을 알아보자.

① 환경영향평가 정보지원시스템(https://www.eiass.go.kr)에 접속한다.

출처 : 환경영향평가 정보지원시스템

② 메인화면에서 환경영향평가 초안 공람의 '+' 표시(상기 그림의 ⓐ 부분)를 마우스로 클릭한다.

출처 : 환경영향평가 정보지원시스템

③ 앞의 화면에서 '음성 천연가스'라는 단어로 검색한다.

출처 : 환경영향평가 정보지원시스템

'음성 천연가스발전소 건설사업'이라는 초안 공람이 검색되는 것을 알 수가 있다. 검색 결과처럼 검색어로 해당 사업을 찾는다. 하지만 이 사업을 전력수급계획이 발표되는 시점부터 관심을 가지고 추적을 해왔던 토지보상 투자자는 한국동서발전(주)이나 환경영향평가 정보지원시스템을 활용해서 해당 사업에 대한 환경영향평가서 초안 공람이 개시되는지를 수시로 확인하는 것이 좋다.

④ 해당 사업의 환경영향평가서 내용 확인

### ❖ 평가서 초안 공람 - 환경영향평가

사업개요

| 사업명 | 음성 천연가스발전소 건설사업 |
|---|---|
| 사업시행자 | 한국동서발전(주) |
| 사업구분 | 에너지개발 |
| 사업지위치 | 충청북도 음성군 음성읍 (토계울길 59) 평곡리 일원 |
| 승인기관 | 산업통상자원부 |
| | (초안) ES-0000_표지, 세네카, 목차.pdf<br>(초안) ES-0100_요약문.pdf<br>(초안) ES-0200_사업의개요.pdf<br>(초안) ES-0300_환경영향평가대상지역의설정.pdf |

출처 : 환경영향평가 정보지원시스템

앞서 ③항의 검색 결과를 마우스로 클릭하면 관련 내용을 확인할 수 있도록 자료가 첨부되어 있다. 첨부한 자료 중에 '요약문'이나 '사업의 개요' 파일에서 사업 위치가 자세하게 나온 부분을 찾아 활용하면 된다. 토지보상 투자자는 해당 사업이 환경에 어떤 영향을 주는지는 중요하지 않다. 사업 초기에 가능한 한 정확하게 위치를 찾아서 투자하는 것이 경쟁을 피하는 지름길이다.

## (4) 사업 위치 파악

다음 [자료 2-9]는 환경영향평가서의 '사업의 개요'에 있는 것이다. 왼쪽은 환경영향평가서 초안에 있는 위성사진이고, 오른쪽은 환경영향평가 본안에 있는 위성사진이다. 2020년 2월 7일에 초안이 접수된 후 협의 과정을 거쳐 2021년 4월 6일에 협의가 완료되었다. 환경영향평가서 본안에서 2번의 보완이 있었지만, 사업의 위치 크게 변하지 않은 것을 알 수 있다. 토지보상 투자를 위해 물건 검색하는 것은 대략적인 위치가 파악되는 시점이다. 앞에서 언급했듯이, 환경영향평가 이전에도 임장이나 유료 경매 사이트를 통해서 물건 검색을 지속적으로 하는 것이 좋다.

[자료 2-9] **음성 천연가스발전소 예정부지 위성사진**

환경영향평가서 초안          환경영향평가서 본안

출처 : 환경영향평가 정보지원시스템

## (5) 실시계획 승인

한국동서발전(주)은 2020년 10월 산업통상자원부에 실시계획을 신청 한 후, 약 11개월에 걸쳐 환경부, 농림부, 국토교통부 등 11개 정부부처 및 지자체와 분야별 요구사항을 협의했다.

2021년 9월 관계 부처 위원들이 참석한 가운데 개최된 '전원개발 사업 추진위원회' 심의 통과 후, 최종 고시가 이루어짐에 따라 실시계획 승인절차를 최종 완료하게 됐다. 전원개발 사업 실시계획 승인은 전원개발촉진법에 따라 발전소 건설 세부 시행계획 및 관련 인허가 등이 협의 완료되고 토지수용권이 확보되는 등 현장 건설공사를 최종 허가하는 것이다. 또한, 실시계획 승인신청 전(前)에 토지소유주와의 협의를 통해 확보한 사업부지도 수용에 의해 취득한 것으로 본다. 때문에, 협의 보상이 이루어지지 않은 토지는 법적 절차에 따라 중앙토지수용위원회를 통해 토지 수용 절차를 밟게 되는 것이다.

전원개발 사업 실시계획 승인 고시는 [자료 2-10]처럼 산업통상자원부 사이트 고시란에서 확인할 수 있다.

**[자료 2-10] 음성 천연가스발전소 실시계획 승인**

출처 : 산업통상자원부

음성 천연가스 발전소 실시계획 승인을 고시하면서 첨부되는 고시문 (ⓐ)에는 수용·사용할 토지 등의 명세가 있다. 이 토지 명세를 활용해서 투자하는 투자자는 한발 늦는 것이다. 그 이유는 실시계획 승인이 나면 토지이용계획확인서에 '전기공급설비'라고 명시되기 때문이다.

[자료 2-11] **전기공급설비로 적용된 토지이용계획확인서**

| 소재지 | 충청북도 음성군 음성읍 평곡리 ▓▓▓ | | |
|---|---|---|---|
| 지목 | 답 ❓ | 면적 | 1,833 ㎡ |
| 개별공시지가(㎡당) | 29,500원 (2022/01) 연도별보기 | | |
| 지역지구등 지정여부 | 「국토의 계획 및 이용에 관한 법률」에 따른 지역·지구등 | 일반공업지역(일반공업지역) 전기공급설비 | |
| | 다른 법령 등에 따른 지역·지구등 | 가축사육제한구역(2018·12·27)(일부제한구역 800m)<가축분뇨의 관리 및 이용에 관한 법률> | |
| 「토지이용규제 기본법 시행령」 제9조 제4항 각 호에 해당되는 사항 | | | |

출처 : 토지이음

## (6) 물건 검색 사례

환경영향평가서에서 사업 위치가 파악됐으면, 지속해서 물건을 검색해야 한다. 간혹 필자에게 "보상 물건 쉽게 찾는 법, 있나요?"라고 질문한다. 결론만 말하면 쉽게 찾는 법은 없다. 개발정보를 파악하고 끊임없이 물건을 검색하는 방법뿐이다. 그러나 많은 투자자가 몇 번 찾아보고 지쳐서 포기하게 된다. 역설적으로 편입되는 물건을 찾기가 쉽다면, 그만큼 수익성이 없는 것으로 생각한다.

다음 [자료 2-12]의 물건은 2020년 5월 18일에 처음 진행되었고, 유찰되어서 2,250,000원(62%)에 낙찰된 물건이다. 앞에서 서술한 것처럼, 환경영향평가서 초안을 본 투자자라면 찾을 수 있는 물건이다.

## [자료 2-12] 음성 천연가스발전소 편입물건

| ❯ 온비드 바로가기 | AP서수집 -바로가기버튼 | | | |
|---|---|---|---|---|
| 2019-19078-001 | | 입찰일자 : 2020-06-15 10:00 ~ 2020-06-17 17:00 | | |
| 집행기관 | 한국자산관리공사 | 담당자 | 충북지역본부 / 조세정리팀 / 1588-5321 | |
| 소재지 | 충청북도 음성군 음성읍 평곡리 ▨▨▨ | | | |
| 유찰횟수 | 4 회 | 물건상태 | 입찰 | 감정가 | 3,648,000원 |
| 물건용도 | 임야 | 입찰방식 | 일반경쟁(최고가방식) | 최저가 | (60%)2,189,000원 |
| 위임기관 | | 공고일자 | 2020-03-18 | 배분종기일 | 2020-05-04 |
| 납부기한 | 낙찰금액별 구분 | | | 종류/방식 | 압류재산 / 매각 |
| 면적(㎡) | 임야76 ㎡ | | | | |

입찰정보    입찰이력    전체

| 회차 | 입찰일자 | 개찰일시 | 최저입찰가 | 결과 |
|---|---|---|---|---|
| 18 | 2020-05-18 10:00 ~ 05-20 17:00 | 2020-05-21 11:00 | 3,648,000원 | 유찰 |
| 19 | 2020-05-25 10:00 ~ 05-27 17:00 | 2020-05-28 11:00 | 3,284,000원 | 유찰 |

# 홍천 양수발전소 건설 사업[사례 2]

**홍천 양수발전소**

발전회사 : 한국수력원자력(주)

사업 위치 : 강원도 홍천군 화촌면 풍천리 일원

주요 사업내용:

**(1) 제8차 전력수급기본계획 반영: 2017년 12월**

(2) 지자체 자율유치 공모를 통한 부지선정: 2019년 6월

(3) 제9차 전력수급기본계획 공고: 2020년 12월

(4) 신규양수발전 예비사업자 선정: 2021년 5월

(5) 전략환경영향평가서(초안) 제출: 2021년 10월

(6) 공공기관 예비타당성조사 통과: 2022년 2월

(7) 전략환경영향평가서 협의 완료: 2022년 7월

홍천 양수발전소 사업도 '전원개발촉진법'에 따라 진행된다. 현재까지는 전략환경영향평가가 완료된 상태다. 전략환경영향평가는 '환경영향평가법' 제9조 및 같은 법 시행령 제7조 제2항에 따른 [별표 2]의 규정에 따른 전략환경영향평가 대상 사업이다.

[자료 2-13] **전략환경영향평가 대상 사업의 종류 및 시기**

| 구분 | 개발기본계획의 종류 | 협의 요청 시기 |
|---|---|---|
| 2. 개발기본계획 다. 에너지개발 | '전원개발촉진법' 제11조에 따른 전원개발 사업 예정구역의 지정 | '전원개발촉진법' 제11조 제3항에 따라 산업통상자원부 장관이 관계 중앙행정기관의 장과 협의하는 때 |

홍천 양수발전소 건설 사업절차는 [자료 2-14]의 절차처럼 실시계획 승인을 거쳐 착공하게 된다.

[자료 2-14] **홍천 양수발전소 건설 절차**

출처 : 홍천양수알리미

앞의 음성 천연가스발전소 건설사업에서 설명한 것처럼, 홍천 양수발전소 건설사업의 전략환경영향평가서를 활용해서 사업 위치를 파악할 수 있다. [자료 2-15]는 전략환경영향평가 협의가 진행되고 있는 시기에 발견된 경매 물건이다. 필자의 강의를 수강한 회원들에게 추천했고, 2명이 공동 투자해서 낙찰받은 물건이다.

[자료 2-15] 홍천 양수발전소 관련 경매 물건

| 춘천지방법원 | 대법원바로가기 | 법원앤비 | | | 가로보기 | 세로보기 | 세로보기(2) |
|---|---|---|---|---|---|---|---|
| 2022 타경 50303 (강제) | | | 매각기일 : 2022-07-04 10:00~ (월) | | 경매4계 033-259-9713 | | |
| 소재지 | 강원도 홍천군 화촌면 풍천리 ▉▉▉ | | | | | | |
| 용도 | 임야 | | 채권자 | 신○○○ | 감정가 | | 8,544,600원 |
| 토지면적 | 1818㎡ (549.94평) | | 채무자 | 이○○ | 최저가 | | (70%) 5,981,000원 |
| 건물면적 | | | 소유자 | 이○○ | 보증금 | | (10%)598,100원 |
| 제시외 | | | 매각대상 | 토지매각 | 청구금액 | | 36,174,156원 |
| 입찰방법 | 기일입찰 | | 배당종기일 | 2022-04-27 | 개시결정 | | 2022-01-26 |

| 기일현황 | | | | | |
|---|---|---|---|---|---|
| 회차 | 매각기일 | 최저매각금액 | 결과 | | |
| 신건 | 2022-05-30 | 8,544,600원 | 유찰 | | |
| 2차 | 2022-07-04 | 5,981,000원 | 매각 | | |
| | 1명/입찰1명/낙찰7,200,000원(84%) | | | | |
| | 2022-07-11 | 매각결정기일 | 허가 | | |
| | 2022-08-19 | 대금지급기한 납부 (2022.08.03) | 납부 | | |
| | 2022-09-06 | 배당기일 | 완료 | | |
| | 배당종결된 사건입니다. | | | | |

# 공공토지비축법에 따른 사업

공공토지비축사업은 '공공토지의 비축에 관한 법률'(이하 '공공토지비축법'이라 칭한다)에 따라 한국토지주택공사(LH) 토지은행의 재원을 활용해 미리 토지를 일괄 확보하는 것이다. 적기에 저가로 공급하고, 토지 시장의 안정을 도모할 목적으로 토지를 지가 상승 이전에 미리 매입하는 제도를 말한다.

[자료 2-16] **공공토지비축법의 주요 내용**

| 해당 조항 | 내용 | 비고 |
|---|---|---|
| 제5조 | 국토교통부 장관은 매년 연도별 공공토지비축 시행계획을 수립·시행 | 공공토지비축심의위원회의 심의 |
| 제6조 | 국토교통부 장관은 공공토지 수급에 대한 조사를 실시 | LH에 위탁 |
| 제11조 | 토지비축계획의 수립 지원 등의 토지은행 사업 진행 | LH 주관 |
| 제15조 | 국토교통부 장관은 공공개발용 토지의 비축사업계획을 승인 | 관보에 게시 |

## (1) 공공토지비축종합계획과 시행계획

기존에는 토지보상법에 따른 공익사업으로 인정을 받은 토지에 한정해서 토지비축 대상이 되었다. 그러나 2020년 6월에 발표된 '제2차 공공토지비축종합계획'에 따라 도시재생 혁신지구 사업 등 공익사업 인정 대상이 아닌 사업이라고 하더라도 공공사업의 지원 필요성이 있고, 원활한 토지확보 및 공급을 할 수 있는 사업의 경우는 토지은행을 활용할 수 있도록 했다.

## (2) 토지은행제도

토지은행제도는 공공토지의 비축 및 공급을 위해서 공공토지비축법 제9조 제1항에 따라 한국토지주택공사(LH)가 설치하는 토지은행계정으

**[자료 2-17] 토지은행 운영체계**

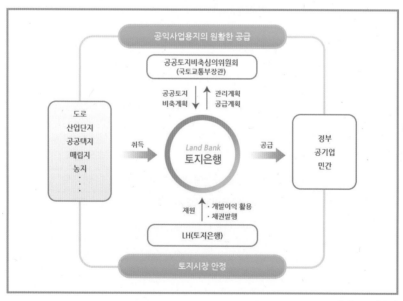

출처 : 토지은행

로써, SOC, 산업용지 등 공익목적에 필요한 다양한 용도의 토지를 한 곳(Land bank)에 비축한다. 비축한 토지를 적기, 적소, 저가에 공급하고 개발에 따른 투기 수요를 억제해서 토지 시장 안정에 기여하기 위해 만든 제도다.

공공토지비축 대상은 [자료 2-18]과 같이 비축목적에 따라 공공개발용, 수급조절용으로 구분한다. 공공개발용 토지는 공공개발수요를 충족하고자 비축하는 토지다. SOC용지, 산업용지 및 주택용지 등이 있다. 수급조절용 토지는 토지 시장 안정 및 장래 수요에 대비하기 위해 비축하는 토지다.

[자료 2-18] **공공토지비축 대상**

| 구분 | 공공개발용 | 수급조절용 |
|------|-----------|-----------|
| 대상 | 모든 공익사업용 토지 | 개발 가능지 등 일반토지 |
| 비축목적 | 공익사업의 원활한 시행 | 토지 시장의 안정 |
| 비축수단 | 협의, 수용, 매수청구 | 협의, 선매 |
| 절차 | 비축사업계획(국토교통부 장관 승인·고시) | 비축사업계획(국토교통부 장관 승인·공고) |
| 공급가격 | 원가 기준 | 감정가격 기준 |

## (3) 공공토지비축사업 투자 방법

### [자료 2-19] 공공토지비축 절차

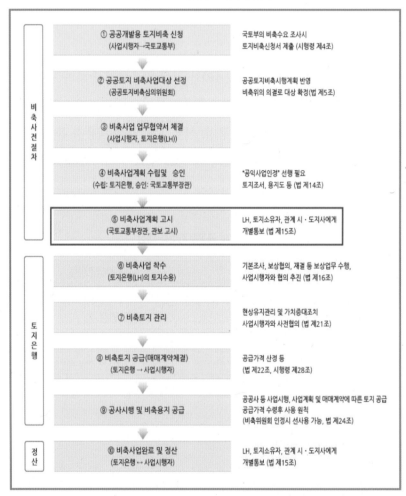

| | | |
|---|---|---|
| **비축사전절차** | ① 공공개발용 토지비축 신청<br>(사업시행자→국토교통부) | 국토부의 비축수요 조사시<br>토지비축신청서 제출 (시행령 제4조) |
| | ② 공공토지 비축사업대상 선정<br>(공공토지비축심의위원회) | 공공토지비축시행계획 반영<br>비축위의 의결로 대상 확정 (법 제5조) |
| | ③ 비축사업 업무협약서 체결<br>(사업시행자, 토지은행(LH)) | |
| | ④ 비축사업계획 수립및 승인<br>(수립: 토지은행, 승인: 국토교통부장관) | "공익사업인정" 선행 필요<br>토지조서, 용지도 등 (법 제14조) |
| | ⑤ 비축사업계획 고시<br>(국토교통부장관, 관보 고시) | LH, 토지소유자, 관계 시·도지사에게<br>개별통보 (법 제15조) |
| **토지은행** | ⑥ 비축사업 착수<br>(토지은행(LH)의 토지수용) | 기본조사, 보상협의, 재결 등 보상업무 수행,<br>사업시행자와 협의 추진 (법 제16조) |
| | ⑦ 비축토지 관리 | 현상유지관리 및 가치증대조치<br>사업시행자와 사전협의 (법 제21조) |
| | ⑧ 비축토지 공급(매매계약체결)<br>(토지은행 → 사업시행자) | 공급가격 산정 등<br>(법 제22조, 시행령 제28조) |
| | ⑨ 공사시행 및 비축용지 공급 | 공공사 등 사업시행, 사업계획 및 매매계약에 따른 토지 공급<br>공급가격 수령후 사용 원칙<br>(비축위원회 인정시 선사용 가능, 법 제24조) |
| **정산** | ⑩ 비축사업완료 및 정산<br>(토지은행 ↔ 사업시행자) | LH, 토지소유자, 관계 시·도지사에게<br>개별통보 (법 제15조) |

출처 : 토지은행

공공토지비축사업 투자 방법을 여기서는 공공개발용 위주로 설명하겠다. 그 이유는 현재까지는 수급조절용 토지로 비축한 사례는 아직 없기 때문이다.

국토교통부는 1차 종합계획(2010~2019년) 수립 당시 수급조절용 토지를 연간 1조 원씩 총 10조 원 규모로 비축하겠다고 밝혔으나, 실제 비축된 토지는 2022년까지 전혀 없었다. 수급조절용 토지는 향후 진행되는 현황을 지켜보면서 투자 방향을 정하면 될 것이다.

공공토지비축사업을 활용해서 토지보상 투자를 하기 위해서는 공공토지 비축 절차를 이해하고 있어야 한다. [자료 2-19] 공공토지비축사업 절차를 보면 비축사업을 착수하기 전에 국토교통부 관보에 비축사업계획을 고시하는 것으로 되어 있다.

고시된 비축사업계획은 '토지보상법'에 따라 협의 또는 수용 사업을 진행하게 되거나, 보상계획 공고 이전에도 토지의 소유자는 한국토지주택공사에 해당 토지의 매수를 청구할 수 있다. 그러므로 비축사업계획에 포함되는 토지를 경매(공매 포함) 또는 일반매매로 확보해서 적절하게 투자하면 된다.

공공토지비축법 제17조(공공개발용 토지의 매수청구)
① 공공개발용 토지로서 '공익사업을 위한 토지 등의 취득 및 보상에 관한 법률' 제15조에 따른 보상계획 공고 이전일 경우 토지의 소유자는 한국토지주택공사에게 해당 토지의 매수를 청구할 수 있다. 이 경우 한국토지주택공사는 매입계획에 관한 사항을 미리 국토교통부 장관의 승인을 받아 매입계획공고 후에 매입하여야 한다. 〈개정 2012. 12. 18, 2013. 3. 23〉

## 공공개발용 토지비축사업

공공개발용 비축사업계획에 해당하는 토지를 알기 위해서는 행정안전부가 운영하는 전자관보를 확인해야 한다. [자료 2-20]은 전자관보에서 검색한 후 내려받은 고시문이다. 별첨으로 해당하는 세목 조서를 확인하면, 투자처를 찾을 수 있을 것이다.

[자료 2-20] **국토교통부 고시 제2022-578호**

● **국토교통부고시 제2022-578호**

「공공토지의 비축에 관한 법률」 제14조 및 제15조에 따라 공공개발용 토지 비축사업계획을 승인하였기에 다음과 같이 고시합니다.

2022년 10월 14일

국토교통부장관

**공공개발용 토지(신봉3, 옴뿌리산, 용정 공원) 비축사업계획 승인**

1. 공공개발용 토지 비축사업 시행자

  ○ 명　칭 : 한국토지주택공사

  ○ 소재지 : 경상남도 진주시 충의로 19

2. 공공개발용 비축사업의 명세

| 사업의 명칭 | 사업대상지역 | 비축사업기간 | 사업면적 | 비축대상토지 세목조서 |
|---|---|---|---|---|
| 신봉3공원 조성사업용지 비축사업 | 경기도 용인시 수지구 신봉동 산179번지 일원 | 사업계획승인일 ~ 2026. 12. 31. | 518,047㎡ | 별 첨 |
| 옴뿌리산공원 조성사업용지 비축사업 | 경기도 화성시 향남읍 장짐리 산35번지 일원 | 사업계획승인일 ~ 2023. 12. 31. | 97,422㎡ | |
| 용정공원 조성사업용지 비축사업 | 강원도 동해시 천곡동 산16-1번지 일원 | 사업계획승인일 ~ 2024. 12. 31. | 569,880㎡ | |

3. 공공개발용 토지를 사용할 사업의 명세

| 사업의 명칭 | 사업종류 | 사업대상지역 | 사업 기간 | 사업시행자 |
|---|---|---|---|---|
| 신봉3공원 조성사업 | 도시계획 시설사업 | 경기도 용인시 수지구 신봉동 산179번지 일원 | 2022. 4. 25. ~ 2026. 12. 31. | 용인시장 |
| 옴뿌리산공원 조성사업 | | 경기도 화성시 향남읍 장짐리 산35번지 일원 | 2020. 5. 28. ~ 2023. 12. 31. | 화성시장 |
| 용정공원 조성사업 | | 강원도 동해시 천곡동 산16-1번지 일원 | 2020. 6. 26. ~ 2024. 12. 31. | 동해시장 |

4. 비축대상토지의 관리 및 공급

  ○ 비축한 토지는 현상을 유지·보전하여 원형지 상태로 공급

  - 다만, 「공공토지의 비축에 관한 법률」 제21조제1항에 따라 토지 이동 등 관리조치가 필요한 경우 당해 공공개발용 토지를 사용할 공익사업시행자와 협의하여 관리 방법을 달리 정할 수 있음

출처 : 전자관보

필자는 수강생에게 어떤 사업이든 '고시가 나기 전에 투자하라'라고 반복해서 강조한다. 공공토지비축사업은 고시가 나기 전에 미리 정보를 찾아야 투자할 수 있다.

2021년 3월에 제13회 공공토지비축심의위원회 개최결과가 발표되었는데, 상정한 공공비축심의계획(안)은 원안대로 의결되었다. 공공비축심의계획에 포함된 사업을 신청한 지자체가 보도자료와 지역뉴스를 통해서 선정 결과를 홍보했다. 때문에, 조금이라도 관심을 두고 있었던 투자자라면 공공비축심의계획에 포함되는 사업을 알 수 있을 것이다. [자료 2-21]은 동해시가 신청한 용정근린공원 공공토지비축사업에 선정되었다는 〈강원일보〉의 뉴스 내용이다.

[자료 2-21] 공공토지비축사업 관련 뉴스

## [동해]동해 용정근린공원 공공토지비축사업 선정

황만진기자 hmj@kwnews.co.kr

기자의다른기사보기　가　가　🖨　f　🐦　⌣

입력 : 2021-03-29 18:55:00 수정 : 2022-07-07 17:50:41

| 정부 공공개발용 지원제도

[동해]국토교통부가 주관하는 올해 공공토지 비축사업 대상지로 동해시 용정(중앙)근린공원이 선정됐다.

공공토지 비축사업은 공익사업 시행자의 원활한 사업 수행을 지원하기 위해 LH(한국토지주택공사) 토지은행의 재원으로 사업대상지를 선 매입한 뒤 5년간 비용을 나눠 상환하는 공공개발용 지원제도다.

용정(중앙)근린공원 조성사업은 도시의 난개발 방지와 쾌적한 도시환경 조성, 문화적인 도시생활 확보 및 공공의 복리 증진을 위한 공익사업으로 추진된다.

동해시는 장기간 소요되는 보상비 총액 증가를 방지해 예산절감, 사업 조기 착수 등으로 효율적인 업무 수행이 가능해질 것으로 전망하고 있다.

시는 공원 조성면적 83만㎡ 중 절반에 육박하는 37만㎡를 확보했고, 내년부터 토지은행을 통해 나머지 46만㎡에 206억원을 들여 매입할 계획이다.

출처 : 〈강원일보〉 황만진 기자, 2021년 3월 29일

용정근린공원은 장기 미집행 공원이다. 실효를 막기 위해 2019년 11월에 동해시에서 실시계획 열람 공고한 도시공원이다. 도시공원은 [자료 2-22]에서 보듯이 지자체가 도시관리계획을 통해 공원부지 지정, 공원 조성사업에 대한 실시계획 승인, 부지매입, 공원시설 설치 등의 절차를 거쳐 조성하게 된다.

여기서 중요한 것은 실시계획 승인 후 예산 문제로 5년 이내 시행이 안 되면 자동실효가 된다. 때문에, 진행되는 경매 물건이 있어도 예산이 확보되지 않거나 시행에 대한 확실한 답을 지자체에서 주지 않으면 투자를 망설이게 된다.

[자료 2-22] **공원 조성 절차**

출처 : 국토교통부

[자료 2-23] 용정공원 편입물건

| 춘천지방법원 강릉지원 | 대법원바로가기 | | 법원안내 | | 가로보기 | 새로보기 | 새로보기(2) |
|---|---|---|---|---|---|---|---|

| 2020 타경 32052 (강제) | | 물번1 [배당종결]∨ | 매각기일 : 2021-07-05 10:00~ (월) | | 경매2계 033-640-1132 |
|---|---|---|---|---|---|
| 소재지 | 강원도 동해시 천곡동 ▦ | | | | |
| 용도 | 임야 | 채권자 | 제○○○○○○○○○○ | 감정가 | 40,269,000원 |
| 토지면적 | 1299㎡ (392.95평) | 채무자 | 김○○ | 최저가 | (100%) 40,269,000원 |
| 건물면적 | | 소유자 | 김○○ | 보증금 | (10%)4,026,900원 |
| 제시외 | | 매각대상 | 토지매각 | 청구금액 | 159,896,610원 |
| 입찰방법 | 기일입찰 | 배당종기일 | 2020-09-17 | 개시결정 | 2020-06-17 |

기일현황

| 회차 | 매각기일 | 최저매각금액 | 결과 |
|---|---|---|---|
| 신건 | 2021-07-05 | 40,269,000원 | 매각 |
| 김▦▦/입찰7명/낙찰55,600,000원(138%) | | | |
| | 2021-07-12 | 매각결정기일 | 허가 |
| | 2021-08-19 | 대금지급기한<br>납부 (2021.07.27) | 납부 |
| | 2021-09-28 | 배당기일 | 완료 |
| 배당종결된 사건입니다. | | | |

[자료 2-23] 경매 물건은 용정근린공원에 편입되는 것이다. [자료 2-24] 토지이용계획확인서를 통해서도 근린공원에 편입된 것을 확인할 수 있다. 그런데 용정근린공원이 공공토지비축사업에 선정되었다는 뉴스는 2021년 3월 29일에 발표되었다. 경매 물건은 2021년 7월에 진행되었으니 토지보상에 문제 될 것이 없다. [자료 2-25]는 낙찰 이후 (2022년 10월 14일)에 공공토지 비축사업으로 고시된 용정근린공원에 포함되는 세목 일부다.

## [자료 2-24] 경매 물건 토지이용계획확인서

| 소재지 | 강원도 동해시 천곡동 █████ | | |
|---|---|---|---|
| 지목 | 임야 ❓ | 면적 | 1,299 ㎡ |
| 개별공시지가(㎡당) | 17,500원 (2022/01) [연도별보기] | | |
| 지역지구등 지정여부 | 「국토의 계획 및 이용에 관한 법률」에 따른 지역·지구등 | 도시지역 , 보전녹지지역 , 근린공원(근린공원·5) | |
| | 다른 법령 등에 따른 지역·지구등 | 가축사육제한구역(닭 오리 메추리 개 돼지 제한지역)<가축분뇨의 관리 및 이용에 관한 법률>, 가축사육제한구역(젖소 닭 오리 메추리 개 돼지 제한지역)<가축분뇨의 관리 및 이용에 관한 법률>, 공익용산지<산지관리법>, 보전산지<산지관리법> | |
| | 「토지이용규제 기본법 시행령」 제9조 제4항 각 호에 해당되는 사항 | | |

출처 : 토지이음

## [자료 2-25] 공공토지 비축사업 용정근린공원 세목

| 11 | 천곡동 | 349 | 전 | 3,201 | 3,201 | 박*호 | 부산광역시 해운대**대천로67번길 43-15,105동505(좌동, 해운대동원두크빌리지) | | |
|---|---|---|---|---|---|---|---|---|---|
| 12 | 천곡동 | 349-1 | 전 | 1,192 | 1,192 | 고*각 | 동해시 천곡동 7**-14 | | |
| 13 | 천곡동 | 350 | 임 | 1,329 | 1,329 | 김*기 | 동해시 동굴2길 **(천곡동) | 주식회사**페인트 | 경기도 안양시 안안구 박달로 3**(박달동) |
| 14 | 천곡동 | 351 | 임 | 572 | 572 | 김*기 | 동해시 천곡동 3** | | |
| 15 | 천곡동 | 352 | 임 | 1,299 | 1,299 | 김*화 | 동해시 송정동 6** | | |
| 16 | 천곡동 | 353 | 임 | 519 | 519 | 김*태 | 동해시 동굴로 3** 405호(천곡동, 시영2차아파트) | | |
| 17 | 천곡동 | 394 | 전 | 136 | 136 | 김*태 | 동해시 동굴로 3** 405호(천곡동, 시영2차아파트) | | |
| 18 | 용정동 | 산26 | 임 | 2,637 | 2,637 | 남양*씨청추공파종중 | 강원도 동해시 송** 1061 | | |
| 19 | 용정동 | 산27-1 | 임 | 10,530 | 10,354 | 최*식 | 동해시 용정동 3** | | |

출처 : 국토교통부 고시 제2022-578호 별첨 내용

# 공공주택특별법에 따른 공공주택지구 사업

공공주택지구 사업은 '공공주택특별법'에 따라 시행되는 사업으로 구체적인 사업절차는 [자료 2-26]과 같다.

사업을 크게 3부분으로 구분하면 ① 공공주택지구 지정단계, ② 지구계획승인단계, ③ 사업시행 단계로 나눌 수 있다.

보상 투자 시에는 단계별로 접근하는 방법을 다르게 해야 한다.

## [자료 2-26] 공공주택지구 사업절차

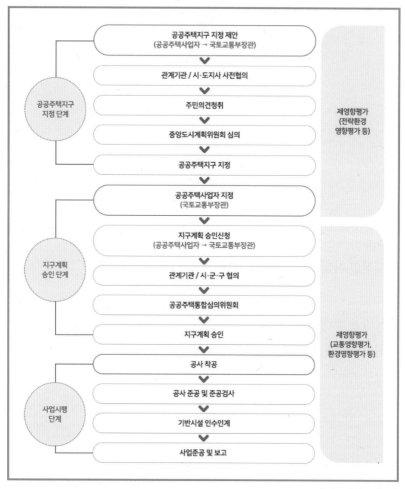

공공주택지구 지정 단계

공공주택지구 지정 제안
(공공주택사업자 → 국토교통부장관)

관계기관 / 시·도지사 사전협의

주민의견청취

중앙도시계획위원회 심의

공공주택지구 지정

제영향평가
(전략환경
영향평가 등)

지구계획 승인 단계

공공주택사업자 지정
(국토교통부장관)

지구계획 승인신청
(공공주택사업자 → 국토교통부장관)

관계기관 / 시·군·구 협의

공공주택통합심의위원회

지구계획 승인

사업시행 단계

공사 착공

공사 준공 및 준공검사

기반시설 인수인계

사업준공 및 보고

제영향평가
(교통영향평가,
환경영향평가 등)

출처 : 과천도시공사

## ① 공공주택지구 지정단계

공공주택지구 지정단계는 공공주택 지구로 지정받기 위한 일련의 절차를 거치는 단계다. 이 단계의 주요 절차는 공공주택지구 계획수립 → 전략환경영향평가 → 주민의견 청취 → 공공주택지구 지정 등이 있다. 개발 규모 적정성 검토, 수요분석 등 계획을 수립해서 국토교통부 장관은 공공주택 공급 등에 내용을 보도자료를 통해서 발표한다.

[자료 2-27] **국토교통부 보도자료**

| 번호 | 제목 | 분야 | 등록일 | 조회 |
|---|---|---|---|---|
| 551 | 소통·효율로 건축물 관리점검도 우수하게 | 국토도시 | 2022-11-14 | 3481 |
| 550 | 美FAA-아태지역 국가 간 항공안전 협력회의 개최 | 항공 | 2022-11-14 | 2666 |
| 549 | 3기 신도시 첫 착공은… 15일 인천계양 공공주택지구 | 주택토지 | 2022-11-14 | 6142 |
| 548 | 국토부, 올 집중호우·태풍 침수차 정보 18,289건 확보 | 교통물류 | 2022-11-14 | 3053 |
| 547 | 미주(美洲) 지역 지명·공간정보 담당 공무원 한자리에 | 주택토지 | 2022-11-13 | 5049 |
| 546 | "공공분양주택 50만호 정책 브랜드" 국민제안으로 만든다 [1] | 주택토지 | 2022-11-13 | 6196 |
| 545 | [장관동정] 원희룡 장관, "한-사우디 간 인프라투자 확대 환영" [1] | 일반 | 2022-11-11 | 2208 |
| 544 | 수도권 서부지역의 광역교통 확충 등 지역현안 해결 추진 [6] | 주택토지 | 2022-11-11 | 22704 |
| 543 | [장관동정] 원희룡 장관, 이한준 LH 신임사장에 임명장 전수 [1] | 일반 | 2022-11-11 | 3020 |
| 542 | 스마트시티 글로벌기업으로 성장할 새싹기업 본격 지원 | 국토도시 | 2022-11-11 | 11921 |

출처 : 국토교통부

## [자료 2-28] 김포한강 2 콤팩트시티 지구 보도자료

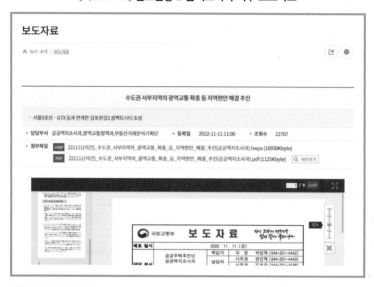

② **김포한강2 콤팩트시티**

◆ **(위치)** 경기도 김포시 마산동, 운양동, 장기동, 양촌읍 일원
◆ **(면적/호수)** 731만㎡ / 4만 6천호

❶ **개발구상**

☐ 김포한강신도시 생활권 사이에 **김포한강2 공공주택지구**를 지정함으로써 기존 신도시가 지리적으로 분절된 점을 보완함과 동시에, **광역교통**, 자족 시설 등을 도입하여 수도권 서부지역의 **스마트 자족도시**로 발전시킨다.

출처 : 국토교통부

[자료 2-28]은 '김포한강 2 콤팩트시티 지구'에 대한 발표 자료다. 보도자료의 내용과 첨부를 통해서 '위치, 면적 등' 개발에 대한 정보를 파악할 수 있다. 보도자료를 통해서도 주택지구가 지정된 것을 알 수 있지만, [자료 2-29]처럼 보도자료가 발표된 2022년 11월 11일에 올라온 부동산 관련 뉴스를 통해서도 알 수 있다.

[자료 2-29] 김포한강 2 콤팩트시티 관련 뉴스

스트레이트뉴스 2022.11.11.
"민주당의 '5호선 지자체 합의 성과' 숟가락얹기 유감..민선7기 무...
이어 "김병수 시장이 합의를 이뤄내던 시각, 국토교통부는 5호선 김포연장의 경제적 타당성 확보조치로 김포한강2 콤팩트시티 조성계획을 발표했다"면서 "여기에...

이투데이 2022.11.11.
김포에 4만6000가구 신도시 조성..."주택수요 분산에 효과 있어"
11일 국토교통부는 경기 김포시 마산동, 운양동, 장기동, 양촌읍 일대 731만㎡를 '김포한강2 콤팩트시티'로 명명하고, 신규 공공주택지구로 지정한다고 발표했다....

J 중앙일보 2022.11.11. 네이버뉴스
5호선 뚫는 콤팩트시티 개발..."메가시티 된다" 들썩인 김포
국토교통부는 11일 이런 내용의 '김포한강2 콤팩트시티 조성 계획'을 발표했다. 지난 8·16 공급대책의 후속 조치다. 김포시 마산·운양·장기동, 양촌읍 일대 731만㎡가...

BT 비즈트리뷴 2022.11.11.
김포시 마산동·운양동 4.6만가구 신도시 '고밀개발' ... "5호선 연...
▲국토교통부 제공 = 김포한강2 콤팩트시티 광역교통 연계도 경기 김포시 마산동과 운양동 일대에 4만 6000호 신도시급 신규 택지가 조성된다는 소식에 이목이 ...

더팩트 2022.11.11. 네이버뉴스
김포에 4만6000가구 공공택지 조성...지하철 5호선 연장 계획
국토교통부는 11일 김포시 마산·운양·장기동과 양촌읍 일대 731만㎡를 신규 공공주택지구로 지정하고 '김포한강2 콤팩트시티' 개발 계획을 발표했다. 김포한강신...

N NSP통신 2022.11.11.
김포국힘 당협, '5호선 지자체 합의 성과' 민주당 숟가락 얹기 질...
당원협의회는 "김병수 시장이 합의를 이뤄내던 시각, 국토교통부는 5호선 김포연장의 경제적 타당성 확보조치로 김포한강2 콤팩트시티 조성계획을 발표했다. 여...

출처 : 네이버 뉴스 검색

여기서 눈치 빠른 투자자는 생각해냈을 것이다. 국토교통부에서 발표되는 자료로 개발 위치를 파악할 수 있다. 그러므로 국토교통부 보도자료에 발표되는 자료는 누락하지 말고 확인한 후 개발과 관련 내용이면 투자에 활용한다. 다음 경매 물건은 보도자료 이후에 진행된 물건 사례다.

[자료 2-30] **김포한강 2 콤팩트시티 관련 물건**

국토교통부의 발표 이후에는 전략환경영향평가와 주민의견 청취를 거쳐 공공주택지구로 지정을 한다. 전략환경영향평가는 환경영향평가 정보지원시스템에서 확인할 수 있다. [자료 2-30] 물건처럼 발표 초기에 투자하는 것이 꺼려진다면, 전략환경영향평가 초안 공람 시에 CHAPTER 01 제3장 15에서 서술한 것처럼 개발 위치를 파악한 후, 투자해도 된다.

[자료 2-31]은 세종 조치원 공공주택지구에 대한 전략환경영향평가 초안에 있는 계획지구 위성사진이다. 토지보상 투자 시에는 개발지에 편입되는 위치가 중요하다.

다음 계획지구가 표시된 위성사진이면 투자가 충분히 가능하다. [자료 2-32]는 전략환경영향평가와 주민의견 청취가 완료되고 공공주택지구로 지정되기 전에 진행된 물건인데 1회 유찰된 후 매각된 사례다. 전략환경영향평가 초안을 통해서 위치를 파악하고 있었던 투자자라면 입찰이 가능했을 것이다.

[자료 2-31] **세종조치원 공공주택지구 계획지구 위성사진**

출처 : 환경영향평가 정보지원시스템의 전략환경영향평가 초안

[자료 2-32] 세종조치원 공공주택지구 편입물건

이 물건은 필자가 운영하는 카페(https://cafe.naver.com/totucam)에서 활동했던 지인이 회원에게 추천해서 낙찰받은 물건이다. 입찰을 준비하고 있는 과정에 국토교통부에서 공공주택 지구로 지정(2023. 1. 26)한 경우다.

## ② 지구계획 승인 및 사업시행 단계

지구계획 승인 및 사업시행 단계는 사업자를 정하고 시행하는 단계다. 공공주택사업자 지정 → 지구계획 승인신청 → 지구계획 승인 → 착공 및 준공 등의 절차가 있다. 이 단계에서는 보상을 위한 절차를 거쳐 보상을 착수하기도 한다. 주의할 사항은 공공주택지구 지정 이후에 진행되는 경매 물건은 개발이익이 반영된 감정평가 결과가 나올 수 있다. 그러므로 토지보상금을 받는 금액보다 높게 응찰하는 것을 주의해야 한다.

# 산업입지법과 산단절차간소화법에 따른 산업단지조성 사업

　산업단지는 공장, 지식산업 관련 시설, 문화산업 관련 시설, 정보통신 산업 관련 시설, 재활용산업 관련 시설, 자원비축시설, 물류시설, 교육·연구시설(도시첨단산업단지에 한해 첨단산업과 관련된 시설), 에너지공급설비, 신·재생에너지 설비, 대학시설 등을 말한다.

　이와 관련된 교육, 연구, 업무, 지원, 정보처리 유통시설 및 이들 시설의 기능향상을 위해 주거, 문화, 환경, 공원녹지, 의료, 관광, 체육, 복지시설 등을 집단으로 설치하기 위해서 포괄적 계획에 따라 지정 개발되는 일단(一團)의 토지로, 산업단지의 종류는 [자료 2-33]과 같다.

[자료 2-33] **산업단지의 종류**

| 구분 | 국가산업단지 | 일반산업단지 | 도시첨단산업단지 | 농공단지 |
|------|------------|------------|----------------|---------|
| 지정권자 | 국토교통부 장관 | 시·도지사(원칙)<br>시장·군수·구청장<br>(30만㎡ 미만) | 시·도지사(원칙)<br>시장·군수·구청장<br>(10만㎡ 미만) | 시장·군수·구청장 |
| 지정목적 | 국가기간산업,<br>첨단과학기술산업<br>등 육성 | 지역경제의<br>활성화 등 | 첨단산업의 육성 등 | 농어민의 소득증대 |
| 지정규모 | 별도 규정 없음. | 3만㎡ 이상 | 1만㎡ 이상 | 3만㎡~33만㎡ |
| 입주기업 | 제조업 위주 | 좌동 | 지식, 문화 등 도시<br>형 첨단사업 | 유해물질, 폐수배출<br>이 심하지 않은 업종 |

산업단지 개발 절차는 크게 '산업입지 및 개발에 관한 법률'(이하 '산업입지법'이라 칭한다)와 '산업단지 인·허가 절차 간소화를 위한 특례법'(이하 '산단절차간소화법'이라 칭한다)에 따라 진행된다. 산업단지에 편입되는 물건을 투자할 때는 세부적인 절차를 아는 것도 중요하지만, 두 법률 절차의 차이점을 아는 것이 더 중요하다.

두 법률에 따라 진행되는 산업단지 개발 절차 중에서 가장 중요한 차이점은 [자료 2-34]에 빨강색 박스로 표시한 부분이다. 즉, 토지보상 기준이 되는 사업인정기준일이 다르다. '산업입지법'은 산업단지 지정·고시일이 사업인정일이고, '산단절차간소화법'은 산업단지계획승인일이 사업인정일이다. 따라서 산업단지 조성에 해당하는 물건일 경우에는 제일 먼저 해당하는 물건이 어떤 법률에 적용받는 것인지를 파악해야 한다.

## [자료 2-34] 적용 법률에 따른 산업단지 개발 절차

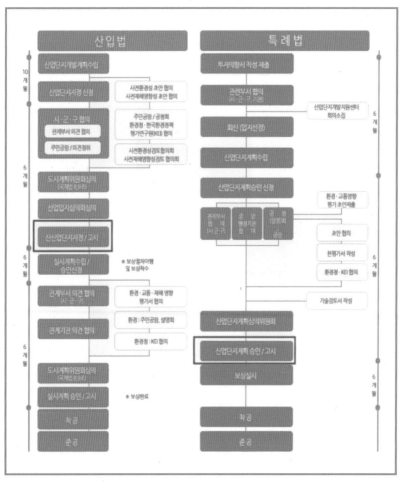

출처 : 부산광역시

**[자료 2-35] 산업단지 개발 편입물건**

[자료 2-35]는 '북이산업단지 조성사업'에 편입되는 물건으로 경매가 진행되는 시점에 이미 보상 중이었다. 보상 중인 물건을 투자하면 사례 물건처럼 경쟁률이 높다. 경쟁 없이 투자하려면 사업인정 전이나 늦어도 보상열람공고 전에 투자해야 한다.

북이산업단지는 다음 [자료 2-36]에서 알 수 있듯이 '산단절차간소화법'에 따라 진행되는 것이므로 사업인정일은 산업단지계획승인 고시일인 2020년 12월 11일이다. 토지보상 감정 시에 사용하는 비교표준지 공시지가는 2020년 1월 1일이어야 한다. 그런데 경매는 2022년에 진행된 데다가 [자료 2-37]에서 보상가는 공시지가의 2.9배를 준다는 뉴스만 보고 투자한 사람들이 높게 낙찰을 받아 미납을 반복하고 있다.

## [자료 2-36] 북이산업단지 현황

| 구분 | 내용 | |
|---|---|---|
| 사업종류/명칭 | 일반산업단지/ 북이산업단지 | |
| 적용 법률 | 산업단지 인허가 간소화를 위한 특례법 | |
| 사업 기간 | 2020년 12월 ~ 2026년 12월 | |
| 사업인정 | 산업단지계획승인일 | 2020. 12. 11 |
| 사업시행자 | 충북개발공사 | |
| 관리기관 | 충청북도 청주시 | |
| 사업 위치 | 충청북도 청주시 청원구 북이면 대길리, 부연리, 서당리, 신기리, 장재리 일원 | |
| 주요 연혁 | ※ 2020. 3. 30 환경영향평가 협의 완료<br>※ 2020. 12. 11 산업단지계획 승인 및 지형도민 고시<br>※ 2021. 8. 12 보상계획 공고<br>※ 2022. 8. 26 청주 북이산업단지 토지 등 세목(변경) 고시 | |

## [자료 2-37] 북이산업단지 보상 관련 뉴스

일부 토지주들은 "지목별 보상액이 천차만별"이라며 주장하고 있다.

사업 부지 내 편입된 지목별 전·답(밭과 논 등) 임야 등은 공시지가 대비 2.9배, 300%에 가까운 보상액이 책정된 반면, 대지와 사업장인 공장용지는 공시지가의 60~70% 보상액이 책정됐다는 것이다.

실제 이들이 제시한 평균적 보상액을 살펴보면, 일부 답(논)의 경우 공시지가 기준 ㎡당 4만~4만1천원선(3.3㎡ 13만1천~13만3천600원)으로 책정돼 있으나, 보상액은 ㎡당 11만9천~12만원(3.3㎡ 39만4천~39만6천원)선이다. 공시지가 대비 무려 2.9배 이상에 이른다.

하지만 공장용지 등 대지의 경우 공시지가 기준 ㎡당 15만4천원(3.3㎡ 50만원)에 해당하나, 감정 결과 보상액은 ㎡당 23만원(3.3㎡ 76만원)선으로 책정됐다. 공시지가 대비 60~66% 상승된 보상 수준이다.

출처 : 〈충청매일〉 진재석 기자, 2022년 1월 17일

# 도로법에 따른
# 도로건설 사업

  '도로법'에서 도로의 종류는 고속국도, 일반국도, 특별시도·광역시도, 지방도, 시도, 군도, 구도가 있다. 도로는 종류에 따라 도로관리청이 정해져 있다. 도로법 제23조에서 국도는 국토교통부 장관(고속국도는 한국도로공사에 위임하고, 일반국도는 지방국토관리청에 위임)이, 그 밖의 도로는 해당 노선을 인정한 행정청이 도로관리청이라 명시하고 있다.

  도로법 제6조에 따라 5년마다 도로관리청별로 도로의 건설 및 도로의 유지관리를 위해 도로건설·관리계획을 수립하도록 한다. 이를 근거로 도로법 제31조에 따라 도로의 신설, 확장 등 도로공사를 도로관리청의 재정으로 부담해서 수행한다. 도로망의 확충·정비뿐만 아니라 적정한 도로관리를 위한 유지·관리할 책무도 부여하고 있다.

  토지보상 투자자는 도로관리청이 수립한 도로건설·관리계획([자료 2-38] 참조)을 정독한 후에 투자처를 선택하는 곳이 좋다. 왜냐하면, 도로구역으로 지정되어 고시되면 토지이용계획확인서에 반영이 되므로, 투자 시 경쟁이 과열되기 때문이다.

[자료 2-38] **화성시 지방도 310호선 확장 건의 노선(안)**

출처 : 화성시 도로건설·관리계획(2019~2023년)

## ① 접도구역과 도로구역

접도구역이란 도로 구조의 파손 방지, 미관의 훼손 또는 교통에 대한 위험을 방지하기 위해, 도로경계선으로부터 일정 거리 이내에 건축물 및 공작물을 설치하기 위한 형질변경 목적의 개발행위허가가 제한되는 구역을 말한다.

도로구역이란 도로를 구성하는 일단의 토지로 도로법 제25조에 따라 결정된 구역을 말한다. 접도구역의 지정은 도로경계선에서 양측으로 다음 자료의 구역을 지정한다.

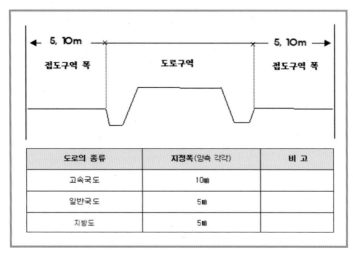

| 도로의 종류 | 지정폭(양측 각각) | 비 고 |
|:---:|:---:|:---:|
| 고속국도 | 10m | |
| 일반국도 | 5m | |
| 지방도 | 5m | |

출처 : 국토교통부 접도구역 관리지침

  토지보상 투자 시 주의할 것은 도로구역으로 지정된 것만 투자 대상
으로 해야 한다는 것이다.

  도로법 제41조 제2항에 매수청구를 할 수 있는 자는 접도구역이 지
정될 당시부터 해당 토지를 계속 소유하고 있어야 한다고 규정하고 있
다. 대부분 투자자는 접도구역으로 지정된 이후의 물건을 접하게 되므
로 매수청구 대상이 될 수 없게 된다. 운이 좋아서 취득한 이후에 접도
구역으로 지정이 되어도, 보상받기는 쉽지 않다.

도로법 제41조(접도구역에 있는 토지의 매수청구)
② 제1항 각 호의 어느 하나에 해당하는 토지(이하 '매수대상토지'라 한다)의 매수를 청구
할 수 있는 소유자는 다음 각 호의 어느 하나에 해당하는 자이어야 한다.
1. 접도구역이 지정될 당시부터 해당 토지를 계속 소유한 자
2. 토지의 사용·수익이 불가능하게 되기 전에 해당 토지를 취득하여 계속 소유한 자
3. 제1호 또는 제2호에 해당하는 자로부터 해당 토지를 상속받아 계속 소유한 자

토지보상 투자 관점에서는 물건 검색 대상을 도로구역으로 지정된 토지만 검색하는 편이 좋을 것이다. 도로구역으로 지정된 토지는 도로 사업이 예정되어 있든 사업이 완료되었든 보상 대상이 된다.

### ② 도로건설 사업절차

도로법상 도로개설 절차는 [자료 2-40]처럼 계획 단계, 건설 단계, 관리 단계로 구분된다. 다음 절차에서 토지보상 투자자가 반드시 이해해야 할 사항은 도로법상 사업인정일은 도시계획시설 도로와는 다르게 '도로구역 결정일'이라는 것이다.

[자료 2-40] **국도건설 사업 추진절차**

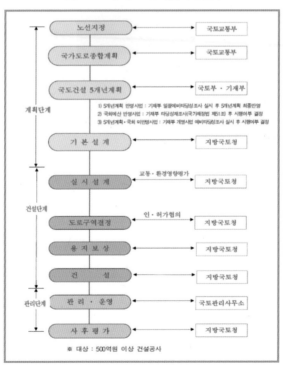

출처 : 국토교통부 2022년 도로업무편람

[자료 2-41] 경매 물건은 필자가 토지보상 투자 특강을 진행했을 때, 수강생들에게 경매 감정가는 토지보상가보다 높으니 유찰되면 연습 삼아 투자해보라고 추천했던 물건이다.

[자료 2-41] **고속국도 편입물건 사례**

이것은 고속국도 제29호 세종포천선(세종 - 안성) 고속도로 건설공사에 편입되는 물건이다. 해당 물건은 경매 감정평가서를 꼼꼼하게 살펴본 투자자라면 협의 보상가를 알 수 있었을 것이다.

[자료 2-42]는 경매 물건의 감정평가서의 일부 내용이다. 인근 지역의 평가 사례는 해당 물건(속창리 산 ○○-36)을 보상을 위해 2020년 12월 1일에 평가한 사례가 포함되어 있다. 즉, 이 경매 물건의 보상단가는 대략 14만 6,000원이라는 것이다. 재결을 위해 감정평가를 다시 한다고 해도 별 차이 없을 것이다.

필자에게 토지보상 투자를 배운 수강생은 보상가보다 높게 받아서 미납하는 경우는 없다. '경매 감정평가와 보상 감정평가의 차이'에 대해 기본적인 내용만 알아도 미납하는 경우는 발생하지 않을 텐데, 안타까운 일이다.

**[자료 2-42] 인근 지역 평가 사례**

3) 인근지역의 평가선례

| 기호 | 소재지 | 지목 | 이용상황 | 용도지역 | 가로조건 | 기준시점 | 해당년도 개별지가 (원/㎡) | 목적 | 면적 (㎡) | 선례단가 (원/㎡) |
|---|---|---|---|---|---|---|---|---|---|---|
| 가 | 속창리 산▨-19 | 임야 | 자연림 | 계획관리 | 세로(가) | 2021.05.20 | 32,300 | 담보 | 668 | 223,000 |
| 나 | 속창리 산▨-36 | 임야 | 자연림 | 계획관리 | 맹지 | 2020.12.01 | - | 보상 | 95 | 146,000 (평균) |

출처 : 경매 물건 2021타경107090 감정평가서 일부 내용

| 2025 | 천안시<br>동남구<br>수신면<br>속창리 | ▓-6<br>(▓-6) | 도 | 50 | 50 | 국유지 | 국토교통부 | | | |
|---|---|---|---|---|---|---|---|---|---|---|
| 2026 | 천안시<br>동남구<br>수신면<br>속창리 | 산▓-16<br>(산▓-16) | 임 | 198 | 198 | 강** | 충청남도 천안시<br>동남구 다가말2길<br>(다가동, ▓아파트) | 명** | 충청남도 천<br>안시 서북구<br>업성3길<br>▓(업성동) | 근저당권 |
| 2027 | 천안시<br>동남구<br>수신면<br>속창리 | 산▓-36<br>(산▓-19) | 임 | 1013 | 95 | 박** | 서울특별시 강서구<br>월정로30길 ▓<br>(화곡동) | 명** | 충청남도 천<br>안시 서북구<br>업성3길<br>▓(업성동) | 근저당권 |
| 2028 | 천안시<br>동남구<br>수신면<br>속창리 | 산▓<br>(산▓) | 임 | 614 | 614 | 엄** | 천안시 와촌동<br>▓ | | | |
| 2029 | 천안시<br>동남구<br>수신면<br>속창리 | 산▓-4<br>(산▓-1) | 임 | 617 | 556 | 유** | 충청남도 천안시<br>동남구 수신면 5산<br>단로 | **축산<br>업협동<br>조합 | 충청남도 천<br>안시 동남구<br>청수4로<br>(청당동) | 근저당권 |
| 2030 | 천안시<br>동남구<br>수신면<br>신풍리 | ▓-2<br>(▓) | 전 | 2314 | 854 | 서** | 충청남도 천안시<br>동남구 원성동<br>▓ 아파트 501 | ***농업<br>협동조<br>합 | 충청남도 천<br>안시 동남구<br>병천면 충절<br>로 ▓ | 근저당권 |

출처 : 국토교통부 고시 제2020-749호 일부 내용 발췌

# 도시개발법에 따른
# 도시개발사업

　도시개발 사업은 '도시개발법'에 따라 사업을 진행한다. 도시개발 사업의 사업인정일은 다음 절차에서 개발계획에 따른 수용 또는 사용의 대상이 되는 토지의 세부목록을 고시한 때다.

[자료 2-44] **도시개발 사업절차**

| 지구지정 및 계획단계 | 도시개발구역 지정요청(개발계획 작성) | · 주민등의 의견청취 및 공람공고 |
| | | · 관계중앙행정기관의장과 협의 |
| | | · 도시계획위원회 심의 |
| | 도시개발구역 지정 및 개발계획 수립 고시 | |
| | 사업시행자 지정 | · 관계기관 협의 |
| | 실시계획 수립 | · 환경영향평가 협의 |
| | | · 교통영향분석 개선대책 심의 |
| | | · 에너지 사용계획 협의 |
| | | · 사전재해영향성검토 협의 |
| | 실시계획 인가·고시 | · 지하매설물 협의 |

| 시행단계 | 사용·수용방식 | 환지방식 |
| | 토지수용 | 환지계획작성 |
| | | 환지계획 인가신청 |
| | | 환지계획 인가 |
| | 토지상환채권 발행 | 환지처분 |
| | 이주대책 수립 | 등기촉탁 |
| | 조성토지의 공급계획 | 청산금의 징수·교부 |
| | 준공검사 | |

출처 : 성남도시개발공사

도시개발 사업의 시행 방식은 3가지로 나눌 수 있다. 수용/사용 방식, 환지 방식, 혼용 방식으로 진행한다. 환지 방식은 필자처럼 토지보상 투자에 집중하는 투자자는 투자 범위에서 제외한다. 그 이유는 재개발·재건축 투자처럼 시행 절차가 복잡하고, 기간이 오래 걸릴 뿐만 아니라, 투자 금액도 크게 차지하기 때문이다.

또한, [자료 2-45]에서 보듯이 수용 방식은 사업이 시행되기 전에 토지보상금이 지급되므로 투자 자금 회수가 빠르지만, 환지 방식은 사업이 문제없이 완료됨으로써 투자 자금을 회수할 수 있다.

---

**도시개발법 제21조(도시개발 사업의 시행 방식)**

① 도시개발 사업은 시행자가 도시개발구역의 토지 등을 수용 또는 사용하는 방식이나 환지 방식 또는 이를 혼용하는 방식으로 시행할 수 있다.

---

[자료 2-45] **수용과 환지 방식의 특성**

| 구분 | 수용방식 | 환지 방식 | 혼용 방식 | |
|------|----------|-----------|-----------|-----------|
| | | | 분할혼용 | 미분할혼용 |
| 개념 | 종전 토지보상 후 시행자가 조성된 토지 매각 | 종전 토지 소유권 유지상태에서 사업비 부담 후 조성된 토지로 환지, 잔여 조성토지(체비지)는 시행자가 매각해 사업비 충당 | 수용방식과 환지 방식 각각 적용 | 수용방식에 의거 사업시행, 환지 신청 토지는 환지 지정 |
| 종전토지 | 보상 후 시행자에게 소유권 이전 | 토지소유자가 소유권 유지 | 수용방식과 환지 방식 각각 적용 | |
| 조성토지 | 시행자가 매각 | 환지로 지정, 체비지는 시행자가 매각 | 수용방식과 환지 방식 각각 적용 | 시행자가 매각, 환지로 지정 (체비지 없음) |
| 준공 전 사용 | 준공 전 사용 허가 후 사용 | 환지예정지 사용 | 수용방식과 환지 방식 각각 적용 | |

출처 : 도시개발업무편람

도시개발 사업에 해당하는 물건을 투자할 때도 다음 사례처럼 보상 열람공고 이후에 투자하는 것보다 사업 초기에 투자하는 것이 경쟁 없이 투자할 수 있어서 수익률을 극대화할 수 있다.

## 용인 플랫폼시티 도시개발 사업[사례 1]

**용인 플랫폼시티 사업**

사업 기간 : 2019년 5월 ~ 2029년 12월
사업 위치 : 용인시 기흥구 보정동, 마북동, 신갈동, 수지구 상현동, 풍덕천동 일원
사업면적 : 2,725,532㎡(82만 평),
사업방식 : 수용·사용 방식
사업시행자 : 경기도, 용인시, 경기주택도시공사, 용인도시공사
주요 사업내용:
(1) 2018.  4.  2 : 개발행위허가 제한지역 지정 고시
(2) 2018. 11.  8 : 2035용인도시기본계획승인(경기도→용인시)
(3) 2019.  5.  7 : 제 3차 신규택지 추진계획 확정·발표, MOU 체결
(4) 2019. 12. 20 : 신규사업 동의안 도·시의회 심의 의결
(5) 2020.  6. 18 : 구역지정 및 개발계획(안) 제안
(6) 2020.  7. 16 : 구역지정 및 개발계획 공청회 개최
(7) 2021.  1.  5 : 구역지정 및 사업인정 고시, 사업시행자 지정
(8) 2022.  3. 16 : 개발계획 수립 고시
(9) 2022. 10. 26 : 구역지정(변경), 개발계획(변경) 공청회 개최

용인 플랫폼시티 사업은 필자가 출판 준비가 거의 마무리하는 시기 (2023년 2월)에 B 구역 보상 감정이 완료되어 소유주에게 통보 중이었다. 이렇게 보상 중일 때에 진행되는 물건은 경쟁률이 높아 수익률이 낮아지거나, [자료 2-46]처럼 변경 또는 취하되어 투자 기회조차도 없는 경우가 빈번하다.

[자료 2-46] 용인 플랫폼시티 편입물건

| 수원지방법원 | 대법원바로가기 | 법원안내 | | | 가로보기 | 세로보기 | 세로보기(2) |
|---|---|---|---|---|---|---|---|
| 2021 타경 9189 (임의) | | 매각기일 : 2023-02-23 10:30~ (목) | | | 경매6계 031-210-1266 | | |
| 소재지 | 경기도 용인시 기흥구 신갈동 ▀▀ 외1필지 | | | | | | |
| 용도 | 전 | 채권자 | 엔○○○○○○○ | 감정가 | | 1,278,234,000원 | |
| 토지면적 | 1260㎡ (381.15평) | 채무자 | 농○○○○○○○○○○ | 최저가 | | (100%) 1,278,234,000원 | |
| 건물면적 | | 소유자 | 농○○○○○○○○○○ | 보증금 | | (10%)127,823,400원 | |
| 제시외 | | 매각대상 | 토지일괄매각 | 청구금액 | | 19,405,783,014원 | |
| 입찰방법 | 기일입찰 | 배당종기일 | 2021-12-06 | 개시결정 | | 2021-09-14 | |

기일현황

| 회차 | 매각기일 | 최저매각금액 | 결과 |
|---|---|---|---|
| 신건 | 2022-06-03 | 1,278,234,000원 | 변경 |
| 신건 | 2022-10-04 | 1,278,234,000원 | 변경 |
| 신건 | 2023-02-23 | 1,278,234,000원 | 취하 |

최종기일 결과과 이후 취하된 사건입니다.
▶ 23-02-21 채권자 경매신청취하서 제출

그런데 사업 초기 또는 사업인정 전(前)에 투자했다면, 어떤 결과로 돌아왔을까? 2개의 물건을 사례를 들어 설명하면, 사업 초기 공매로 진행된 물건(2018-04428-001)은 2018년 8월 30일 약 2억 9,000만 원(약 80%)에 매각되었는데 최근에 이 물건을 투자한 곳에서 유튜브에 공개한 보상가는 약 8억 8,000만 원이고, 다른 사례의 물건은 구역지정 전(前)에 경매로 진행되었다. 이 물건(2019 타경 507260)은 2019년 11월 8일에 약 3억 8,000만 원(약 91%)에 매각되었는데, 필자가 알아본 이 물건의 보상가는 약 5억 8,000만 원이다. 만일 낙찰받은 후 형질변경(예 : 임야를 대지로 변경 등) 등의 조치를 했다면 수익을 더 극대화할 수 있을 것이다. 필자가 항상 주장하는 것처럼 경쟁이 적은 단계인 사업 초기에 물건을 확보하고 형질변경의 기회를 살린다면 수익을 극대화할 수 있을 것이다.

# 개발정보 관련
# 일간지를 활용한 투자

　CHAPTER 01의 제3장 16에서 서술한 지역신문은 전국을 대상으로 하는 신문인 전국지에 비해 해당 지방에 관한 상세한 기사를 취재하고 공표하는 것을 목적으로 하고 있어서, 개발정보를 파악할 때 유용하다고 했다. 일간 종합경제지 등 일간지 또한 개발정보와 관련한 뉴스를 다루고 있어서, 수시로 뉴스를 확인해야 한다. 여기서는 <e대한경제> 사이트로 파악한 개발정보를 투자에 활용하는 구체적인 방법을 설명하겠다.

[자료 2-47] 하천 정비 사업 사례

> '여주통합정수장 증설사업' 수주는 동원건설산업 유력
>
> 경기종합건설(대표 유용희)이 '양평 흑천 수해상습지 개선사업' 수주에 한 발 다가섰다.
>
> 3일 서울지방조달청이 경기도청 북부청사 수요의 이 사업 가격개찰을 진행한 결과, 경기종합건설이 223개 참여업체 중 적격심사 1순위에 올랐다. 경기종합건설은 예정 가격 대비 81.079%인 216억4402만2300원에 투찰했다.
>
> 이 사업은 경기도 양평군 단월면 삼가리 일원에 하천공, 배수구조물, 교량공, 홍수방어벽 등 토목공사를 목적으로 한다. 공사기간은 착공 일부터 1800일이다.

출처 : <e대한경제>, 2020년 12월 3일

[자료 2-47]은 <e대한경제> 사이트에서 2020년 12월 3일에 게시한 뉴스의 일부다. 경기종합건설이 '양평 흑천 수해상습지 개선사업' 적격심사에서 1순위에 올라서 수주할 확률이 크다는 내용이다. 이 뉴스 내용을 바꿔 말하면, 양평군 단월면 삼가리 일원에 있는 흑천이라는 하천을 정비한다는 것이고, 곧 보상계획이 있다는 것을 의미한다. 뉴스에 따르면 삼가리 일원의 흑천 구역에 진행되는 경매 또는 공매 물건이 있는지 지속적으로 검색해야 한다. 하천 구역에 진행되는 물건이 있는지를 쉽게 찾는 방법을 설명하겠다.

① '지도 검색' 기능이 있는 무료 또는 유료 경매 사이트에 접속한다.

지도검색의 검색 부분(ⓐ)에 '단월면 삼가리'로 검색해 이동한 후, 지도선택(ⓑ)에서 위성지도로 설정되어 있으면 일반지도로 변경한다.

② 일반지도로 변경 후 진행되는 물건을 검색한다.

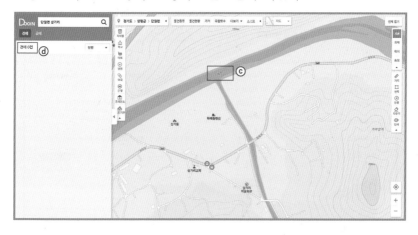

앞 화면에서 일반지도로 변경하면 '흑천(ⓒ)'이 쉽게 보일 것이다. 하천 표시를 따라서 진행되는 물건이 있는지를 검색하면 된다. [자료 2-48]은 이런 방식으로 찾은 공매 물건이다.

이렇게 찾은 물건은 해당 지자체 담당에게 하천 정비 공사에 편입되는지를 확인하면 된다. 이 물건은 필자가 보상투자 모임에 잠깐 참여했던 곳에서 공동 투자를 진행했다. 이때 참여해서 단독으로 낙찰받았고, 4개월 후에 보상 열람공고를 거쳐 2021년 5월에 [자료 2-49]와 같이 보상을 받은 것이다.

여기서 중요한 것은, [자료 2-50] 공매 물건처럼 보상 열람공고 또는 보상감정평가가 완료된 상태에서 진행되는 물건을 투자하면, 수익률이 낮아진다는 것이다. 해당 물건은 36명이 응찰해서 223%에 매각되었다.

## [자료 2-48] 흑천 정비사업 편입물건

**2020-01859-001 | 압류재산-매각**

찜하기  메모  공유  인쇄  사진 인쇄  제보  오류신고

| 소재지 | 경기도 양평군 단월면 삼가리 ▨▨ 지도보기 | | | | |
|---|---|---|---|---|---|
| 물건종류 | 토지 | 재산종류 | 압류재산 | 감정가 | **56,160,000원** |
| 세부용도 | 답 | 처분방식 | 매각 | 최저입찰가 | (90%) 50,544,000원 |
| 토지면적 | 1,170㎡ | 물건상태 | 취소 | 집행기관 | 한국자산관리공사 |
| 건물면적 | | 배분요구종기 | 2020.06.29 | 담당부서 | 경기지역본부 |
| 주의사항 | 명도책임자 : 매수인 | 담당자 | 조세정리1팀 (☎ 1588-5321) | 위임기관 | 동고양세무서 |

**물건 사진**

사진 더보기

**입찰정보 (인터넷입찰)**

| 회차/차수 | 대금납부(기한) | 입찰시작일시 ~ 입찰마감일시 | 개찰일시 | 최저가 | 결과(응찰자수) |
|---|---|---|---|---|---|
| 039/001 | 일시불 (30일) | 2020.10.19 (10:00) 2020.10.21 (17:00) | 2020.10.22 (11:00) | 56,160,000 (100%) 57,890,000원 | 낙찰 |

## [자료 2-49] 보상금 수령 현황

### 토지 등 수용사실 확인서

양도소득세 신고용

| 사업시행자 | 법인명 | | 사업자번호 | | 담당부서(담당자) | | 전화번호 |
|---|---|---|---|---|---|---|---|
| | 경기도지사 | | ▨=▨=▨ | | | | |
| 양도자 | 성 명 | | 생년월일 | | 주 소 지 | | 전화번호 |
| | 김보겸 | | ▨=▨ | | 경기▨▨▨▨▨▨▨ 1▨▨▨▨▨▨ | | 0 ▨=▨=▨ |

| 수용근거 | 사업명(수용목적) | 근거법령 | 사업인정고시일 | 고시번호 |
|---|---|---|---|---|
| | 흑천수해상습지 개선사업 | 공익사업을 위한토지등의취득및보상에관한 법률 제61조 | 2021.02.22 | 경기 고시 2021-5041호 |

**보상금 지급 내용**

| 총보상액 (①=②+③+④+⑤) | 현금보상액(②) | 채권(만기)보상액 (③) | 채권(일반)보상액 (④) | 대토보상 상당액 (⑤) |
|---|---|---|---|---|
| 11,773,700 | 11,773,700 | | | |

**협의매수(수용) 물건별 보상내용 등**

| 소재지 | 공부상지목 | 실제지목 | 면적 | 지분 | 보상금액 | 보상금수령일(공탁일) | 등기접수일 | 보상가액산정기준일 |
|---|---|---|---|---|---|---|---|---|
| 단월면 삼가리 ▨ | 답 | | 1,012 | 1/7 | 9,830,850 | 2021.05.17 | | 2021.04.12 |
| 단월면 삼가리 ▨ | 답 | | 200 | 1/7 | 1,942,850 | 2021.05.17 | | 2021.04.12 |

## [자료 2-50] 보상 열람공고 이후 진행된 물건 사례

| 온비드 바로가기 | API수집-바로가기버튼 | | |
|---|---|---|---|
| 2021-02180-001 | | 입찰일자 : 2021-11-01 10:00 ~ 2021-11-03 17:00 | |

| 집행기관 | 한국자산관리공사 | 담당자 | 경기지역본부 / 조세정리팀 / 1588-5321 | | |
|---|---|---|---|---|---|
| 소재지 | 경기도 양평군 용문면 다문리 □□□ | | | | |
| 유찰횟수 | 0 회 | 물건상태 | 낙찰 | 감정가 | 23,424,000원 |
| 물건용도 | 임야 | 입찰방식 | 일반경쟁(최고가방식) | 최저가 | (100%)23,424,000원 |
| 위임기관 | | 공고일자 | 2021-04-14 | 배분종기일 | 2021-05-31 |
| 납부기한 | 낙찰금액별 구분 | | | 종류/방식 | 압류재산 / 매각 |
| 면적(㎡) | 임야192㎡ | | | | |

### 낙찰정보

| 집행완료일시 | 입찰자수 | 입찰금액 | 결과 | 낙찰금액 |
|---|---|---|---|---|
| 2021-06-17 11:23 | 유효 36명 / 무효 4명 | 52,199,999원/ 51,000,000원/ 42,000,000원/ 40,890,000원/ 38,999,000원/ 37,700,000원/ 35,000,000원/ 34,921,000원/ 34,400,000원/ 32,000,000원/ 31,200,000원/ 31,110,000원/ 31,000,500원/ 30,110,000원/ 28,500,000원/ 28,153,000원/ 27,152,530원/ 26,900,000원/ 26,580,000원/ 26,234,880원/ 26,120,000원/ 26,111,000원/ 25,700,000원/ 25,500,000원/ 25,500,000원/ 25,212,000원/ 25,111,000원/ 24,100,000원/ 24,100,000원/ 24,000,000원/ 23,620,000원/ 23,567,000원/ 23,500,000원/ 23,477,000원/ 23,430,000원/ 23,424,000 | 낙찰 | 52,199,999원 |

# 지자체 보도자료를
# 활용한 투자

앞에서 언급한 '숨겨진 개발정보' 중의 한 가지가 대통령 또는 지자체장의 공약, 정책사업이다. 이런 사업은 부득이한 경우를 제외하고는 사업을 진행한다. 발표되는 계획을 면밀하게 파악해서 구체적으로 실현되기 전에 투자하는 것이 성공의 지름길이라고 했다.

그런데 지자체장의 공약사업은 반드시 수월하게 진행되는 것이 아니다. 지자체장의 실행 의지뿐만 아니라 소속 정당이 어디인가에 따라서도 영향이 있다. 지자체장의 공약사업들이 임기 내 원활히 이행될 수 있도록 추진되려면, 정부의 정책과 시의회의 영향에 따라 추진 여부가 결정된다. 그러므로 지속해 관심을 가지고 사업 진행 여부를 파악해야 한다.

사업 진행 여부를 파악하는 방법의 하나가 지자체 '보도자료'를 꾸준히 살펴보는 것이다. 보도자료는 행정 및 공공기관 등에서 언론용으로 발표된 성명이나 문서를 말한다. 각 지자체 홈페이지에 접속하면 보도자료를 확인할 수 있는 메뉴가 따로 있다. 보도자료를 통해서 해당 지자체의 이슈 상황, 시정 동향, 정책 방향 등을 홍보하므로 투자자는 관심

지역의 지자체에서 발표되는 보도자료는 빠짐없이 살펴봐야 한다.

보도자료의 중요성에 대해 강릉시 '강릉 허브거점단지' 사업을 예를 들어 투자한 사례를 설명하겠다.

## 강릉 허브거점단지 사업

강릉 허브거점단지 사업

사업 기간 : 2019년~2027년
사업 위치 : 강원도 강릉시 구정면 금광리 일원
주요 사업내용:
(1) 북방물류 허브거점도시 조성 구상(안) 국토교통부 제출 : 2018년 12월
(2) 개발행위허가 제한지역 지정 : 2019년 9월
(3) 지정 및 개발계획 수립용역 착수 : 2020년 3월
(4) 국제물류산업대전 홍보 참여(2회) : 2019년 4월
(5) 기본구상 및 수요조사 연구용역 착수 : 2020년 11월
(6) 산업단지 물량 신청 : 2021년 8월~10월
(7) 기본 및 실시설계 용역 착수 : 2021년 12월
(8) 개발행위허가 제한지역 변경지정 및 지형도면 고시 : 2022년 2월

강릉 허브거점단지 조성사업은 2019년 9월 10일 개발행위허가제한 되었다. 약 192만여 평 규모로 지정 후 추진해오다가 2022년 2월 9일 행위 제한 면적을 약 93만여 평 규모로 축소한 상태였다. 개발행위허가 제한지역으로 지정하는 이유는 사업예정지 내 무분별한 난개발 등을 예방하고 원활한 사업추진을 도모하기 위해서다. 이 말은 반대로 생각 하면, 토지보상 대상이 되는 물건이 되므로 투자 대상이 된다는 것이다.

**Tip**

개발행위허가 제한지역으로 지정되면 편입하는 필지는 토지이용계획확인서에 반영이 되므로 진행되는 경매나 공매 물건을 검색하다가 토지이용계획확인서에 '개발행위허가제한지역'이라는 문구가 보이면, 지정한 이유를 조사해본다.

개발행위허가 제한지역으로 지정이 된다고 사업이 순조롭게 진행되는 것이 아니다. 개발행위허가 제한지역 지정은 사업을 진행하기 위한 첫 단계이므로, 사업추진이 중단되거나 취소되는 경우도 있다. 앞에서 설명한 것처럼 지자체장의 의지가 강한지, 정책사업에 해당하는지, 정부가 주관하는 사업인지 등을 잘 살펴서 투자 결정을 해야 한다.

강릉 허브거점단지 사업은 처음 개발행위허가 제한지역으로 지정한 시점부터 관심 지역으로 봐왔던 곳이다. [자료 2-51] 경매 물건이 처음 진행될 때부터 사업에 편입되는 것을 알고 있었지만, 이때만 해도 개발행위허가 제한지역을 축소하는 등 사업 진행 여부가 불확실한 상태여서 적극적으로 입찰에 나서지 않았다.

### [자료 2-51] 강릉 허브거점단지 편입물건 사례

| 춘천지방법원 강릉지원 | 대법원바로가기 | 법원안내 | | | 가로보기 | 새로보기 | 새로보기(2) |
|---|---|---|---|---|---|---|---|
| 2021 타경 30572 (강제) | | 매각기일 : 2022-03-28 10:00~ (월) | | | | 경매2계 033-640-1132 | |
| 소재지 | 강원도 강릉시 구정면 금광리 ▨ | | | | | | |
| 용도 | 대지 | 채권자 | 서○○○○○ | 감정가 | | 10,713,600원 | |
| 지분토지 | 74.4㎡ (22.51평) | 채무자 | 조○○ | 최저가 | | (70%) 7,500,000원 | |
| 건물면적 | | 소유자 | 조○○○○ | 보증금 | | (10%)750,000원 | |
| 제시외 | | 매각대상 | 토지지분매각 | 청구금액 | | 46,444,202원 | |
| 입찰방법 | 기일입찰 | 배당종기일 | 2021-05-27 | 개시결정 | | 2021-02-23 | |

**기일현황**

| 회차 | 매각기일 | 최저매각금액 | 결과 |
|---|---|---|---|
| 신건 | 2022-02-21 | 10,713,600원 | 유찰 |
| 2차 | 2022-03-28 | 7,500,000원 | 매각 |

김▨/입찰4명/낙찰9,218,000원(86%)

| | 2022-04-04 | 매각결정기일 | 허가 |
|---|---|---|---|
| | 2022-05-11 | 대금지급기한 납부 (2022.05.04) | 납부 |
| | 2022-05-24 | 배당기일 | 완료 |

배당종결된 사건입니다.

필자가 이 물건에 투자해도 되겠다고 확신하게 된 이유는 [자료 2-52] 보도자료를 본 이후부터다. 앞서 각 지자체, 특히 관심 지자체에서 발표되는 보도자료는 빠짐없이 살펴봐야 한다고 했다. 보도자료의 주요 내용은 토지소유자에게 매도 의사를 파악한 후 협의 매수 방식으로 개별 신청을 받아 선매입한다는 것이다.

[자료 2-52] **강릉시 2022년 3월 18일 자 보도자료**

| 강릉시 | 보 도 자 료 | 강릉愛 빠져들다 | | | |
|---|---|---|---|---|---|
| 배포일시 | 2022. 3.18.(금)부터 보도바랍니다. | 담당자 | 과 장 | 김 철 | |
| | | | 담 당 | 최 종 | |
| 담당부서 | 특구개발과 특구개발담당 | 연락처 | (033) 640-5844 | | |

**강릉 허브거점단지(E-Hub) 선매입 추진**
- 올 하반기부터 협의 매수 방식으로 개별 신청을 받아 토지를 매입-

□ 강릉시는 「강릉 허브거점단지(E-Hub) 조성」의 성공적인 추진 및 사업 기간 장기소요에 따른 사유재산 피해 최소화를 위하여 산업단지 지정 전까지 편입토지의 先(선)매입을 추진한다.

□ 「강릉 허브거점단지(E-Hub) 조성」은 4차 산업혁명·에너지 패러다임 변화 및 유라시아 철도시대 도래에 대비 탄소중립 복합단지 신모델을 제시한다.

□ 지난 2월 해당 구역을 개발행위허가 제한지역 (변경)지정 고시한데 이어 편입토지 매입을 위한 공유재산 관리계획을 시의회에서 원안가결 동의함에 따라 탄력을 받게 되었다.

□ 토지 매입대상은 현재 개발행위허가 제한지역으로 지정된 사유지 2,195 필지, 2,436,219㎡로 시는 이번 달 중 토지소유자 1,273명에게 각각 안내 우편물을 발송하여 토지소유자의 매도의사를 파악한 후,

□ 2022년 추가경정예산에 보상비를 확보하게 되면 올해 하반기부터 협의 매수 방식으로 개별 신청을 받아 토지를 매입해 나갈 방침이다.

□ 강릉시청 관계자는 "토지소유주의 매도 의사를 최대한 반영하여 보상비 확보에 주력하겠다." 면서, "편입 토지의 先매입은 강릉 허브거점단지 (E-Hub)의 성공적 사업 추진을 위한 마중물 역할" 이라고 말했다.

출처 : 강릉시 시정 보도자료

손실보상은 일반적으로 사업인정고시 후에 협의 보상을 하며, 협의가 이루어지지 않으면 수용재결, 이의재결 및 행정소송 순으로 진행한다. 강릉 허브거점단지는 아직 사업인정을 받지 않은 상태니, 원칙대로라면 협의 보상을 받기 위해서는 적지 않은 시간이 지날 수 있는 것이다. 그런데 강릉시가 사업을 성공시키려고 선매입하겠다는 것이다.

[자료 2-53] 협의 보상가 안내문

| 토지 감정평가 결과 | | | | | | | | | | | | |
|---|---|---|---|---|---|---|---|---|---|---|---|---|
| 일련<br>번호 | 소재지 | 편 입 토 지 | | | 편입면적<br>축정 | 평 가 기 관 | | 감정평가<br>평균단가<br>(원/㎡) | 지급내역 | 소 유 자 | | 비고 |
| | | 지 번 | 지적<br>(㎡) | 지목 | | 하이명품감<br>정평가법인 | 하이세화<br>감정평가법인 | | 보상확정액 | 주 소 | 성 명 | |
| | 계 | | 248 | | 37 | | | | 12,369,000 | | | |
| 299 | 강릉시 | 687-0 | 248 | 대 | 37 | 332,000 | 333,000 | 332,500 | 12,369,000 | 경기도 ▨▨▨ | 김보경 | 1/7 |

이 물건은 필자에게 토지보상 투자 강의를 이수한 수강생과 공동 투자한 것이다. 수강생과 필자는 낙찰 후에 소유권 이전 절차를 서둘러서 진행했다. 등기가 완료되자마자 강릉시에 선매입 신청을 했다.

[자료 2-53]은 강릉시에서 발송한 협의 보상가다. 9,218,000원에 낙찰받았는데 대략 10개월 만에 협의 보상가는 24,605,000원(12,369,000×2지분)으로 수익률이 매우 높다. 이렇게 협의 보상가가 높은 이유는 경매 감정은 농지로 평가했는데, 협의보상감정은 대지로 평가했기 때문이다. 강릉 허브거점단지 일부분은 2023년 3월 15일에 국토교통부에서 천연물 바이오 국가산업단지 후보지로 선정했다.

# 지자체 부서별
# 주요 업무계획을 활용한 투자

CHAPTER 01의 제3장 17에서 언급한 '내고장 알리미'를 통해서 각 지자체 부서별 주요 업무계획을 파악할 수 있다고 했다. 해마다 연초가 되면 각 지자체는 전년도 업무성과와 당해연도 공약사업, 주요 현안사업 등을 추진하기 위한 계획을 수립해서 발표한다.

> 지자체가 발표하는 주요 업무계획은 각 부서가 한 해 동안 추진하려는 주요 현안 사업에 대한 추진 계획이므로, 도로공사 등과 같은 공익사업과 직접 관련된 부서 뿐만 아니라, 관련 없을 것 같은 부서의 업무 계획도 토지매입(예 : 군산시 산업혁신 과의 4차산업 지식산업센터 설립 사업을 위한 토지매입)을 하는 사업이 있는지를 확인 해야 한다.

대부분의 토지보상 투자자(오랫동안 투자한 투자자 포함)는 토지보상 물건 하면, '도로공사'를 생각하고 도시계획 도로, 고속도로, 국도, 지방도 등의 도로 계획에 해당하는 물건만 찾아서 투자한다. 그렇지만 CHAP-

TER 01에서 설명했듯이 공익사업은 112가지 이상이나 된다. 이러한 공익사업은 손실보상 또는 토지매입에 해당이 되므로, 모두 투자 대상이 될 수 있는 것이다.

지자체 부서별 주요 업무계획에는 부서별로 손실보상 사업, 토지매입 사업이 포함되어 있으므로 눈여겨봐야 한다. 몇 가지 사례를 들어 투자하는 방법을 설명하겠다.

## 평택 자동차 클러스터 조성 사업[사례 1]

평택 자동차 클러스터 조성사업은 [자료 2-54] 공약 중점사업 관리카드에서 보듯이 2018년 8월에 추진계획을 수립해서 진행하고 있는 사업으로, 평택시장의 공약사업이면서 추진 의지가 강한 사업이다.

**[자료 2-54] 공약 중점사업 관리카드 일부 내용**

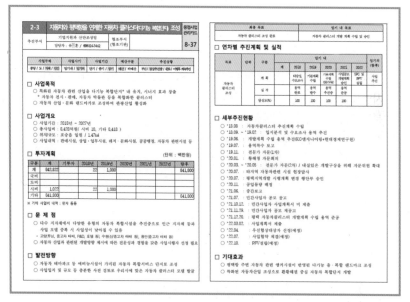

출처 : 평택시

현재는 [자료 2-55]처럼 2022년 기업지원과 주요 업무계획으로 수립되어 게시되어 있다. 주요 업무계획에는 사업을 진행하려고 하는 위치가 나와 있으므로, 투자 물건을 찾는 데 어려움이 없다.

필자가 책 출판을 준비하는 2022년 12월에도 [자료 2-56]처럼 진행예정인 경매 물건이 있었다. 이미 2021년 12월에 공동 투자로 낙찰받은 공매 물건(2021-11173-001)을 보유하고 있었다. 이 시기에는 유찰된 후 시세보다 저렴하게 낙찰받으면 되므로 '보상가 유추'에 고민할 필요가 없다.

[자료 2-55] **평택시 2022년 부서별 주요 업무계획 일부 내용**

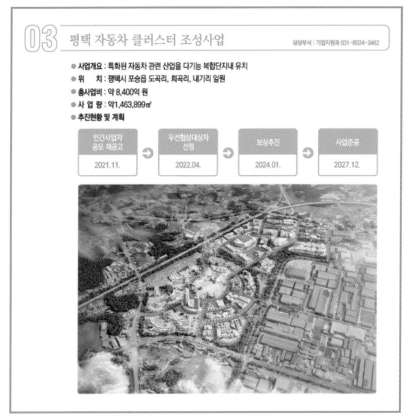

출처 : 평택시

| 수원지방법원 평택지원 | 대법원바로가기 | 법원안내 | | 가로보기 | 세로보기 | 세로보기(2) |
|---|---|---|---|---|---|---|

| 2022 타경 43635 (임의) | | 매각기일 : 2022-12-26 10:00~ (월) | | 경매3계 031-650-3167 | |
|---|---|---|---|---|---|
| 소재지 | 경기도 평택시 포승읍 도곡리 ███ 외1필지 | | | | |
| 용도 | 임야 | 채권자 | 조OO | 감정가 | 185,605,000원 |
| 토지면적 | 485㎡ (146.71평) | 채무자 | 이OO | 최저가 | (100%) 185,605,000원 |
| 건물면적 | | 소유자 | 이OO | 보증금 | (10%)18,560,500원 |
| 제시외 | | 매각대상 | 토지일괄매각 | 청구금액 | 100,000,000원 |
| 입찰방법 | 기일입찰 | 배당종기일 | 2022-08-12 | 개시결정 | 2022-05-17 |

**기일현황**

| 회차 | 매각기일 | 최저매각금액 | 결과 |
|---|---|---|---|
| 신건 | 2022-12-26 | 185,605,000원 | 변경 |

최종기일 결과 이후 정지된 사건입니다.

## 지곡근린공원 조성 사업(사례 2)

[자료 2-57]은 장기 미집행 도시계획 시설인 지곡근린공원에 포함되는 공매 물건이다. 지곡근린공원은 도시계획시설이므로 실시계획 인가 후에 보상 열람공고가 있어야 보상이 명확해진다.

그런데 근린공원은 실시계획 인가 후에 5년 이내 공원 조성을 하지 않으면 자동으로 해제가 된다. 이 말은 해당 물건을 낙찰받은 상태에서 공원조성을 하지 않으면 자동 실효된다는 이야기다. 이런 경우에는 맹지인 임야라서 투자에 주의해야 할 물건이다. 보상이 명확하지 않으면 투자를 꺼리기 마련이고, 담당 공무원이 보상계획 없다고 하면 대부분 투자를 포기한다.

| 2022-07230-001 | | 입찰일자 : 2022-10-17 10:00 ~ 2022-10-19 17:00 | |
|---|---|---|---|
| 집행기관 | 한국자산관리공사 | 담당자 | 전북지역본부 / 조세정리팀 / 1588-5321 |
| 소재지 | 전라북도 군산시 지곡동 | | |
| 유찰횟수 | 0 회 | 물건상태 | 입찰 | 감정가 | 18,719,780원 |
| 물건용도 | 임야 | 입찰방식 | 일반경쟁(최고가방식) | 최저가 | (100%)18,720,000원 |
| 위임기관 | | 공고일자 | 2022-09-07 | 배분종기일 | 2022-10-04 |
| 납부기한 | | 낙찰금액별 구분 | | 종류/방식 | 압류재산 / 매각 |
| 면적(㎡) | 임야505.94㎡ | | |

**입찰정보**

| 회차 | 입찰일자 | 개찰일시 | 최저입찰가 | 결과 |
|---|---|---|---|---|
| 40 | 2022-10-17 10:00 ~ 10-19 17:00 | 2022-10-20 11:00 | 18,720,000원 | |
| 41 | 2022-10-24 10:00 ~ 10-26 17:00 | 2022-10-27 11:00 | 16,848,000원 | |
| 42 | 2022-10-31 10:00 ~ 11-02 17:00 | 2022-11-03 11:00 | 14,976,000원 | |
| 43 | 2022-11-07 10:00 ~ 11-09 17:00 | 2022-11-10 11:00 | 13,104,000원 | |
| 44 | 2022-11-14 10:00 ~ 11-16 17:00 | 2022-11-17 11:00 | 11,232,000원 | |
| 45 | 2022-11-21 10:00 ~ 11-23 17:00 | 2022-11-24 11:00 | 9,360,000원 | |

**면적정보**

| 번호 | 종별 | 지목 | 면적(㎡) | 지분 | 비고 |
|---|---|---|---|---|---|
| 1 | 토지 | 임야 | 505.94㎡ | 3359 분의 505.94 | - |

과연 포기해야 할까? 포기하면 다른 투자자와 계속 같은 조건으로 경쟁해야 한다. 필자는 투자를 결심하고 입찰 준비를 했다.

실시계획 인가가 나지 않은 불확실한 상태에서 필자가 투자를 결심한 이유는 무엇일까?

필자가 투자하기로 결심한 여러 가지 이유 중 한 가지가 부서별 주요 업무계획이다. 공매 물건이 진행되는 시점에 군산시는 이미 2023년 부서별 주요 업무계획을 개시한 상태였다. [자료 2-58]은 군산시 부서별 주요 업무계획 일부 내용이다. 장기 미집행 도시계획시설 공원의 사유 토지를 매입한다는 계획인데, 지곡근린공원도 사유 토지매입 계획에 포함되어 있었다.

| 사업<br>구분 | 주요 | 일반 | 공약 | 신규 | 계속 | 협업<br>부서 | · | 산림녹지과장 | 신남■ |
|---|---|---|---|---|---|---|---|---|---|
| | √ | | | | √ | | | 공원계장 | 이경■ |

# 장기미집행 도시계획시설(공원) 사유토지 매입

❖ 2020. 7월 장기미집행 도시계획시설 일몰제에 따른 대응방안 마련
및 시행

## ☐ 사업개요

○ 사업기간: 2018. 1. ~ 2025. 12. (8년)

○ 사업대상: 장기미집행공원 (월명공원 등 27개소)

○ 소요예산: 총 92,000백만원 (23년도 예산 : 시비 10,000)

○ 주요내용: 장기미집행공원 존치·해제지 선별, 존치공원 사유토지 매입 등

※ 연차별 예산 투자계획 : 기투자 341억, 향후투자 579억          (단위 : 억원)

| 구 분 | 합 계 | 기 투 자<br>(18년 ~ 22년) | 향 후 투 자 | | | |
|---|---|---|---|---|---|---|
| | | | 소 계 | 23년 | 24년 | 25년 |
| 합 계 | 920 | 341 | 579 | 200 | 250 | 129 |
| 시 비 | 520 | 241 | 279 | 100 | 150 | 29 |
| 기금.지방채 | 400 | 100 (기금) | 300 | 100 | 100 | 100 |

## ☐ 그간 추진상황

○ 도시관리계획 변경(공원구역 조정·해제) 고시          : '20. 6.

- 실효대상 27개소, 5,270천㎡ 中 존치 7개소, 3,784천㎡ / 해제 20개소, 1,486천㎡
 · 구역조정 3개소(월명·군봉·통매) / 전체존치 4개소(새들·금강·은파·지곡)

○ 공원존치지역 사유토지 보상사업 실시계획인가 고시          : '20. 6.

○ 중점관리공원(월명·군봉·새들·금강·통매) 필수지역 매입 : '25. 7.한

- 22년까지 : 전체 사유토지 1,217천㎡ 中 423천㎡ 매입완료(35%)

## ☐ 금후 추진계획

○ 미집행공원 7개소 사유토지 연차별 매입          : '25. 7.한

※ 23년 대상지 : 금강공원, 월명공원(소룡·산북), 군봉공원(개정) 일원

- 445 -

출처 : 군산시

## [자료 2-59] 공매 물건 2022-07230-001 입찰 결과

| 물건관리번호 | 2022-07230-001 | | |
|---|---|---|---|
| 재산구분 | 압류재산(캠코) | 담당부점 | 전북지역본부 |
| 물건명 | 전라북도 군산시 지곡동 신█████ | | |
| 공고번호 | 202210-32857-00 | 회차 / 차수 | 050 / 001 |
| 처분방식 | 매각 | 입찰방식/경쟁방식 | 최고가방식 / 일반경쟁 |
| 입찰기간 | 2022-12-26 10:00 ~ 2022-12-28 17:00 | 총액/단가 | 총액 |
| 개찰시작일시 | 2022-12-29 11:01 | 집행완료일시 | 2022-12-29 11:04 |
| 입찰자수 | 유효 11명 / 무효 0명(인터넷) | | |
| 입찰금액 | 28,020,000원/ 23,456,000원/ 22,000,000원/ 21,625,653원/ 20,271,000원/ 20,052,000원/ 20,010,000원/ 19,842,967원/ 19,256,000원/ 19,110,000원/ 19,000,000원 | | |
| 개찰결과 | 낙찰 | 낙찰금액 | 28,020,000원 |
| 감정가 (최초 최저입찰가) | 18,719,780원 | 최저입찰가 | 18,720,000원 |
| 낙찰가율 (감정가 대비) | 149.68% | 낙찰가율 (최저입찰가 대비) | 149.68% |

출처 : 온비드

[자료 2-59]는 온비드 입찰결과다. 필자가 운영하는 스터디 모임에서 공동 투자로 입찰했으나 패찰했다.

# 토지매수 사업을
# 활용한 투자

앞에서 서술한 개발정보뿐만 아니라 조금만 관심을 가지면 알 수 있는 토지보상 관련 사업들이 많다. 대표적인 것이 개별 법률에 따라 진행하는 토지매입 사업이다. 여기서는 3가지 토지매수 사업에 관해 설명하겠으니, 다른 토지매입 사업은 같은 방식으로 개별법을 정독한 후에 찾아보기를 바란다.

### 수변구역 토지 등의 매수 사업

수변구역이란 환경부가 금강수계, 낙동강수계, 영산강·섬진강수계 및 한강수계의 수질을 보전하기 위해 상수원으로 이용되는 댐과 그 상류지역 중 일정 지역에 대해 환경부 장관이 지정·고시한 구역을 말한다. 수변구역별로 적용하는 다음과 같이 법률은 4가지가 있다.

1. 한강수계 상수원수질개선 및 주민지원 등에 관한 법률
2. 금강수계 물관리 및 주민지원 등에 관한 법률
3. 낙동강수계 물관리 및 주민지원 등에 관한 법률
4. 영산강·섬진강수계 물관리 및 주민지원 등에 관한 법률

여기서는 '한강수계 상수원수질개선 및 주민지원 등에 관한 법률'(이하 '한강수계법'이라 칭한다)을 가지고 투자하는 방법을 설명하겠다. 나머지는 수계만 다를 뿐이지 법률에 따라 투자하는 방식은 동일하다.

## (1) 수변구역 관리기본계획

환경부 장관은 '한강수계법'에 따라 5년마다 수변구역 관리기본계획을 수립하고 시행해야 한다. 1·2차 기본계획을 수립하고 수변구역 토지매수 및 수변생태벨트 조성을 통해 한강 수질개선 및 수변구역 생태환경 개선했다. 2019년에서 2023년까지 적용하는 제3차 한강수계 수변구역 관리 기본계획을 수립하고 시행 중이다.

> **한강수계법 제4조 2(수변구역 관리기본계획의 수립·시행)**
> ① 환경부 장관은 제4조 제1항에 따라 지정된 수변구역에 관하여 다음 각 호의 사항이 포함된 관리기본계획(이하 "수변구역 관리기본계획"이라 한다)을 5년마다 제24조에 따른 한강수계 관리위원회의 심의를 거쳐 수립·시행하여야 한다.
>
> 1. 중·장기 수변구역 관리계획
> 2. 수변녹지 등 수변생태벨트 조성계획
> 3. 수변구역의 토지매수 현황 및 계획, 그 밖에 환경부령으로 정하는 사항

## ① 관리기본계획 자료 입수

관리기본계획은 환경부 소속기관인 한강유역환경청 사이트의 정보마당에서 내려받을 수 있다. 환경청 사이트는 한강뿐만 아니라 금강유역, 낙동강유역, 영산강·섬진강유역 환경청이 별도로 있다. 각 환경청에는 중요한 고시·공고 내용과 보도자료들이 게시되고 있으니, 수시로 방

문해서 투자와 관련된 자료를 입수하는 것이 좋다.

## ② 관리기본계획 자료 분석

관리기본계획에는 집중매수전략(안)을 서술한 부분이 있다. 요약하면, 단기, 중기, 장기적인 전략적 접근을 통해 단계별 핵심 대상 지역을 집중 매수해 수질개선 효과를 극대화한다는 것이다.

단기는 [자료 2-60]의 계획으로 우선순위 결과에 따라 핵심지역 소단위를 집중 매수해 오염원 유입을 최소화할 것이다.

중장기는 [자료 2-61]의 계획으로 이미 매입한 소단위를 중심으로 주변 전이·완충 지역으로 매수범위를 확장해 토지 연결성을 강화한다는 것이다.

[자료 2-60] **단기 집중매수전략**

| 구분 | 소계 | 2019년 | 2020년 | 2021년 | 2022년 | 2023년 |
|---|---|---|---|---|---|---|
| 예상매입면적 (㎡) | 3,234,872 | 665,728 | 649,321 | 648,321 | 648,147 | 642,286 |
| 토지매입비 (100만 원) | 520,219 | 102,570 | 102,785 | 102,795 | 105,547 | 106,522 |
| 토지매수 우선순위 | 소단위 면적 | 439,090㎡ | 416,080㎡ | 564,910㎡ | 539,390㎡ | 634,150㎡ |
| | 단가구간 1~8순위 -경안천 1~6순위 남한강 하류 1순위 청평댐 1순위 | 경안천 1순위 | 경안천 2순위 | 경안천 3,4순위 | 남한강 하류 1순위 | 청평댐 1순위 경안천 5순위 경안천 6순위 |

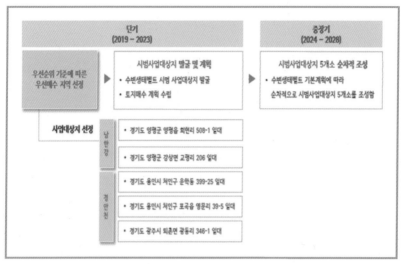

출처 : 제3차 한강수계 수변구역관리 기본계획

## (2) 수변생태벨트 조성

수변생태벨트란 수변녹지의 기본 기능에 생태적 연결성 개념을 추가해 상수원 수질개선, 생물부양 및 생물 이동통로 기능, 탄소 중립 기능 등이 덧붙여진 것을 말한다. 상수원 주변에 상수원 보호를 위해 매수한 토지에 녹지 등을 조성해 수체보호기능과 수생태 건강성을 동시에 제고시키기 위해 수변을 따라 벨트형태로 조성된 수변 녹지대를 말한다.

> 한강수계법 제4조의 3(수변생태벨트 시행계획의 수립·시행 등)
> ① 환경부 장관은 제4조의 2 제1항 제2호의 수변생태벨트 조성계획에 따라 수변생태벨트 조성사업을 시행하려는 경우에는 다음 각 호의 사항이 포함된 시행계획(이하 '수변생태벨트 시행계획'이라 한다)을 수립하여야 한다.

1. 대상 지역의 위치·면적
2. 조성 기간 및 일정
3. 설치 시설의 종류 및 조성 방법
4. 그 밖에 수변생태벨트 조성사업의 시행과 관련된 사항으로서 대통령령으로 정하는
   사항

수변생태벨트 시행계획을 수립하거나 변경한 경우에는 그 내용을 고시해야 한다. [자료 2-62]는 한강유역환경청에 고시된 '2022년 한강수계 수변생태벨트 시행계획'을 게시한 내용이다.

[자료 2-62] 2022년 한강수계 수변생태벨트 시행계획 알림

2022년도 한강수계 수변생태벨트 시행계획 알림

등록자명 : 김●● 조회수 : 1,136 등록일자 : 2022.02.10 담당부서 : 상수원관리과

한강수계 상수원수질개선 및 주민지원 등에 관한 법률 제4조의3에 따라 수립한 2022년도 한강수계 수변생태벨트 시행계획을 붙임과 같이 알려드립니다. 감사합니다.

첨부파일 ● 한강유역환경청고시제2022-13호.pdf (127.1 KB)
        ● 2022년도 한강수계 수변생태벨트 시행계획.pdf (4.9 MB)

출처 : 한강유역환경청

고시된 한강수계 수변생태벨트 시행계획에는 조성할 구체적인 위치를 지정하고 있다. 토지보상 투자를 할 수 있는 관심 지역으로 등록한 후 지속적으로 물건을 검색해야 한다.

## (3) 토지 등의 매수 방식

수변구역과 관련된 토지보상 투자는 앞에서 설명한 것처럼 크게 두 가지 있다. '소유자의 매도신청'과 '한강수계 수변생태벨트 시행사업'이다. 여기서 반드시 알아야 하는 사항이 있는데, 전자에 해당하는 경우에는 경매(공매 포함)로 낙찰받으면, 낙찰받은 날로부터 5년이 경과되지 않은 토지 등은 매도신청이 제한된다. 후자에 해당하는 경우는 '한강수계법' 제14조 제2항에 따라 한강수계 수변생태벨트 시행계획을 고시한 날에 사업인정의 고시(사업인정에 대한 자세한 내용은 CHAPTER 03을 참조)가 있는 것으로 본다.

이 말은 여러 의미가 있는데, 그중 하나가 보상을 위한 감정평가 시 기준시점이 된다는 것이다. 또한, 경매로 낙찰받은 날로부터 5년이 지날 때까지 기다릴 필요가 없다는 것이다.

> **⚡ Tip**
>
> '토지 등 매수 및 수변녹지 조성·관리 업무처리 지침' 제9조 제1항에 따라 토지 등의 매수를 제한하는 경우 18가지 중에 다음 내용은 투자 시 반드시 알아야 한다.
>
> '경매(공매 포함) 낙찰을 받은 날로부터 5년이 경과하지 아니한 토지 등**(다만, 제7조 제1항 제1호에 따른 지역은 제외한다)**'
>
> 여기서, **제7조 제1항 제1호에 따른 지역이란 수변생태벨트 조성계획을 수립한 지역의 토지 등을 매수하려는 경우다.**

## (4) 사례를 통한 투자 방법

수변구역 토지 등의 매수 사업의 구체적인 내용은 수변생태벨트 조성사업 활성화를 위한 세부 방법 등을 포함된 '토지 등 매수 및 수변녹지 조성·관리 업무처리 지침'을 참조하면 된다. 이 지침은 전부 개정되어 2023년 1월 1일부터 시행하고 있다.

수변구역 토지 등의 매수 사업은 앞에서 설명했듯이, 크게 두 가지가 있다. '소유자의 매도신청'과 '한강수계 수변생태벨트 시행사업'이다. 사례를 통해서 2가지 투자 방법을 설명하겠다.

### ① 소유자 매도신청 관련 투자

매도신청이 가능한 물건을 검색하는 방법의 하나가 경매 사이트에서 제공하는 지도 검색이다. 앞에서 설명한 제3차 한강수계 수변구역 관리기본계획에는 우선 매수하는 지역이 나온다. 그 지역을 우선으로 해서 경매 사이트 지도 검색에서 진행되는 물건이 있는지 찾는 방법이다. [자료 2-63]는 설명한 방법대로 해서 찾은 공매 물건이다.

이렇게 찾은 물건은 '토지 등의 매수 및 관리 업무처리 지침'(개정 전 지침)의 별표 1에 따른 우선순위 산정배점기준표에 따라 평가를 거쳐 매수 우선순위를 선정해야 한다. 이 부분은 투자자의 영역이 아니기 때문에, 한강유역환경청에서 제공하는 '토지매수정보시스템'을 통해서 매수대상지역 여부와 점수를 참조한다. 최종적인 것은 한강유역환경청 담당자에게 확인한 후 입찰가를 정한 후 투자하면 된다.

## [자료 2-63] 수변구역 매수 대상 사례 토지

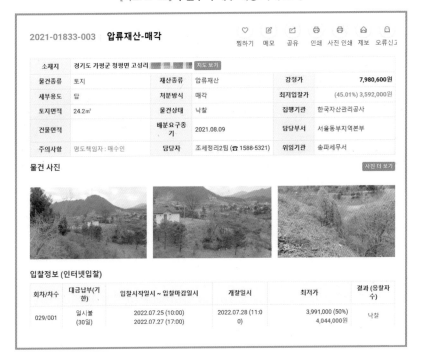

**2021-01833-003  압류재산-매각**

찜하기  메모  공유  인쇄  사진 인쇄  제보  오류신고

| 소재지 | 경기도 가평군 청평면 고성리 ~~~~ 지도 보기 | | | | |
|---|---|---|---|---|---|
| 물건종류 | 토지 | 재산종류 | 압류재산 | 감정가 | 7,980,600원 |
| 세부용도 | 답 | 처분방식 | 매각 | 최저입찰가 | (45.01%) 3,592,000원 |
| 토지면적 | 24.2㎡ | 물건상태 | 낙찰 | 집행기관 | 한국자산관리공사 |
| 건물면적 | | 배분요구종기 | 2021.08.09 | 담당부서 | 서울동부지역본부 |
| 주의사항 | 명도책임자 : 매수인 | 담당자 | 조세정리2팀 (☎ 1588-5321) | 위임기관 | 송파세무서 |

**물건 사진**                                                                사진 더 보기

**입찰정보 (인터넷입찰)**

| 회차/차수 | 대금납부(기한) | 입찰시작일시 ~ 입찰마감일시 | 개찰일시 | 최저가 | 결과 (응찰자 수) |
|---|---|---|---|---|---|
| 029/001 | 일시불 (30일) | 2022.07.25 (10:00) 2022.07.27 (17:00) | 2022.07.28 (11:00) | 3,991,000 (50%) 4,044,000원 | 낙찰 |

토지매수정보시스템을 활용하는 방법은 다음과 같다.


• 한강유역환경청(https://www.me.go.kr/hg/web/main.do)에 접속한다.
한강유역환경청에 접속하면 메인화면에 바로가기 서비스가 있다.
바로가기 서비스에서 '토지매수정보시스템'을 클릭해서 접속한다.


• 토지매수정보시스템에 접속한다.
왼쪽 하단에 지도 서비스을 클릭해서 접속한다.

• 지도 서비스에 접속해서 매수가능지역 여부 등을 검색한다.

검색하고자 하는 지번을 ⓐ에 입력하고 검색을 클릭하면 토지매수
가능지역이면 ⓑ처럼 해당 지번이 나타난다. 그리고, ⓑ를 클릭하면
오른쪽 화면에 해당 필지가 ⓒ처럼 표시된다.

• 표시된 ⓒ를 클릭하면 해당 필지 해당하는 배점표가 나타난다.

### ② 한강수계 수변생태벨트 시행사업

[자료 2-64]는 한강수계법 제4조의 3에 따라 수변생태벨트 시행계획을 고시(한강유역환경청 고시 제2021-2호)한 용인 영문지구의 수변생태벨트 조성사업에 편입되는 필지의 일부 내용이다.

**[자료 2-64] 2021년 수변생태벨트 사업 대상지 일부 내용**

| 연번 | 주소 | 지목 | 소유자 | 면적(㎡) | 비고 |
|---|---|---|---|---|---|
| | 계 | | | 75,571 | |
| 1 | 경기도 용인시 처인구 포곡읍 ▧▧▧ 39-2 | 답 | 사유지 | 1,179 | |
| 2 | 경기도 용인시 처인구 포곡읍 ▧▧▧ 39-3 | 대 | 사유지 | 657 | |
| 3 | 경기도 용인시 처인구 포곡읍 ▧▧▧ 39-5 | 답 | 사유지 | 1,458 | |
| 4 | 경기도 용인시 처인구 포곡읍 ▧▧▧ 39-6 | 답 | 용인시 | 256 | |
| 5 | 경기도 용인시 처인구 포곡읍 ▧▧▧ 39-7 | 답 | 용인시 | 32 | |
| 6 | 경기도 용인시 처인구 포곡읍 ▧▧▧ 39-8 | 답 | 용인시 | 5 | |
| 7 | 경기도 용인시 처인구 포곡읍 ▧▧▧ 39-9 | 답 | 사유지 | 781 | |
| 8 | 경기도 용인시 처인구 포곡읍 ▧▧▧ 40-2 | 답 | 사유지 | 981 | |
| 9 | 경기도 용인시 처인구 포곡읍 ▧▧▧ 40-3 | 답 | 사유지 | 579 | |
| 10 | 경기도 용인시 처인구 포곡읍 ▧▧▧ 42-1 | 답 | 환경부 | 2,456 | |
| 11 | 경기도 용인시 처인구 포곡읍 ▧▧▧ 42-2 | 답 | 환경부 | 2,536 | |
| 12 | 경기도 용인시 처인구 포곡읍 ▧ 61 | 답 | 사유지 | 3,644 | |
| 13 | 경기도 용인시 처인구 포곡읍 ▧▧▧ 77-1 | 답 | 사유지 | 2,069 | |

출처 : 한강유역환경청

필자는 한강유역환경청에서 고시한 수변생태벨트에 해당하는 지역을 관심 지역으로 정한 후에 수시로 물건 검색을 해왔다. 필자에게 보상투자를 배우는 수강생들뿐만 아니라 대부분의 투자자는 보상물건을 쉽게 찾는 방법이 있는지 궁금해한다. 그러나 쉽게 찾는 방법은 없다. 꾸준하게 관심을 가지고 찾는 방법뿐이다. [자료 2-65]는 이렇게 해서 찾은 물건인데, 입찰결과는 패찰이다.

[자료 2-65] 한강수계 수변구역생태벨트 시행사업 사례 토지

## 국립수목원 완충지역 토지 등의 매수 사업

국립수목원 완충지역이란 '수목원·정원의 조성 및 진흥에 관한 법률'(이하 '수목원정원법'이라 칭한다)에 따라 국립수목원의 수목유전자원을 보호하기 위해 산림청장이 국립수목원과 인접한 지역을 대통령령으로 정하는 기준에 따라 지정한 지역을 말한다.

국립수목원 완충지역으로 지정·고시된 경우에는 산림청장에게 토지 등의 매수를 청구할 수 있다고 했다. 그렇다면 국립수목원 완충지역으로 지정되었는지를 어떻게 알 수 있을까? 이런 질문을 자신에게 하고, 스스로 답을 찾으려고 노력하는 것이 실력 향상에 밑거름이 된다고 생각한다.

국립수목원 완충지역으로 지정되었는지를 확인하는 방법은 2가지가 있다. 하나는 토지이용계획확인서를 확인하는 것이고, 다른 하나는 고시된 자료를 찾아보는 것이다.

첫 번째는 토지이용계획확인서로 국립수목원 완충지역 지정 여부를 확인하는 것이다. 국립수목원 완충지역으로 고시가 되면 [자료 2-66] 사례처럼 토지이용계획확인서에 명시된다. 물건 검색하다가 토지이용계획확인서의 '지역지구 등 지정 여부' 칸에 국립수목원 완충지역으로 지정되어 있으면 매수청구가 가능한지를 알아본다.

## [자료 2-66] 국립수목원 완충지역 사례

| 소재지 | 경기도 포천시 소흘읍 고모리 142번지 | | | |
|---|---|---|---|---|
| 지목 | 전  | | 면적 | 1,226 ㎡ |
| 개별공시지가(㎡당) | 81,200원 (2022/01) 연도별보기 | | | |
| 지역지구등 지정여부 | 「국토의 계획 및 이용에 관한 법률」에 따른 지역 · 지구등 | 보전관리지역 | | |
| | 다른 법령 등에 따른 지역 · 지구등 | 가축사육제한구역(일부제한 젖소 닭 돼지 오리 메추리 개 제한구역)<가축분뇨의 관리 및 이용에 관한 법률>, 배출시설설치제한지역<물환경보전법>, 성장관리권역<수도권정비계획법> 국립수목원완충지역<수목원 · 정원의 조성 및 진흥에 관한 법률> | | |
| | 「토지이용규제 기본법 시행령」 제9조 제4항 각 호에 해당되는 사항 | | | |

출처 : 토지이음

두 번째는 고시된 자료를 찾아보는 것인데 빈번하게 고시하는 것이 아니고, 오래전에 고시되어 찾기 어려울 것이다. 고시된 자료보다는 산림청 국립수목원 사이트의 '조직소개'에 게시된 자료([자료 2-67] 참조)를 활용하면 된다.

⚡ Tip

국립수목원 완충지역에 대해 매수청구를 하면, 예산을 확보함으로 2년~5년간 기다릴 수 있다.
묘지가 있는 경우, 지분토지인 경우 등은 매수청구가 제한될 수 있다.

여기서 중요한 것은 게시된 자료는 국립수목원 완충지역 고시 당시의 내역으로 고시 이후 토지 이동으로 지번이 바뀐 경우도 있고, 목록에 없는 토지라도 해당되는 경우가 있으니 국립수목원 담당자에게 편입 여부를 반드시 확인하기 바란다.

[자료 2-68] 사례 토지는 국립수목원 완충지역에 편입되는 물건이다. 필자의 수강생이 물건 검색하는 중에 발견한 것인데, 토지이용계획확인서에 '국립수목원 완충지역'이라고 되어 있어, 무슨 의미인지 물어본 물건이다. 사례 토지는 두 필지다. 한 필지만 매수청구가 가능하지만, 유찰이 여러 번 된 물건이라 수익률은 괜찮을 듯하다. 이런 물건이 매수청구 가능한지 아는 투자자는 거의 없다. 사례 토지도 50%에 단독으로 매각되었다.

**[자료 2-67] 국립수목원 홈페이지 화면**

출처 : 국립수목원

## [자료 2-68] 국립수목원 완충지역 사례 토지

**2022-07670-001　압류재산-매각**

찜하기　메모　공유　인쇄　사진 인쇄　제보　오류신고

| 소재지 | 경기도 남양주시 진접읍 장현리 ▨▨▨▨ ▨▨▨▨ | 지도 보기 | | | |
|---|---|---|---|---|
| 물건종류 | 토지 | 재산종류 | 압류재산 | 감정가 | **12,350,000원** |
| 세부용도 | 도로 | 처분방식 | 매각 | 최저입찰가 | (50%) 6,175,000원 |
| 토지면적 | 65㎡ | 물건상태 | 낙찰 | 집행기관 | 한국자산관리공사 |
| 건물면적 | | 배분요구종기 | 2022.10.17 | 담당부서 | 서울동부지역본부 |
| 주의사항 | 명도책임자 : 매수인 | 담당자 | 조세정리2팀 (☎ 1588-5321) | 위임기관 | 남양주시청 |

### 물건 사진

사진 더보기

### 입찰정보 (인터넷입찰)

| 회차/차수 | 대금납부(기한) | 입찰시작일시 ~ 입찰마감일시 | 개찰일시 | 최저가 | 결과 (응찰자 수) |
|---|---|---|---|---|---|
| 047/001 | 일시불 (30일) | 2022.12.05 (10:00) 2022.12.07 (17:00) | 2022.12.08 (11:00) | 6,175,000 (50%) 6,333,330원 | 낙찰 |

# 제2장

## 알려진 개발정보로
## 투자하기

CHAPTER 02 제1장은 각 지자체나 시행 주체가 관련 법에 정한 절차에 따라 진행하는 사업을 투자자들의 관심이 적은 시점에서 물건을 찾아 투자하는 방법에 관해 설명했다. 사업 진행이 명확한 단계가 되었을 경우는 경쟁이 과열돼서 수익성이 낮은 투자를 할 수밖에 없다. 개별법에 따라 진행되는 사업, 대통령 공약사업 등은 부득이한 경우를 제외하고는 사업을 진행하게 된다. 발표되는 계획을 파악해서 구체적으로 실현되기 전에 물건을 찾아 투자하면 수익성을 높일 수 있다.

이번 제2장에서는 제1장에서 설명한 숨겨진 개발정보가 아니라 '알려진 개발정보'로 투자하는 방법에 관해 설명할 것이다. 알려진 개발정보로 투자하려면, 제1장에서 설명한 방식대로 접근하면 안 된다. 여기서 필자가 말하는 '알려진 개발정보'라는 것은 앞에서 설명했듯이 공익사업이 토지이용계획확인서에 반영된 상태를 말한다. 토지이용계획확인서에 반영된다는 것은 공익사업이 계획되어 있다는 것을 누구나 알 수 있다는 의미다. 이런 경우에 물건 찾는 방법은 경매 사이트에서 진행되는 모든 물건의 토지이용계획확인서를 확인하는 것이다. 필자의 수강생 또는 토지보상 투자를 하는 투자자가 필자에게 가장 많이 질문이 "어떻게 하면 쉽게 토지보상 물건을 찾나요?"다.

쉬운 방법은 없다. 제1장에 해당하는 사업은 적재적소에 사용할 수 있도록 개발정보를 파악하고 관리하는 것이 최선이다. 제2장에 해당하는 사업은 모든 진행 물건(신건 위주로)의 토지이용계획확인서를 확인해야 한다.

## 토지이용계획확인서로 개발정보 파악하기

도시계획시설 사업, 산업단지 개발, 택지 개발 등은 일정한 절차를 거친 후 토지이용계획확인서에 반영된다고 했다. 앞에서 설명했듯이 진행되는 모든 물건의 토지이용계획확인서를 확인해서 개발정보를 파악하는 것이 토지보상 투자를 위한 첫 단계다.

필자처럼 직장인이라 시간의 여유가 없는 투자자는 지역을 정해서 물건 검색을 하거나, 주말을 활용해서 검색해야 한다. 중요한 것은 꾸준하게 물건을 검색하는 것이다.

다음 [자료 2-69]는 경매 사이트에서 2023년 1월ⓐ에 전국ⓑ기준으로 진행될 경매 물건 중에 신건ⓒ을 검색한 결과다. 총 1,294건ⓓ이 검색되었다. 검색된 경매 물건 1,294건 모두 토지이용계획확인서를 확인해서 개발계획이 수립되어 있는지를 확인한다. 검색된 경매 물건을 클릭해서 들어가면, 기본정보뿐만 아니라 토지이용계획확인서를 확인할 수 있도록 토지이음과 연결되어 있다.

**[자료 2-69] 2023. 1. 1~ 1. 31 경매 신건 검색 결과**

토지이용계획확인서는 하나의 필지마다 용도지역을 지정하고 그 용도지역 내의 도시계획에 의한 행위 제한을 확인할 수 있는 공적 장부다. 토지이용계획확인서로 확인할 수 있는 것은 필지별 지목, 면적, 개별공시지가 등을 확인할 수 있다.

[자료 2-70]에서 ⓐ칸은 '국토계획법'에 따라 진행되는 사업으로 도시계획시설 등이 해당하고 ⓑ칸은 다른 법령에 진행되는 사업으로 산업단지, 택지 개발 등 100여 개가 넘는 공익사업이 있다.

## [자료 2-70] 토지이용계획확인서 사례

| 소재지 | 강원도 홍천군 화촌면 풍천리 산 ▨▨▨ | | | |
|---|---|---|---|---|
| 지목 | 임야 ❓ | | 면적 | 7,041 ㎡ |
| 개별공시지가(㎡당) | 2,160원 (2023/01) 연도별보기 | | | |
| 지역지구등 지정여부 | 「국토의 계획 및 이용에 관한 법률」에 따른 지역·지구등 ⓐ | 계획관리지역 | | |
| | 다른 법령 등에 따른 지역·지구등 ⓑ | 가축사육제한구역<가축분뇨의 관리 및 이용에 관한 법률>, 접도구역(2019-05-31)(국도56호선)<도로법> | | |
| 「토지이용규제 기본법 시행령」 제9조 제4항 각 호에 해당되는 사항 | | | | |

| 확인도면 | (지도 이미지) | 범례 |
|---|---|---|
| | 산37-1 전 95 전 산36답 89-4 전 89 대 | □ 가축사육제한구역 □ 임업용산지 ■ 계획관리지역 ■ 농림지역 |

□ 작은글씨확대  척척 1 / 1200 ▾  변경  도면크게보기

출처 : 토지이음

다음은 각 법령에서 정한 절차에 따라 지역·지구 등이 지정되어 토지이용계획확인서에 반영된 사례들이다.


## ① 도시계획시설 근린공원

| 소재지 | 강원도 동해시 천곡동 산 ▨▨▨ | | | |
|---|---|---|---|---|
| 지목 | 임야 ❓ | | 면적 | 83,604 ㎡ |
| 개별공시지가(㎡당) | 12,700원 (2022/01) 연도별보기 | | | |
| 지역지구등 지정여부 | 「국토의 계획 및 이용에 관한 법률」에 따른 지역·지구등 | 도시지역 , 보전녹지지역 , 근린공원(근린공원·5) | | |
| | 다른 법령 등에 따른 지역·지구등 | 가축사육제한구역(개 돼지 제한지역)<가축분뇨의 관리 및 이용에 관한 법률>, 가축사육제한구역(닭 오리 메추리 개 돼지 제한지역)<가축분뇨의 관리 및 이용에 관한 법률>, 가축사육제한구역(젖소 닭 오리 메추리 개 돼지 제한지역)<가축분뇨의 관리 및 이용에 관한 법률>, 공익용산지<산지관리법>, 보전산지<산지관리법> | | |

출처 : 토지이음

'국토계획법' 및 '공원녹지법'에 따라 '근린공원' 조성 결정

## ② 도시계획시설 학교

| 소재지 | 부산광역시 사하구 다대동 | | |
|---|---|---|---|
| 지목 | 학교용지 ❓ | 면적 | 9,009 ㎡ |
| 개별공시지가(㎡당) | 1,311,000원 (2022/01) 연도별보기 | | |
| 지역지구등 지정여부 | 「국토의 계획 및 이용에 관한 법률」에 따른 지역·지구등 | 제2종일반주거지역(2019-12-18)(제2종일반주거지역) , 도로(접합) 학교 | |
| | 다른 법령 등에 따른 지역·지구등 | 상대보호구역(2014-04-30)<교육환경 보호에 관한 법률>, 비행안전구역<군사기지 및 군사시설 보호법> | |
| 「토지이용규제 기본법 시행령」 제9조 제4항 각 호에 해당되는 사항 | | | |

'국토계획법'에 따라 '학교' 조성 결정       출처 : 토지이음

## ③ 도시계획시설 도로

| 소재지 | 경기도 광주시 퇴촌면 광동리 | | |
|---|---|---|---|
| 지목 | 대 ❓ | 면적 | 8 ㎡ |
| 개별공시지가(㎡당) | 534,600원 (2022/01) 연도별보기 | | |
| 지역지구등 지정여부 | 「국토의 계획 및 이용에 관한 법률」에 따른 지역·지구등 | 도시지역 , 제2종일반주거지역 , 소로2류(폭 8m~10m) | |
| | 다른 법령 등에 따른 지역·지구등 | 가축사육제한구역<가축분뇨의 관리 및 이용에 관한 법률>, 배출시설설치제한지역<물환경보전법>, 자연보전권역<수도권정비계획법>, 공장설립제한지역<수도법>, (한강)폐기물매립시설 설치제한지역<한강수계 상수원수질개선 및 주민지원 등에 관한 법률>, 특별대책지역<환경정책기본법> | |
| 「토지이용규제 기본법 시행령」 제9조 제4항 각 호에 해당되는 사항 | | | |

'국토계획법'에 따라 폭 8m~10m '도로'로 결정       출처 : 토지이음

## ④ 고속도로

| 소재지 | 경기도 남양주시 수동면 지둔리 | | |
|---|---|---|---|
| 지목 | 전 ❓ | 면적 | 4 ㎡ |
| 개별공시지가(㎡당) | 개별공시지가 자료 없음. 연도별보기 | | |
| 지역지구등 지정여부 | 「국토의 계획 및 이용에 관한 법률」에 따른 지역·지구등 | 계획관리지역 , 성장관리계획구역(주거형, 도시개발과 문의) , 중로1류(폭 20m~25m) | |
| | 다른 법령 등에 따른 지역·지구등 | 도로구역(포천-화도 고속도로)<도로법>, 배출시설설치제한지역<물환경보전법>, 자연보전권역<수도권정비계획법>, 수질보전특별대책지역(2권역)<환경정책기본법> | |
| 「토지이용규제 기본법 시행령」 제9조 제4항 각 호에 해당되는 사항 | | 영농여건불리농지 | |

'도로법'에 조성할 포천-화도 고속도로 예정지       출처 : 토지이음

### ⑤ 개발행위허가제한지역

| 소재지 | 경기도 화성시 송산면 봉가리 산 ▨▨ ▨▨▨ | | |
|---|---|---|---|
| 지목 | 임야 ❓ | 면적 | 1,983 ㎡ |
| 개별공시지가(㎡당) | 58,100원 (2022/01) 연도별보기 | | |
| 지역지구등 지정여부 | 「국토의 계획 및 이용에 관한 법률」에 따른 지역·지구등 | 계획관리지역 , 개발행위허가제한지역(화성시 고시 2023-1호, 2023.1.2.) | |
| | 다른 법령 등에 따른 지역·지구등 | 가축사육제한구역(일부제한 모든축종 제한지역)<가축분뇨의 관리 및 이용에 관한 법률>, 성장관리권역<수도권정비계획법> | |
| | 「토지이용규제 기본법 시행령」 제9조 제4항 각 호에 해당되는 사항 | | |

출처 : 토지이음

'국토계획법'에 따라 산업단지 등 공익사업에 앞서 투기 등을 방지하기 위한 지역

### ⑥ 연구개발특구사업

| 소재지 | 전라남도 장성군 진원면 학림리 ▨▨▨ ▨▨▨▨ | | |
|---|---|---|---|
| 지목 | 답 ❓ | 면적 | 700 ㎡ |
| 개별공시지가(㎡당) | 83,000원 (2022/01) 연도별보기 | | |
| 지역지구등 지정여부 | 「국토의 계획 및 이용에 관한 법률」에 따른 지역·지구등 | 자연녹지지역 , 제2종일반주거지역 , 지구단위계획구역 , 근린공원(저촉), 중로1류(폭 20m~25m)(저촉) , 중로2류(폭 15m~20m)(2020-12-31)(저촉) | |
| | 다른 법령 등에 따른 지역·지구등 | 가축사육제한구역(닭,오리,메추리,개,돼지)<가축분뇨의 관리 및 이용에 관한 법률>, 가축사육제한구역(소,말,양(염소등산양포함),사슴,젖소,닭,오리,메추리,개,돼지)<가축분뇨의 관리 및 이용에 관한 법률>, 상대보호구역(2022-11-28)<교육환경 보호에 관한 법률>, 절대보호구역(2022-11-28)<교육환경 보호에 관한 법률>, 일반산업단지(광주연구개발특구 첨단3지구)<산업입지 및 개발에 관한 법률>, 연구개발특구(광주연구개발특구 첨단3지구)<연구개발특구의 육성에 관한특별법> | |
| | 「토지이용규제 기본법 시행령」 제9조 제4항 각 호에 해당되는 사항 | | |

출처 : 토지이음

'연구개발특구법' 등에 따라 경제자유구역 내에 조성할 광주 연구개발특구 첨단 3지구 조성사업

## ⑦ 주거환경개선지구

| 소재지 | 전라남도 무안군 무안읍 성남리 ▨▨▨ | | |
|---|---|---|---|
| 지목 | 대 ❓ | 면적 | 90 ㎡ |
| 개별공시지가(㎡당) | 267,700원 (2022/01) 연도별보기 | | |
| 지역지구등 지정여부 | 「국토의 계획 및 이용에 관한 법률」에 따른 지역·지구등 | 도시지역 , 제2종일반주거지역 , 도시계획구역 , 지구단위계획구역(성남구역주거환경개선사업정비구역), 소로2류(폭 8m~10m)(접합) | |
| | 다른 법령 등에 따른 지역·지구등 | 가축사육제한구역(200m제한구역_소_말_사슴_양_염소_사양)<가축분뇨의 관리 및 이용에 관한 법률>, 주거환경개선지구<도시저소득주민의주거환경개선을위한임시조치법>, 지하수보전구역(지하수보전구역)<지하수법>, 하수처리구역<하수도법> | |
| | 「토지이용규제 기본법 시행령」 제9조 제4항 각 호에 해당되는 사항 | | |

출처 : 토지이음

'국토계획법' 및 '도시 저소득주민의 주거환경개선을 위한 임시조치법'에 따라 주거환경개선지구로 지정된 정비구역


## ⑧ 자연재해개선지구

| 소재지 | 강원도 인제군 서화면 심적리 ▨▨▨ | | |
|---|---|---|---|
| 지목 | 도로 ❓ | 면적 | 441 ㎡ |
| 개별공시지가(㎡당) | 3,010원 (2022/01) 연도별보기 | | |
| 지역지구등 지정여부 | 「국토의 계획 및 이용에 관한 법률」에 따른 지역·지구등 | 농림지역 | |
| | 다른 법령 등에 따른 지역·지구등 | 가축사육제한구역(일부제한 1,000m 제한구역)<가축분뇨의 관리 및 이용에 관한 법률>, 농업진흥구역<농지법>, 자연재해위험개선지구(2021-03-29)<자연재해대책법> | |
| | 「토지이용규제 기본법 시행령」 제9조 제4항 각 호에 해당되는 사항 | | |

출처 : 토지이음

'자연재해대책법'에 따라 자연재해개선지구로 지정된 정비구역

## ⑨ 천연가스발전소

| 소재지 | 충청북도 음성군 음성읍 평곡리 ▓▓▓▓ | | |
|---|---|---|---|
| 지목 | 답 ❓ | 면적 | 1,856 ㎡ |
| 개별공시지가(㎡당) | 39,500원 (2022/01) 연도별보기 | | |
| 지역지구등 지정여부 | 「국토의 계획 및 이용에 관한 법률」에 따른 지역·지구등 | 일반공업지역(일반공업지역) 전기공급설비 | |
| | 다른 법령 등에 따른 지역·지구등 | 가축사육제한구역(2018-12-27)(일부제한구역 800m)<가축분뇨의 관리 및 이용에 관한 법률> | |
| | 「토지이용규제 기본법 시행령」 제9조 제4항 각 호에 해당되는 사항 | | |

출처 : 토지이음

'전원개발촉진법'에 따라 전원개발 실시계획 승인 고시가 된 천연가스발전소 조성 예정지

## ⑩ 공공주택지구

| 소재지 | 경기도 부천시 대장동 ▓▓▓ | | |
|---|---|---|---|
| 지목 | 대 ❓ | 면적 | 96 ㎡ |
| 개별공시지가(㎡당) | 749,800원 (2022/01) 연도별보기 | | |
| 지역지구등 지정여부 | 「국토의 계획 및 이용에 관한 법률」에 따른 지역·지구등 | 자연녹지지역 , 지구단위계획구역(부천대장공공주택지구) , 근린공원 | |
| | 다른 법령 등에 따른 지역·지구등 | 가축사육제한구역<가축분뇨의 관리 및 이용에 관한 법률>, 개발제한구역<개발제한구역의 지정 및 관리에 관한 특별조치법> 공공주택지구<공공주택 특별법> 항공표면<공항시설법>, 과밀억제권역<수도권정비계획법>, (한강)폐기물매립시설 설치제한지역<한강수계 상수원수질개선 및 주민지원 등에 관한 법률> | |
| | 「토지이용규제 기본법 시행령」 제9조 제4항 각 호에 해당되는 사항 | 토지거래계약에관한허가구역 | |

출처 : 토지이음

'공공주택특별법'에 따라 조성될 3기 신도시 부천대장지구

# 보상이 임박한 물건 찾는 데
# 유용한 사이트

[자료 2-71]은 보상 중이거나 보상이 임박한 물건의 정보를 얻을 수 있는 곳이다.

**[자료 2-71] 보상이 임박한 물건 찾는 데 유용한 사이트**

| 사이트명 | 사이트 주소 | 비고 |
|---|---|---|
| 전자관보 | https://gwanbo.go.kr | 관보검색 |
| 중앙토지수용위원회 | http://oclt.molit.go.kr | 위원회 상정안건 |
| 한국부동산원 | http://oclt.molit.go.kr | 보상정보 |
| LH보상정보 | http://bosang.lh.or.kr | 보상협의공고 |
| 경기주택공사 | https://www.gh.or.kr | 보상정보 |
| 인천도시공사 | https://www.bmc.busan.kr | 보상정보 |
| 부산도시공사 | https://www.bmc.busan.kr | 보상정보 |
| 대구도시개발공사 | https://www.dudc.or.kr | 보상정보 |
| 대전도시공사 | https://www.dcco.kr | 보상정보 |
| 인천도시공사 | https://www.ih.co.kr | 보상안내 |
| 국방부 | https://www.mnd.go.kr | 알림마당 |

| 사이트명 | 사이트 주소 | 비고 |
|---|---|---|
| 여수지방해양수산청 | https://yeosu.mof.go.kr | 알림마당 |
| 부산지방해양수산청 | https://www.portbusan.go.kr | 공지사항 |
| 환경부 각 유역청 | https://me.go.kr | 보상공고 |
| 한국농어촌공사 | https://www.ekr.or.kr | 공지사항 |
| 한국수자원공사 | https://www.kwater.or.kr | 보상공고 |
| 국가철도공단 | https://www.kr.or.kr | 정보마당-토지보상 |
| 각 지자체 | 해당 사이트 | 고시공고 |

# 도시계획시설 절차
# 이해하기

　'도시계획시설사업'이란 '국토계획법'이 정한 46가지 기반시설을 도시관리계획으로 결정해서 설치하는 사업이다. 여기서 기반시설은 도로·공원·학교·공공청사 등 도시기능 유지에 기본적으로 필요한 물리적 시설을 말한다. 기반시설의 종류는 [자료 2-72]와 같이 7개군 46종 시설이 있고, 기반시설 중에서 도시관리계획으로 결정된 시설을 도시계획시설이라고 한다.

　도시계획시설은 결정되면 바로 토지이용계획확인서에 반영이 된다. 각 지자체별로 도시계획시설 정보를 찾아서 물건을 검색하는 것보다는 경매 사이트에서 물건 검색한 후 토지이용계획확인서에 도시계획시설이 결정되어 있는지를 파악하는 것이 더 좋다.

| 구분 | 종류 |
|------|------|
| 교통시설(8) | 도로, 철도, 항만, 공항, 주차장, 자동차 정류장, 궤도, 자동차 및 건설기계검사시설 |
| 공간시설(5) | 광장, 공원, 녹지, 유원지, 공공공지 |
| 유통·공급시설(9) | 유통업무설비, 수도공급설비, 전기공급설비, 가스공급설비, 열공급설비, 방송·통신시설, 공동구, 시장, 유류저장/송유설비 |
| 공공·문화체육시설(8) | 학교, 공공청사, 문화시설, 공공 필요성이 인정되는 체육시설, 연구시설, 사회복지시설, 공공직업훈련시설, 청소년수련시설 |
| 방재시설(8) | 하천, 유수지, 저수지, 방화설비, 방풍설비, 방수설비, 사방설비, 방조설비 |
| 보건위생시설(3) | 장사시설, 도축장, 종합의료시설 |
| 환경기초시설(5) | 하수도, 폐기물처리 및 재활용시설, 빗물저장 및 이용시설, 수질오염방지시설, 폐차장 |

출처 : 국토교통부

[자료 2-73]은 도시계획시설사업 추진절차다. 상기 절차에서 일반적으로 실시계획 인가 후에 사업에 편입되는 소유주에게 손실보상을 한다. 여기서 중요한 것은 실시계획 인가 고시가 났다고 무조건 보상되는 것이 아니다. 실시계획 인가 후 5년(필요한 토지 면적의 3분의 2 이상을 소유하거나, 사용할 수 있는 권원을 확보한 경우 7년)이 지나면 실시계획 인가는 효력을 상실될 수 있으므로 투자 시 주의해야 한다.

## [자료 2-73] 도시계획시설사업 추진절차

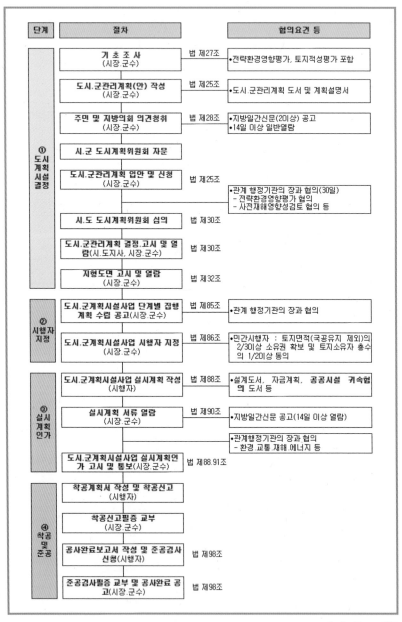

| 단계 | 절차 | | 협의요건 등 |
|---|---|---|---|
| | 기 초 조 사<br>(시장.군수) | 법 제27조 | •전략환경영향평가, 토지적성평가 포함 |
| | 도시.군관리계획(안) 작성<br>(시장.군수) | 법 제25조 | •도시.군관리계획 도서 및 계획설명서 |
| | 주민 및 지방의회 의견청취<br>(시장.군수) | 법 제28조 | •지방일간신문(2이상) 공고<br>•14일 이상 일반열람 |
| ① 도시계획시설 결정 | 시.군 도시계획위원회 자문 | | |
| | 도시.군관리계획 입안 및 신청<br>(시장.군수) | 법 제25조 | •관계 행정기관의 장과 협의(30일)<br> - 전략환경영향평가 협의<br> - 사전재해영향성검토 협의 등 |
| | 시.도 도시계획위원회 심의 | 법 제30조 | |
| | 도시.군관리계획 결정.고시 및 열람(시.도지사, 시장.군수) | 법 제30조 | |
| | 지형도면 고시 및 열람<br>(시장.군수) | 법 제32조 | |
| ② 시행자 지정 | 도시.군계획시설사업 단계별 집행<br>계획 수립 공고(시장.군수) | 법 제85조 | •관계 행정기관의 장과 협의 |
| | 도시.군계획시설사업 시행자 지정<br>(시장.군수) | 법 제86조 | •민간시행자 : 토지면적(국공유지 제외)의 2/3이상 소유권 확보 및 토지소유자 총수의 1/2이상 동의 |
| ③ 실시계획 인가 | 도시.군계획시설사업 실시계획 작성<br>(시행자) | 법 제88조 | •설계도서, 자금계획, 공공시설 귀속협의 도서 등 |
| | 실시계획 서류 열람<br>(시장.군수) | 법 제90조 | •지방일간신문 공고(14일 이상 열람) |
| | 도시.군계획시설사업 실시계획인<br>가 고시 및 통보(시장.군수) | 법 제88.91조 | •관계행정기관의 장과 협의<br> - 환경.교통.재해.에너지 등 |
| ④ 착공 및 준공 | 착공계획서 작성 및 착공신고<br>(시행자) | | |
| | 착공신고필증 교부<br>(시장.군수) | | |
| | 공사완료보고서 작성 및 준공검사<br>신청(시행자) | 법 제98조 | |
| | 준공검사필증 교부 및 공사완료 공<br>고(시장.군수) | 법 제98조 | |

출처 : 국토교통부

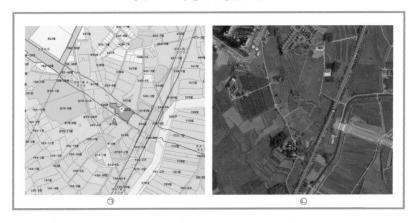

　예를 들어, 맹지인 경매 물건 A 토지가 있다고 가정하자. [자료 2-74] 왼쪽(㉠) 사진은 A 토지의 도시계획 도로 도면이다. 투자자는 도면을 확인하고, 도로가 개설되면 지가 상승을 예상해서 낙찰받을 것이다. 그런데 낙찰 후 계획되어 있던 도로가 개설되지 않고, 취소나 실효가 되면 어떻게 될까? 오른쪽(㉡) 사진에서 보듯이 맹지인 농지를 낙찰받은 것이라서, 다른 개발계획이 있지 않은 한 농사짓는 것 말고는 쉽게 해결 방안이 없을 것이다.

　타인의 토지에 둘러싸여 도로에 직접 연결되지 않은 한 필지 혹은 획지(여러 필지)의 토지를 맹지라 한다. 맹지에 도로가 개설되어 맹지 탈출을 하면 지가 상승의 기회가 온다.

도시계획시설은 [자료 2-72] 기반시설 종류에서 보듯이 공간시설에 해당하는 공원이 있다. 1960년대부터 전국 도시 곳곳을 도시공원 용지로 지정했지만, 재정 등의 이유로 조성사업을 시행하지 않은 경우가 많았다. 그래서 헌법재판소는 도시계획 시설 결정 이후 10년 이상 사업시행이 없는 토지의 사적 이용권을 제한하는 것은 과도한 제한이므로 위헌이라는 결정을 1999년 10월 21일 내렸다. 이후 '국토계획법'에서 도시계획시설에 대해 고시일로부터 20년이 지나도록 도시계획시설사업이 시행되지 않는 경우, 20년이 되는 날의 다음 날에 그 효력이 상실하는 것으로 정하고 2020년 7월 1일부터 시행하고 있다. 그래서 각 지자체에서 실시계획 인가를 받은 공원들의 최초 결정일은 [자료 2-75]처럼 대부분이 수십 년 전 것이 많다.

**[자료 2-75] 익산 마동공원 실시계획 인가 사례**

출처 : 익산시

이처럼 도시계획시설 결정 이후 10년 이상 사업시행이 없어 토지의 사적 이용권을 제한하는 경우가 지자체별로 줄고는 있다. 그러나 아직도 최초결정 후 수년간 방치되고 있는 경우가 많으니 투자 시 주의해야 한다. 그렇다면 도시계획시설을 투자할 경우는 어떤 부분을 고려해야 할까? 최초결정고시가 난 도시계획시설이, 바로 실시계획 인가 후에 사업이 진행되어야 토지보상금을 받을 수 있다. 빠르게 진행되는 사업에 투자해야 투자금이 묶이지 않을 것이다.

**[자료 2-76] 의왕시 도시계획시설 사례**

출처 : 의왕시

[자료 2-76]은 의왕시 홈페이지 고시공고에서 '완충녹지'라는 단어로 검색한 결과다. 완충녹지는 기반시설 중에 공간시설로 분류된다. 완충녹지도 결정 후 수년간 사업을 진행하지 않은 경우가 많다. 최악의 경우는 최초결정 후에 20년간 방치되고 있다가 실효될 수도 있다는 것이다.

앞의 의왕시 사례는 최초결정에서 보상공고까지의 기간이 1년이 되지 않는다.

**[자료 2-77] 의왕 도시계획시설**(녹지:완충녹지) **결정 고시문**

---

**의왕시고시 제2021-185호**

**의왕 도시계획시설**(녹지:완충녹지) **결정 및 지형도면 고시**

의왕도시계획시설(녹지:완충녹지)에 대하여 「국토의 계획 및 이용에 관한 법률」제30조 및 같은 법 시행령 제25조제5항에 따라 결정 고시하고, 같은 법 제32조 및 「토지이용규제기본법」제8조에 의거 지형도면을 다음과 같이 고시합니다.

2021. 11. 15.

의 왕 시 장

1. 도시계획시설 결정 조서 및 변경사유서

가. 공간시설

1) 녹지 결정 조서

| 구분 | 도면 표시번호 | 시설명 | 시설의 세분 | 위치 | 면적(㎡) | | | 최초 결정일 | 비고 |
|---|---|---|---|---|---|---|---|---|---|
| | | | | | 기정 | 변경 | 변경후 | | |
| 신설 | 50 | 녹지 | 완충녹지 | 삼동 276번지 일원 | - | 증)1,399 | 1.399 | - | |

2) 변경사유서

| 도면 표시번호 | 시설명 | 결정내용 | 변경사유 |
|---|---|---|---|
| 50 | 완충녹지 | ○ 완충녹지 신설<br>- 위치 : 의왕시 삼동 376번지 일원<br>- 면적 : 1,399㎡ | ○ 의왕 장안지구 도시개발사업 시행에 따라 개발제한구역의 공간적 연속성이 단절된 소규모 단절토지를 완충녹지로 조성하여 경관개선 및 소음진동 등 공해 차단 도모 |

2. 의왕도시관리계획(도시계획시설) 변경결정도 및 지형도면 : 붙임(게재 생략)

3. 「토지이용규제기본법」제8조에 따라 지형도면은 토지이용규제정보시스템 (http://luris.molit.go.kr) 에서 열람이 가능하며, 관계도서는 일반인이 열람할 수 있도록 의왕시청 도시정책과(☎031-345-3405)에 비치하여 일반인에게 보이고 있습니다.

---

출처 : 의왕시

사업 진행이 속전속결로 진행한 이유는 [자료 2-77] 결정고시문을 보면 알 수 있다. 완충녹지를 조성하는 이유가 의왕시 장안지구를 조성에 따라 생겨난 개발제한 구역의 소규모 단절 토지를 완충녹지로 조성한다는 것이다.

이처럼 진행되는 경매 물건이 도시계획시설로 결정되어 있다면, 투자자는 결정 사유를 파악해서 사업 진행 여부를 판단하는 것이 좋다. 또한, 도시계획시설 주변으로 다른 개발계획이 있는지, 개발 중이거나 개발 완료된 사업이 있는지를 입체적으로 파악해서 투자 결정을 하는 것이 좋다.

앞의 사례 [자료 2-74]의 경매 물건은 맹지라고 했다. 투자하기 위해 지자체에 문의했을 때 사업 진행에 대한 확실한 답을 주지 않는다면, 대부분은 투자를 망설이게 된다. 지자체 담당자는 현재 상태 그대로 답을 해줄 것이다. 실시계획을 언제 인가할지, 보상계획을 언제 공고할지 등을 계획에 잡혀 있으면 있다고 해주고, 없으면 없다고 답변해준다. 사업 진행이 불명확한 상태에서 맹지이면서 농지인 물건을 투자한다는 것은 실전에서는 쉽지 않다.

다음 [자료 2-78]을 보고 어떤 판단을 할 것인가? 정해진 답은 없다. 투자자에 따라 생각하는 답이 다를 것이다.

## [자료 2-78] 경매 물건(A) 주변의 개발현황

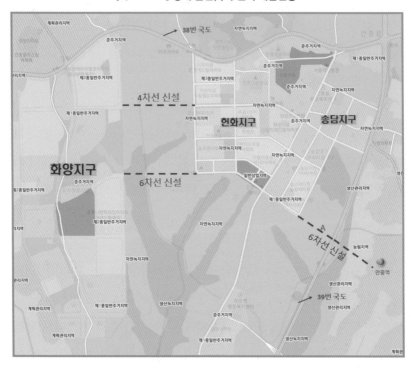

# 도시계획시설 투자하기

도시계획시설사업은 '국토계획법'이 정한 46가지 기반시설을 도시계획으로 결정해서 설치하는 사업이라고 했다. 46가지 기반시설을 투자하는 방법은 대동소이(大同小異)하므로 여기서는 도로와 완충녹지 2가지만 소개하겠다.

## 도시계획시설 도로 투자하기[사례 1]

### (1) 물건 검색하기

도시계획시설로 결정이 되면 토지이용계획확인서에 반영이 된다. [자료 2-79] 토지이용계획확인서 화면의 '국토계획법'에 따른 지역·지구 등 칸에 대로 1류(폭 35m~40m)라고 표시된 부분이 도시계획시설 도로로 개설될 예정인 도로를 말한다. 여기서 대로 1류라는 것은 도시계획시설의 결정·구조 및 설치기준에 관한 규칙에서 정한 규모별 도로를 말한다.

## [자료 2-79] 도시계획시설 도로

| 소재지 | 강원도 원주시 관설동 ▓▓▓ | | |
|---|---|---|---|
| 지목 | 대 ❓ | 면적 | 139 ㎡ |
| 개별공시지가(㎡당) | 240,200원 (2022/01) 연도별보기 | | |
| 지역지구등 지정여부 | 「국토의 계획 및 이용에 관한 법률」에 따른 지역·지구등 | 제1종일반주거지역 , 특화경관지구 , 대로1류(폭 35m~40m) | |
| | 다른 법령 등에 따른 지역·지구등 | 가축사육제한구역(전부제한 모든축종제한)<가축분뇨의 관리 및 이용에 관한 법률> | |
| 「토지이용규제 기본법 시행령」 제9조 제4항 각 호에 해당되는 사항 | | | |
| 확인도면 | | | |

범례
- ▓ 농림지역
- ☐ 농업진흥구역
- ▓ 제1종일반주거지역
- ▓ 자연녹지지역
- ▓ 보전관리지역
- ☐ 대로1류(폭 35m~40m)
- ☐ 소로2류(폭 8m~10m)
- ☐ 하천구역
- ☐ 가축사육제한구역
- ☐ 특화경관지구
- ☐ 하천
- ☐ 법정동

☐ 작은글씨확대    축척 1 / 1200 ▼  변경  도면크게보기

출처 : 토지이음

## 규모별 도로 구분

가. 광로

(1) 1류 : 폭 70m 이상인 도로

(2) 2류 : 폭 50m 이상 70m 미만인 도로

(3) 3류 : 폭 40m 이상 50m 미만인 도로

나. 대로

(1) 1류 : 폭 35m 이상 40m 미만인 도로

(2) 2류 : 폭 30m 이상 35m 미만인 도로

(3) 3류 : 폭 25m 이상 30m 미만인 도로

다. 중로
    (1) 1류 : 폭 20m 이상 25m 미만인 도로
    (2) 2류 : 폭 15m 이상 20m 미만인 도로
    (3) 3류 : 폭 12m 이상 15m 미만인 도로

라. 소로
    (1) 1류 : 폭 10m 이상 12m 미만인 도로
    (2) 2류 : 폭 8m 이상 10m 미만인 도로
    (3) 3류 : 폭 8m 미만인 도로

도시계획시설에 해당하는 경·공매 물건을 검색하는 방법은 민간 경매 전문 정보업체를 활용하면 된다. 대표적인 유료 경매 검색 사이트는 옥션원, 지지옥션, 스피드옥션 등이 있다. 비용 면에서 부담이 있다면, 경매마당, 두인경매 등 무료 경매 검색 사이트를 이용하면 된다. 경매 전문 카페나 동호회에서 공동구매 형태를 해서 시간별로 나눠서 사용하는 경우도 있다. 비싼 만큼 값어치를 한다고 필자는 생각하니 투자를 계속할 투자자라면 될 수 있는 대로 유료 경매 사이트를 이용하기를 권한다.

[자료 2-80]은 유료 경매 검색 사이트에서 2022년 8월 27일 기준으로 2022년 9월에 매각되는 경매 물건을 검색한 화면이다. 필자는 일주일에 한 번씩 2주 후에 전국에서 진행되는 신건을 조사해서 관심 물건에 등록한다. 신건을 조사하므로 다음에 검색할 때는 유찰되는 물건은 볼 필요가 없는 것이다.

[자료 2-81]처럼 매월 1회 다음 달에 진행되는 물건을 검색해서 신건만 조사하는 방법도 있다. 사용하는 경·공매 검색 사이트에 따라 설정하는 구성이 다를 수 있으니, 각 투자자가 적절하게 조정해서 검색하면 될 것이다.

신건 중에 토지이용계획확인서를 열람해서 [자료 2-79]처럼 도시계획시설로 계획되어 있는 물건만 관심 물건으로 등록한다.

[자료 2-80]에 대한 설명은 다음과 같다.

### ① 검색 결과
검색한 결과다. 총 2,387건이 진행예정이다.

### ② 매각기일 범위지정
2022년 9월 1일부터 2022년 9월 30일까지 진행되는 매각물건을 검색하기 날짜를 지정한다.

### ③ 검색할 물건 종류
토지 종류를 선택하는 메뉴다. 토지 전체로 체크하는 것이 좋다.

### ④ 유찰횟수
오름차순으로 결과를 볼 수 있도록 설정해준다. 사용하는 경매 검색 사이트에 따라 신건만 검색할 수 있게 설정하는 방법도 있을 것이다.

## [자료 2-80] 2022. 9. 1~9. 30 경매 검색 결과

## [자료 2-81] 유찰횟수 기준으로 정렬한 검색 결과

| 법원/사건번호 | 소재지 | 지목 | 감정가/최저가 | 매각기일 | 결과 | 조회수 |
|---|---|---|---|---|---|---|
| 군산 2022-201 물번[1] | 전라북도 익산시 삼기면 기산리 산■■ [토지 30평] [건물매각제외,관련사건] | 임야 | 3,008,800<br>3,008,800 | 2022-09-13<br>(입찰 17일전) | 재매각<br>(100%) | 52 |
| 청주 2022-1049 | 충청북도 청원군 남일면 송암리 ■■ 외2필지 [토지 213,9평] [건물매각제외] | 전 | 203,693,000<br>203,693,000 | 2022-09-13<br>(입찰 17일전) | 재진행<br>(100%) | 108 |
| 홍성 2022-15307 | 충청남도 서천군 화양면 기복리 ■■ [토지 143,1평] [건물매각제외,재매각,관련사건] | 대지 | 28,853,000<br>20,339,000 | 2022-09-13<br>(입찰 17일전) | 재매각<br>(70%) | 83 |
| 공주 2021-727 | 충청남도 공주시 반포면 학봉리 산 ■■외7필지 [토지 1256,3평] [법정지상권,건물매각제외,중복사건] | 임야 | 3,523,082,000<br>3,523,082,000 | 2022-09-08<br>(입찰 12일전) | 신건<br>(100%) | 12 |
| 공주 2021-1591 물변[1] | 충청남도 공주시 의당면 덕학리 ■■ [토지 281,9평] [공동담보] | 답 | 86,676,000<br>86,676,000 | 2022-09-08<br>(입찰 12일전) | 신건<br>(100%) | 7 |
| 공주 2021-1591 물변[2] | 충청남도 공주시 의당면 덕학리 ■■ [토지 216평] [공동담보] | 답 | 54,978,000<br>54,978,000 | 2022-09-08<br>(입찰 12일전) | 신건<br>(100%) | 6 |
| 공주 2021-1591 물변[3] | 충청남도 공주시 의당면 덕학리 ■■ [토지 311평] [공동담보] | 답 | 74,016,000<br>74,016,000 | 2022-09-08<br>(입찰 12일전) | 신건<br>(100%) | 6 |
| 마산 2021-3751 | 경상남도 함안군 여항면 외암리 ■■ [토지 443,4평] [건물매각제외,관련사건] | 답 | 69,923,000<br>69,923,000 | 2022-09-08<br>(입찰 12일전) | 신건<br>(100%) | 7 |

## (2) 투자 여부 판단하기

앞에서 설명한 방법대로 등록한 관심물건에 대해 경매 감정평가서를 분석한 후 투자할 물건을 선택한다. [자료 2-82]는 이런 방식으로 선택한 물건 중의 하나다. 분석할 내용은 경매 감정평가와 보상 감정평가의 차이로 인해 경매 감정평가 가격이 저평가됐는지 여부를 판단하는 것이다. 감정평가에 대한 자세한 분석방법은 CHAPTER 03을 참조하면 된다.

[자료 2-82] 공매 물건은 도시계획시설 도로와 제시 외 건물로 인해 주변 시세보다 저평가된 것이다. 이 물건을 토지보상을 위해 감정평가할 때는 도시계획시설 도로는 저촉되지 않는 것으로 본다. 제시외건물은 건물이 없는 것으로 평가하므로, 주변 시세대로 평가할 것이다.

**[자료 2-82] 투자할 공매 물건**

| 온비드 바로가기 | API수집-바로가기버튼 | | | | |
|---|---|---|---|---|---|
| 2021-01715-002 | | | 입찰일자 : 2022-08-22 10:00 ~ 2022-08-24 17:00 | | |
| 집행기관 | 한국자산관리공사 | 담당자 | 강원지역본부 / 조세정리팀 / 1588-5321 | | |
| 소재지 | 강원도 원주시 관설동 ▆▆▆ | | | | |
| 유찰횟수 | 0 회 | 물건상태 | 입찰 | 감정가 | 51,847,000원 |
| 물건용도 | 대지 | 입찰방식 | 일반경쟁(최고가방식) | 최저가 | (100%)51,847,000원 |
| 위임기관 | | 공고일자 | 2022-05-31 | 배분종기일 | 2022-06-27 |
| 납부기한 | | 낙찰금액별 구분 | | 종류/방식 | 압류재산 / 매각 |
| 면적(㎡) | 대139㎡ | | | | |

| 입찰정보 | 입찰이력 | 전체 | | |
|---|---|---|---|---|
| 회차 | 입찰일자 | 개찰일시 | 최저입찰가 | 결과 |
| 27 | 2022-07-11 10:00 ~ 07-13 17:00 | 2022-07-14 11:00 | 51,847,000원 | 취소 |
| 28 | 2022-07-18 10:00 ~ 07-20 17:00 | 2022-07-21 11:00 | 46,663,000원 | 취소 |
| 29 | 2022-07-25 10:00 ~ 07-27 17:00 | 2022-07-28 11:00 | 41,478,000원 | 취소 |
| 30 | 2022-08-01 10:00 ~ 08-03 17:00 | 2022-08-04 11:00 | 36,293,000원 | 취소 |
| 33 | 2022-08-22 10:00 ~ 08-24 17:00 | 2022-08-25 11:00 | 51,847,000원 | |
| 34 | 2022-08-29 10:00 ~ 08-31 17:00 | 2022-09-01 11:00 | 46,663,000원 | |
| 35 | 2022-09-13 10:00 ~ 09-14 17:00 | 2022-09-15 11:00 | 41,478,000원 | |
| 36 | 2022-09-19 10:00 ~ 09-21 17:00 | 2022-09-22 11:00 | 36,293,000원 | |

## (3) 보상 시기 조사

도시계획시설사업을 진행할 때는 앞에서 설명했듯이 일반적으로 실시계획 인가 후에 사업에 편입되는 소유주에게 손실보상을 한다고 했다. 실시계획 인가 전에도 협의 보상하는 때도 있다. 그러나 대부분 실시계획 인가 후 시행 전에 예산을 확보해서 진행한다.

만약 실시계획 인가 후 시행을 하지 않으면 효력을 잃게 될 수 있다. 지자체 담당자에게 실시계획 인가와 보상공고가 났는지, 보상공고가 나지 않았다면 언제 날 것인지, 기타 투자 여부를 판단할 수 있는 정보를 조사해야 한다. 실시계획 인가 자료는 지자체 담당자에게 공고번호를 문의해서 [자료 2-83]처럼 지자체 공고에서 검색하면 된다.

[자료 2-83] 원주시 공고 제2017-1704호 검색 결과

**원주시 공고**

Ⱨ > 시정소식 > 공고/고시 > 원주시 공고 🖨

| 공고고시번호 | 원주시공고 제2017 - 1704 |
|---|---|
| 공고기간 | 2017-08-12 ~ 2017-08-25 (기간만료) |
| 제목 | 원주 도시계획시설(대로1-4호)사업 실시계획(변경) 열람공고 |
| 작성자 | 도시재생과 |
| 내용 | 원주 도시계획시설(도로)사업 실시계획(변경)에 대하여 「국토의 계획 및 이용에 관한 법률」 제90조 및 같은 법 시행령 제99조의 규정에 의하여 아래와 같이 열람공고하오니, 사업시행 구역 내 토지 또는 지장물 등의 소유자 및 이해관계자는 열람하시고 의견이 있으시면 열람기간 내 서면으로 의견서를 제출하여 주시기 바랍니다. |
| 파일 | ⱨ 공고문(원주시공고 제2017-1704호).hwp |

출처 : 원주시 공고

[자료 2-82] 공매 물건은 [자료 2-83] 원주시 공고 내용에서 보듯이 원주 도시계획시설(대로 1-4) 사업에 해당한다. 영서고에서 관설동 시내버스 종점까지의 구간을 확장공사 한다는 것이며, 2009년 8월 7일부터 착수해서 2014년 12월 31일에 준공하려고 했던 계획을 2025년 12월 31로 변경한 내용이다.

[자료 2-84] **원주시 공고 제2017-1704호 내용**

원주시공고 제2017-1704호

원주 도시계획시설(대로1-4호)사업 실시계획(변경) 열람공고

원주 도시계획시설(도로)사업 실시계획(변경)에 대하여 「국토의 계획 및 이용에 관한 법률」 제90조 및 같은 법 시행령 제99조의 규정에 의하여 아래와 같이 열람공고하오니, 사업시행 구역 내 토지 또는 지장물 등의 소유자 및 이해관계자는 열람하시고 의견이 있으시면 열람기간 내 서면으로 의견서를 제출하여 주시기 바랍니다.

2017년 8월 11일

원 주 시 장

1. 사업시행지의 위치 : 원주시 관설동 631-5번지 일원(영서고~관설동 시내버스 종점)

2. 사업의 종류 및 명칭
   O 종 류 : 원주 도시계획시설(대로1-4호)사업
   O 명 칭 : 영서고~관설동 시내버스 종점 구간 도로확포장 공사

3. 사업시행자의 성명 및 주소
   O 성 명 : 원주시장
   O 주 소 : 원주시 시청로 1(무실동)

4. 사업의 면적 또는 규모

| 구 분 | 폭원 | 연장 | 기시행 | 금회시행 | 향후시행 | 비고 |
|---|---|---|---|---|---|---|
| 대로1-4호 | 35m | 4,732m | B=18.5~20m, L=1,058m | B=35m, L=1,660m | - | |

5. 사업의 착수 및 준공예정일 : 2009.08.07. ~ 2014.12.31.(기정)
   2009.08.07. ~ 2025.12.31.(변경)

6. 열람의 일시 및 장소
   O 일 시 : 2017.08.12. ~ 2017.08.25.(14일간)
   O 장 소 : 원주시청 도시재생과

7. 법 제99조의 규정에 의한 공공시설 등의 귀속 및 양도에 관한 사항 : 해당없음

8. 수용 또는 사용할 토지 또는 건물의 소재지·지번·지목 및 면적, 소유권과 소유권외의 권리의 명세 및 그 소유자·권리자의 성명·주소 (붙임)

출처 : 원주시 공고

앞의 물건은 원주시청건설 방재과 담당에게 확인한 결과, 소유권 이
전하고 보상 신청하면 보상감정평가 후 보상금 지급이 가능하다고 했
다. 이처럼 보상 시기가 명확하면 투자 결정에 어려움이 없지만, 보상
시기가 명확하지 않으면 다음 [자료 2-85]와 [자료 2-86]처럼 추가 조
사가 필요하다.

[자료 2-85] **원주시 기본계획 일부 내용**

| 구 분 | | 정 비 계 획 |
|---|---|---|
| 광역<br>가로망 | 고속<br>국도 | • 영동고속도로의 여주~원주~강릉 구간은 현재 교통량의 증가로 6차로 확장이<br>필요하나 고속도로의 확장건설이 용이하지 않은 지역은 다른 지역간 연결국도의<br>체계정비나 노선확장 등 합리적 이용방안 모색 필요<br>• 영동 및 중앙고속도로가 시가지 확장에 따라 도시 공간구조 개편에 걸림돌로<br>작용되므로 간선도로 및 시가지 개발시 고속도로 관리청과 긴밀한 협조체계 필요<br>• 동서축의 영동고속도로와 남북축의 중앙고속도로의 확장 및 직선화 계획 수용<br>• 현재 관련계획상 개설예정인 제2영동고속도로 계획노선 반영<br>-주요 결절점인 JCT(만종) 전후구간 및 서울인근 IC(문막) 구간의 교통혼잡<br>해소 및 서울~원주간 물류비 절감 및 교통량 분산 |
| | 국도 | • 국도5호선의 기존시가지에서 횡성까지의 구간은 장래 교통량 증가에 따른 교통<br>혼잡을 완화하고 시가지 통과교통을 방지하기 위하여 국도대체우회도로를 계획<br>및 개설하며, 현황을 고려하여 선형변경<br>-국도5호선 교통혼잡 완화, 시가지 통과교통 방지<br>• 국도19호선의 귀래구간은 개설현황을 고려 도심우회 처리하여 교통소통 원활 도모<br>• 국도42호선은 문막시가지 통과구간을 북측으로 우회시킨 기존의 계획을 수용<br>하나 지정면, 호저면, 소초면 구간은 원주시 순환형 가로망 계획에 부합하도록<br>선형변경 |
| | 지방도 | • 지역 및 생활권 중심을 연결하기 위해 지방도 및 국가지원지방도를 개설된 현황<br>및 계획에 따라 노선반영<br>-지방도 349호선(문막읍 반계리 일원)<br>-지방도 531호선(부론~귀래간)<br>-지방도 411호선(신림~영월간)<br>-국가지원지방도 88호선 선형변경(지정~신림) |
| | 관광<br>순환도로 | • 섬강과 치악산 주변 자연경관 양호지역을 연계(월송~옥산~소초, 행구~반곡,<br>금대)하는 관광순환도로를 반영하거나 국가지원지방도와 국도대체우회도로와의<br>연계처리 강화 |

출처 : 원주시

| 분야·부문·정책·단위·세부사업 | 사업개요 | 투가계획 | 투자실시 | 지방비 | BTL | 의무지출 법정 | 경조 | 의치 | 재원 | 총사업비 | 기투자 | 연도별투자계획 소계 | 2022 | 2023 | 2024 | 2025 | 2026 | 향후 |
|---|---|---|---|---|---|---|---|---|---|---|---|---|---|---|---|---|---|---|
| 봉산화실~대장 국도 42 호선 도로개설 (건설방재과) | 2008.01~2027.12 위치:봉산동,소초면 규모:L=4.5km,B=17.5m~35m 내용:도로개설 | Y | N | N | N | N | | | 계 | 80,000 | 53,230 | 25,000 | 5,000 | 5,000 | 5,000 | 5,000 | 5,000 | 1,770 |
| | | | | | | | | | 시 향 | 80,000 | 53,230 | 25,000 | 5,000 | 5,000 | 5,000 | 5,000 | 5,000 | 1,770 |
| | | | | | | | | | 시군구비 | 65,000 | 38,230 | 25,000 | 5,000 | 5,000 | 6,000 | 5,000 | 5,000 | 1,770 |
| | | | | | | | | | 지방비 | 15,000 | 16,000 | 0 | 0 | 0 | 0 | 0 | 0 | 0 |
| 담대로(명서고~구시계) 확포장 (건설방재과) | 기간:2007~2026 위치:관설동 규모:L=1.48km,B=525m 내용:도로확장 | Y | N | N | N | N | N | | 계 | 31,400 | 25,100 | 6,300 | 1,000 | 500 | 500 | 4,300 | | 0 |
| | | | | | | | | | 시 향 | 31,400 | 25,100 | 6,300 | 1,000 | 500 | 500 | 4,300 | | 0 |
| | | | | | | | | | 시군구비 | 31,400 | 25,100 | 6,300 | 1,000 | 500 | 500 | 4,300 | | 0 |
| 강변로(치악교~동부교) 확포장 (건설방재과) | 기간:2008~2025 위치:개운동,단구동 규모:L=1.08km,B=20m 내용:도로 확·포장 | Y | N | N | N | N | N | | 계 | 13,000 | 11,272 | 1,728 | 1,200 | 528 | 0 | 0 | | 0 |
| | | | | | | | | | 시 향 | 13,000 | 11,272 | 1,728 | 1,200 | 528 | 0 | 0 | | 0 |
| | | | | | | | | | 시군구비 | 13,000 | 11,272 | 1,728 | 1,200 | 528 | 0 | 0 | | 0 |

출처 : 원주시

## (4) 입찰가 확정

입찰가를 정하기 위해서는 예상되는 토지보상가를 산출해야 한다. 감정평가사가 주관적으로 선택하는 부분(감정평가사 재량)이 있으므로 보상가를 정확하게 산출할 수는 없다. 그러므로 오차를 줄이는 선에서 대략 산출하면 된다. 토지보상 투자자가 가장 어려워하는 부분이 아마 보상가를 산출하는 부분일 것이다. 단기간에 이해가 되는 부분이 아니라고 생각한다. 다양한 물건을 접하면서, 꾸준하게 보상가 산출 연습을 함으로써 오차를 줄여나가는 것이 최선이다.

입찰가를 확정하는 순서는 다음과 같다.

경매·공매 감정평가서 분석 → 예상 보상가 산출 → 수익률 계산 & 입찰가 확정

## ① 공매 감정평가서 분석

예상되는 보상가를 산출하기 위해서는 CHAPTER 03의 경매 평가와 토지보상 평가의 차이를 명확하게 알고, 보상 감정평가 방법으로 사용하는 공시지가기준법을 충분히 이해하고 있어야 한다.

사례로 든 물건의 공매 감정평가서를 통해 보상 감정평가 시 증액할 수 있는 부분을 다음과 같이 분석한다.

[자료 2-87] 2021-01715-002 공매 감정평가 개별요인 평가

| 일련<br>번호 | 비교표준지 | 가로<br>조건 | 접근<br>조건 | 환경<br>조건 | 획지<br>조건 | 행정적<br>조건 | 기타<br>조건 | 계 |
|---|---|---|---|---|---|---|---|---|
| 1 | (A)○○동 716-4 | 1.0 | 1.0 | 1.0 | 1.0 | 0.85 | 0.7 | 0.595 |
| | 본건은 비교표준지와 비교해 행정적 조건(본건 전체 도시계획시설도로 저촉 등), 기타조건(제시외건물 인한 제한 등)에서 열세함. | | | | | | | |

[자료 2-87]은 해당 공매 물건에 대한 감정평가서 일부 내용이다. 공시지가 기준법에 따라 개별요인을 비교한 결과를 정리한 것이다. 공매 대상이 되는 목적물(1)과 비교표준지(A)를 비교한 결과다. 여기서 중요한 것은 행정적 조건과 기타조건이다. 행정적 조건의 도시계획시설 도로 계획되어 있으므로 15%를 저감하고, 기타조건의 제시외건물이 존재해서 30%를 추가로 저감한다는 뜻이다. 이 부분이 보상감정평가를 할 때 '증액'할 수 있는 부분이다.

## ② 예상 보상가 산출

경매 감정평가와 보상 감정평가 방법은 차이가 있으므로 보상 감정평가에 따라 결정단가를 산출해야 한다. 산출 내용은 다음과 같다(이론적인 내용은 CHAPTER 03을 참조).

표 1 공매 감정평가 결정단가

| 일련<br>번호 | 공시지가<br>(원/㎡) | 시점수정 | 지역<br>요인 | 개별<br>요인 | 그 밖의<br>요인 | 산정단가<br>(원/㎡) | 결정단가<br>(원/㎡) |
|---|---|---|---|---|---|---|---|
| 1 | (A)421,500 | 1.01128 | 1.0 | 0.595 | 1.47 | 372,824 | 373,000 |

표 2 보상 감정평가 결정단가

| 일련<br>번호 | 공시지가<br>(원/㎡) | 시점수정 | 지역<br>요인 | 개별<br>요인 | 그 밖의<br>요인 | 산정단가<br>(원/㎡) | 결정단가<br>(원/㎡) |
|---|---|---|---|---|---|---|---|
| 1 | (A)305,000 | 1.15 | 1.0 | 0.92 | 1.97 | 635,699 | 635,700 |

※ 각 항목을 곱한 가격이 결정단가다.

## • 공시지가

[자료 2-88]의 표 1 공시지가는 공매 평가 기준일인 2022년 5월 25일과 가장 가까운 시점 2022년 1월 1일 기준의 표준지 공시지가고, 표 2의 공시지가는 [자료 2-84]의 실시계획 인가일과 가장 가까운 시점 2017년 1월 1일 기준의 표준지 공시지가다.

## • 시점수정

[자료 2-88]의 표 1 시점수정은 공매 평가 시 적용한 표준지 공시지가의 공시일 2022년 1월 1일부터 공매 평가 기준일 2022년 5월 25일까지의 지가상승률을 말한다. 표 2의 시점수정은 [자료 2-84]의 실시계획 인가일부터 보상가 예측을 하는 2022년 8월 15일까지의 지가상승률을 말한다. 지가상승률은 한국부동산원 사이트를 활용하면 된다. [자료 2-89]처럼 날짜를 지정해서 검색하면 된다.

검색은 2018년부터 검색할 수 있으므로 2017년 8월 11일부터 2017년 12월 31일까지는 따로 검색해서 반영한다. 이를 적용한 수치는 약 15%로 결정하면 될 것이다.

[자료 2-89] **지가변동률**

• **개별요인**

개별요인의 비교는 비교표준지와 대상 토지의 개별적 특성을 비교하여 우열을 검토하는 것이다. 즉, 비교표준지와 비교해서 대상 토지의 개별요인의 특성이 더 좋은지, 더 나쁜지를 비교하는 것을 말한다. 비교표준지와 대상 토지의 개별적 특성의 비교하는 세부항목으로는 ㉠ 가로 조건, ㉡ 접근 조건, ㉢ 환경 조건, ㉣ 획지 조건, ㉤ 행정적 조건, ㉥ 기타 조건이 있다. [자료 2-90]을 참조해서 보상 감정에 대한 개별요인을 평가한 결과는 [자료 2-91]과 같다.

[자료 2-90] **개별요인 비교항목**(상업지역)

| 조건 | 항목 | 세부항목 |
|------|------|----------|
| 가로<br>조건 | 가로의 폭, 구조 등의 상태 | 폭, 포장, 보도, 계통 및 연속성 |
| 접근<br>조건 | 상업지역 중심 및 교통시설과의<br>현의성 | 상업지역 중심과의 접근성,<br>인근 교통시설과의 거리 및 편의성 |
| 환경<br>조건 | 고객의 유동성과의 적합성 | 고객의 유동성과의 적합성 |
| | 인근 환경 | 인근 토지의 이용 상황,<br>인근 토지의 이용 상황과의 적합성 |
| | 자연환경 | 지반, 지질 등 |
| 획지<br>조건 | 면적, 접면, 너비, 깊이, 형상 등 | 면적, 접면 너비, 깊이, 부정형지, 삼각지,<br>자루형 획지 등 |
| | 방위, 고저 등 | 방위, 고저, 경사지 |
| | 접면도로 상태 | 각지, 2면 획지, 3면 획지 |
| 행정적<br>조건 | 행정상의 규제 정도 | 용도지역, 지구, 구역 등, 용적 제한,<br>고도제한, 기타규제(입체이용제한 등) |
| 기타<br>조건 | 기타 | 장래의 동향, 기타 |

출처 : 공매 감정평가서

표 1 공매 감정평가 개별요인 비교치

| 일련<br>번호 | 비교표준지 | 가로<br>조건 | 접근<br>조건 | 환경<br>조건 | 획지<br>조건 | 행정적<br>조건 | 기타<br>조건 | 계 |
|---|---|---|---|---|---|---|---|---|
| 1 | (A)관설동<br>71○-○ | 1.00 | 1.00 | 1.00 | 1.00 | 0.85 | 0.70 | 0.595 |
| | 본건은 비교표준지와 비교해 행정적 조건(본건 전체 도시계획시설도로 저촉 등), 기타<br>조건(제시외건물로 인한 제한 등)에서 열세함. | | | | | | | |

표 2 보상 감정평가 개별요인 비교치

| 일련<br>번호 | 비교표준지 | 가로<br>조건 | 접근<br>조건 | 환경<br>조건 | 획지<br>조건 | 행정적<br>조건 | 기타<br>조건 | 계 |
|---|---|---|---|---|---|---|---|---|
| 1 | (A)관설동<br>71○-○ | 1.00 | 1.00 | 1.00 | 0.92 | 1.00 | 1.00 | 0.92 |
| | 본건은 비교표준지와 비교해 획지조건에서 열세함. | | | | | | | |

• 그 밖의 요인

그 밖의 요인이란 시장가치 수준과 공시지가의 격차율을 말하는 것이다. [자료 2-88]의 표 1은 공매 평가하는 시점으로, 표 2는 보상 시점이 되는 실시계획 인가일을 시점으로 산출한 것이다. 2017년 관설동에 거래된 토지 중에 용도지역이 동일하고 개별요건 등이 유사한 물건의 거래가격은 [자료 2-92]와 같다. 유사물건의 거래가격과 표준지 공시지가의 격차율은 약 1.97이다. [자료 2-92] 검색 방법은 국토교통부 실거래가 공개시스템 사이트(rt.molit.go.kr)에서 조회할 수 있다. 검색한 결과 화면에서 '제1종 일반주거지역'만 선택해서 볼 수 있다.

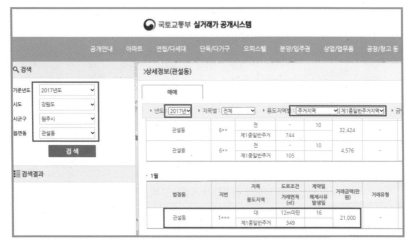

출처 : 국토교통부 실거래가 공개시스템

### ③ 수익률표 작성 및 입찰가 확정

앞에서 예상되는 보상가가 정해졌으면 공매 감정가 대비 입찰가률에 따라 입찰가와 수익률 등을 계산하고 각자가 생각하는 기대수익률을 고려해서 최종적으로 입찰가를 확정한다. 수익률표 작성방법은 CHAPTER 03을 참조하면 된다. 필자는 공매 감정가 대비 130% 수준으로 입찰하려 했으나, 아쉽게도 취소가 되었다.

### 도시계획시설 완충녹지 투자하기[사례 2]

완충녹지는 기반시설 중에 공간시설로 분류된다. 완충녹지는 최초결정 후 수년간 사업을 진행하지 않은 경우가 빈번하니, 투자 시 많은 조사가 필요하다.

## (1) 물건 검색하기

물건 검색하는 방법은 CHAPTER 02 제2장 38에 소개한 도시계획시설 도로 물건 검색하는 방식으로 하면 된다. 동일한 방식으로 물건 검색 후 토지이용계획확인서에 완충녹지로 결정되어 있는 것을 확인하고 찾은 물건이 다음 경매 물건이다.

[자료 2-93] 경매 2020-55105(1)

[자료 2-94] 경매 2020-55105(2)

## (2) 입찰 전 기본사항 조사

미지급용지를 제외하고는 진행될 사업에 편입되는 물건은 가급적 임장을 가야 한다. 임장(臨場)은 '현장에 임한다'는 뜻으로 토지보상 투자에서 임장의 주목적은 공부상과 현황의 차이(이 차이에서 보상가를 높일 수 있는 사항이 있을 수 있다.)를 알아보는 것이 주목적이다. 그런데 사업을 실시할 계획이 있어야 보상을 하는 것이다. 임장 전에 미리 지자체 담당에게 유선으로 최초결정일, 실시계획 인가 여부, 보상계획 등을 문의한 후에 입찰하기로 결정되면 임장하면 된다.

다음은 지자체 담당에게 알아낸 기본 정보다.

① 해당 물건은 장기 미집행 시설로 2024년까지는 보상 완료하고 완충녹지 조성예정
   이다(해제하면 안 되는 곳이다).
② 107-11은 전체면적 보상이고 107-7은 200㎡ 중 118㎡만 보상
③ 잔여지는 보상 대상이 아니다(차후, 법적 다툼 필요).
④ 실시계획 인가 2020년 6월(고시 제2020-214호)
⑤ 예상 보상가는 공시지가의 4배 예상(믿지 마라!)

사례 토지는 최초 결정일이 1981년 7월인 장기 미집행 시설이라 이미 실시계획 인가를 고시한 상태고, 보상계획도 수립된 물건이다.

 Tip

**투 트랙(Two Track) 전략**
사업진행 계획이 없어 보상 여부가 불확실할 경우에는 투자를 포기하지 말고, 해제 시 건축이 가능한지를 임장을 통해서 파악한다. 해제되어서 건축이 가능하면 토지 가치는 상승할 것이다.

<서산시 고시 제2020 - 214호>

# 도시계획시설(녹지:제2호, 제3호 완충녹지)사업
# 실시계획인가 고시

서산시 동문동 1091번지 일원, 석남동 38-2번지 일원의 도시계획시설(녹지: 제2호, 제3호 완충녹지)사업 에 대하여 「국토의 계획 및 이용에 관한 법률」 제88조 및 같은 법 시행령 제97조의 규정에 따라 도시계획시설사업 실시계획을 인가하고 같은 법 제91조 및 같은 법 시행령 제100조의 규정에 따라 이를 고시합니다.

### 2020년 6월 30일

## 서 산 시 장

### 1. 사업시행지의 위치
 ○ 서산시 동문동 1091번지 일원(서령고~동문근린공원 구간)
 ○ 서산시 석남동 38-2번지 일원(르셀~서산중학교 사거리 구간)

### 2. 사업의 종류 및 명칭
 ○ 종   류: 도시계획시설(녹지) 사업
 ○ 명   칭: 도시계획시설(녹지: 제2호, 제3호 완충녹지) 조성공사

출처 : 서산시

[자료 2-95] **경매 물건 실시계획 인가 자료 2/3**

2) 제3호 완충녹지 (르렐~서산가가마을 구간)

◇ 토지조서

| 순번 | 소재지 | 지번 | 지목 | 지적(㎡) 편입 | 지적(㎡) 편입 | 소유자 성명 | 소유자 주소 | 관계인 성명 | 관계인 주소 | 소유권 이외의 권리의 종류 내용 | 비고 |
|---|---|---|---|---|---|---|---|---|---|---|---|
| 1 | 석남동 | 38-2 | 도 | 35.0 | 29.0 | 유정희 | 서울특별시 동대문구 이문동 72-22 | | | 근저당권 | 근저당권 |
| 2 | 석남동 | 38-6 | 임 | 75.0 | 75.0 | 노○건설산업 주식회사 | 충청남도 서산시 두미면 읍사리 220 | 진정종권 주식회사 | 서울특별시 영등포구 여의도동 23-10 | 가압류 | |
| | | | | | | | | 주식회사 국○은행 정리금융공사 | 대전 중구 오류동 176-1 | 가압류 | |
| | | | | | | | | 주식회사 정리금융공사 | 서울 중구 다동 33 | 가압류 | |
| | | | | | | | | 건해주택조합 | 서울특별시 강서구 화곡동 71-2 | 가압류 | |
| 3 | 석남동 | 38-9 | 도 | 7.0 | 1.0 | 서산시 | | 대한주택공사 | 서울특별시 영등포구 여의도동 15-23 | 가압류 | |
| 4 | 석남동 | 660-7 | 임 | 725.0 | 70.0 | 국(국토해양부) | 충청남도 서산시 동문리 1 | 이경숙 | 서산시 읍내동 151-3 | 가압류 | |
| 5 | 석남동 | 41-3 | 도 | 89.0 | 28.0 | 경영기 | | 서산시 | 서산세무서 | 압류 | |
| 6 | 석남동 | 41-15 | 답 | 67.0 | 5.0 | 서산시 | | | | 협의취득 | |
| 7 | 석남동 | 107-11 | 답 | 64.0 | 64.0 | 경춘호 | 서산시 읍내동 153 | 한○종합이자 무등동 전문위원회사 | 서울 중구 정운동 70 정해대림 | 가압류 | |
| | | | | | | | 서울 성동구 광장동 218-1 광장극동하이트 10동 305호 | 주식회사 국○은행 대전중앙지점 | 대전 중구 선화동 12-3,9,5 | 가압류 | |
| | | | | | | | | 기술신용 보증기금 | 부산 중구 중앙동 4가 17-7 | 가압류 | |
| | | | | | | | | 서울보증기금 | 서울서세무서 | 가압류 | |
| | | | | | | | | 청호 | 서울특별시 서복구 동소문동 28-1 | 가압류 | |
| | | | | | | 경범훈 | 서울시 서초구 반포동 60-4 반포 미도아파트 302호 704호 | 청호 | 대전 서구 선화동 993 청솔아파트 101-102 | | |

출처 : 서산시

242 한 권으로 평생 써먹는 토지보상 투자

## [자료 2-95] 경매 물건 실시계획 인가 자료 3/3

| 순번 | 소재지 | 지번 | 지목 | 지 적(㎡) 대장(㎡) | 지 적(㎡) 현황(㎡) | 소유자 성 명 | 소유자 주 소 | 관계인 성 명 | 관계인 주 소 | 소유권 이외의 권리의 종류 내 | 비고 |
|---|---|---|---|---|---|---|---|---|---|---|---|
| 8 |  | 107-15 | 도로 | 55.0 | 55.0 | 최소녀 | 충청남도 서산시 학암7반 34, 비동 401호 (음암동.청향하이츠빌) | 서산축산업협동조합 | 충청남도 서산시 고북면 157(음암동) | 근저당권 |  |
| 9 |  | 42 | 전 | 357.0 | 192.0 | 서산시 | 충청남도 서산시 성남동 35-24 영진르네빌하이츠 2-807 |  |  |  |  |
| 10 |  | 43-5 | 전 | 1,180.0 | 521.0 | 이춘례 | 충청남도 서산시 성남동 35-24 영진르네빌하이츠 2-807 |  |  |  |  |
| 11 |  | 43-6 | 도로 | 414.0 | 414.0 | 서산시 |  |  |  |  |  |
| 12 |  | 107-7 | 전 | 200.0 | 118.0 | 정영훈 | 서산시 읍내동 153 |  |  |  |  |

출처 : 서산시

사례 토지는 보상이 예정된 것이니 임장 후에 입찰하면 된다. [자료 2-96]에서 보듯이, 107-7번지는 농작물을 재배하고 있었다. 보상 후 잔여지는 맹지라서 개발이 어려운 상태라 잔여지 매수청구가 꼭 필요할 물건이다. 107-11은 묵전으로 방치되고 있다. 낙찰 후에는 농작물 재배를 해야지만 보상 감정 시에 농지로 평가받을 수 있다.

[자료 2-96] **임장 사진**

| 107-7번지 농작물 재배하고 있음 | 107-11번지 경사진 묵전 |

### (3) 입찰하기

입찰가를 정하기 위해서는 예상되는 보상가를 산출해야 한다. 지자체 담당에게 탐문한 예상 보상가는 공시지가의 4배 정도 된다고 했다. 이런 답변은 참조만 해야지 전적으로 믿으면 안 된다. 왜냐하면 담당 공무원이 답한 것은 과거에 보상한 자료를 근거로 말하는 것이거나, 최근에 보상 감정한 자료가 있으면 평균가를 기준으로 답하는 경우가 많기 때문이다. 또한, 답변한 공시지가는 비교표준지의 공시지가고 비교가 되는 물건은 물건마다 다르므로, 물건마다 상이할 수 있다.

## ① 예상 보상가 산출하기

예상 보상가를 산출하기 위해서는 앞에서 언급했듯이, CHAPTER 03 감정평가와 양도세 이해하기의 내용을 이해해야 한다.

### • 개별요인 보정

경매 감정평가서의 개별요인에서 보상감정평가 시 증액할 수 있는 부분을 찾아서 보정해준다.

[자료 2-97] 2020-55105(1), (2) 경매 감정의 개별요인 평가

표 1 기호(1) 개별요인 평가

| 일련번호 | 비교표준지 | 가로조건 | 접근조건 | 환경조건 | 획지조건 | 행정적조건 | 기타조건 | 계 |
|---|---|---|---|---|---|---|---|---|
| 1 | (A) 석남동 ○○-○(전) | 0.7 | 1.0 | 1.0 | 0.95 | 0.76 | 1.0 | 0.505 |
| | 대상지는 표준지(A) 대비 가로조건, 획지조건, 행정조건에서 열세함 | | | | | | | |

표 2 기호(2) 개별요인 평가

| 일련번호 | 비교표준지 | 가로조건 | 접근조건 | 환경조건 | 획지조건 | 행정적조건 | 기타조건 | 계 |
|---|---|---|---|---|---|---|---|---|
| 1 | (A) 석남동 ○○-○(전) | 1.0 | 1.0 | 1.0 | 1.0 | 0.7 | 1.0 | 0.7 |
| | 대상지는 표준지(A) 대비 행정조건(완충녹지)에서 열세함 | | | | | | | |

[자료 2-97]은 사례 토지에 대한 경매 감정평가서의 개별요인 평가 부분을 비교한 결과다. 경매 대상이 되는 도로인 목적물(1)과 목적물(2)을 농지인 비교표준지(A)로 비교했다. 여기서 중요한 것은 행정조건이다. 행정조건의 완충녹지로 인해 0.76과 0.7로 저감했다. 이 부분이 보상감정평가를 할 때 '증액'할 수 있는 부분이다. 보상 감정 시에는 개별적 요인은 제한받지 않은 것으로 평가하므로, 행정적 조건을 1로 보정해야 한다. [자료 2-98]은 보상 감정 시 기준으로 보정한 결과다.

[자료 2-98] 2020-55105(1), (2) 보상감정 기준의 개별요인 보정

표 1 기호(1) 개별요인 평가

| 일련번호 | 비교표준지 | 가로조건 | 접근조건 | 환경조건 | 획지조건 | 행정적조건 | 기타조건 | 계 |
|---|---|---|---|---|---|---|---|---|
| 1 | (A) 석남동 ○○-○(전) | 0.7 | 1.0 | 1.0 | 0.95 | 1.0 | 1.0 | 0.665 |
| | 대상지는 표준지(A) 대비 가로조건, 획지조건에서 열세함 | | | | | | | |

표 2 기호(2) 개별요인 평가

| 일련번호 | 비교표준지 | 가로조건 | 접근조건 | 환경조건 | 획지조건 | 행정적조건 | 기타조건 | 계 |
|---|---|---|---|---|---|---|---|---|
| 1 | (A) 석남동 ○○-○(전) | 1.0 | 1.0 | 1.0 | 1.0 | 1.0 | 1.0 | 1.0 |
| | | | | | | | | |

• 보상단가 산출

앞에서 보정한 개별요인을 적용해서 보상단가를 산출한다.

표 1 기호(1) 감정평가 결정단가

| 일련<br>번호 | 공시지가<br>(원/㎡) | 시점수정 | 지역<br>요인 | 개별<br>요인 | 그 밖의<br>요인 | 산정단가<br>(원/㎡) | 결정단가<br>(원/㎡) |
|---|---|---|---|---|---|---|---|
| 1 | (A)330,000 | 1.01559 | 1.0 | 0.665 | 2.85 | 635,182 | 635,000 |

표 2 기호(2) 감정평가 결정단가

| 일련<br>번호 | 공시지가<br>(원/㎡) | 시점수정 | 지역<br>요인 | 개별<br>요인 | 그 밖의<br>요인 | 산정단가<br>(원/㎡) | 결정단가<br>(원/㎡) |
|---|---|---|---|---|---|---|---|
| 1 | (A)330,000 | 1.01559 | 1.0 | 1.0 | 2.85 | 955,162 | 955,000 |

※ 각 항목을 곱한 가격이 결정단가다.

• 공시지가

공시지가는 실시계획 인가일이 2020년 6월 30일이므로, 실시계획 인가일(사업인정 고시일)과 가장 가까운 시점에 공시된 공시지가 즉, 2020년 1월 1일 공시지가를 적용한다. 그러므로 경매 감정평가 시에 적용한 공시지가와 동일하다.

• 시점수정 및 지역 요인

시점수정은 경매 감정평가의 기준시점과 큰 차이가 없으므로 경매 감정평가서의 시점수정과 동일하게 적용하고, 지역 요인은 동일지역이므로 특별한 경우를 제외하고는 대부분의 감정평가는 '1.0'으로 적용하면 된다.

## • 그 밖의 요인

이 부분은 감정평가사가 선택하는 거래사례 또는 평가사례에 따라 수치가 달라지는 것이라, 투자자가 정하는 것은 무의미하다. 그러므로 경매 감정평가의 값을 그대로 사용하면 된다.

### ② 입찰가 확정

앞에서 산출한 예상되는 보상단가는 107-7번지는 635,000원(원/㎡)이고 107-11번지는 955,000원(원/㎡)이다. 사례 토지의 입찰가는 낙찰 후 107-7의 잔여지 처리와 107-11의 묵전의 농지화 작업 등을 고려해서 함께 투자한 수강생들과 협의했다.

107-7번지는 경매 감정가의 107%인 516,000원(원/㎡), 107-11번지는 경매 감정가의 123%인 825,000(원/㎡)으로 정해서 입찰한 후에 낙찰받았다.

# 제3장

# 미보상 및 미지급용지
# 투자하기

토지보상 투자를 하게 되면 가장 많이 투자하는 것이 '미불용지'다. 미불용지라는 용어는 사실 잘못된 표현이다. 미불용지는 일본식 표현이라 사용하면 안 되고, '미지급용지'라는 용어로 사용해야 한다. 그리고 더 중요한 것은 흔히들 알고 있는 미지급용지는 정확히 말해서 '미보상용지'를 말하는 것이다. 지자체 미지급용지 담당 공무원뿐만 아니라 대부분 투자자가 미지급용지의 개념을 잘못 알고 있다.

### 미보상용지의 개념

공익사업에 의해 국가 등에 수용이 될 경우 정당한 보상금을 지급받아야 한다. 그런데도 여러 사유로 보상금을 지급받지 못한 상태로 사업이 완료되는 경우가 있다. 이런 상태에 해당하는 용지를 미보상용지라고 한다.

### 미지급용지의 개념

미보상용지 상태에서 다른 공익사업이 진행될 경우에 그 공익사업의 사업시행자가 미보상 토지에 대한 보상을 해야 하는데, 그러한 토지를 미지급용지라고 한다.

개념을 잘 이해하면, 대부분 투자자가 알고 있는 미지급용지가 미보상용지라는 것을 깨닫게 될 것이다.

# 미보상과
# 미지급용지의 차이

　미보상과 미지급용지를 구분하는 가장 큰 이유가 있다. 보상가를 산출하는 기준이 다르기 때문이다. 미보상과 미지급용지는 둘 다 '토지보상법 시행규칙' 제25조에 의해 평가한다. 즉, 미보상과 미지급용지는 둘 다 종전의 공익사업에 편입될 당시의 이용 상황을 상정해 평가한다. 그러나 이용 상황에 맞는 표준지를 선정한 후에 해당 표준지의 공시지가를 적용하는 시점의 가격은 미보상과 미지급용지가 차이가 있다. 그 이유는 표준지 공시지가 선정의 기준이 되는 '기준시점'이 서로 차이가 있어서다. 미보상용지의 경우에는 보상금을 청구하는 때가 기준시점이 되고, 미지급용지의 경우에는 공익사업의 사업인정고시일이 기준시점이 된다.

　또한, 미보상용지의 소유권을 확보한 후에 보상신청을 하지 않고 기간이 경과했다면(예를 들면 5년 경과) 5년이 지난 시점의 시세를 반영해서 보상하는 것과 다르다. 미지급용지는 사업시행자가 공탁을 건 후 사업을 진행했다면, 기간이 경과해도 보상금은 공탁한 금액을 수령하게 되는 것이므로 주의해야 한다.

[자료 2-100]은 홍천소방서 신축사업에 편입되는 물건이다. 이 사례 토지는 [자료 2-101]과 같이 홍천소방서 신축사업 편입되는 필지 중에 처음 공익사업에 편입되는 필지와 미지급용지(기존 도로공사 완료 후에 미보상된 필지)에 해당하는 필지, 홍천소방서 신축사업에 편입되지 않은 미보상용지에 해당하는 필지가 공존하는 물건이다. 미보상과 미지급용지의 차이를 알 수 있는 물건이니, 반드시 이해하고 넘어가야 한다.

**[자료 2-100] 홍천소방서 신축사업 물건**

[자료 2-101] 홍천소방서 신축사업 물건

| 지번 | 전체면적 (㎡) | 해당 면적 (㎡) | 편입 여부 | 현재 이용 상황 | 보상 시 이용 상황 | 비고 |
|---|---|---|---|---|---|---|
| ○○○ 89-3 | 3,452 | 3,416 | 편입 | 전 | 전 | 최초 편입 |
| | | 36 | 미편입 | 도로 | 전 | 미보상용지 |
| ○○○ 89-7 | 188 | 1 | 편입 | 도로 | 전 | 미지급용지 |
| | | 167 | 미편입 | 도로 | 전 | 미보상용지 |
| | | 10 | 미편입 | 전 | - | 잔여지 |
| ○○○ 89-8 | 65 | 6 | 편입 | 전 | 전 | 최초 편입 |
| | | 59 | 미편입 | 도로 | 전 | 미보상용지 |

여기서 2023년 5월에 수용 보상을 위한 감정평가를 한다고 가정해 보자.

[자료 2-102] 고시문은 사례 토지에 대한 실시계획 인가 고시문이다. 도시계획시설은 실시계획 인가일이 사업인정 고시일이므로 사업인정 고시일은 2022년 4월 22일이다.

앞에서 설명한 '미보상용지의 경우에는 보상금을 청구하는 때가 기준시점이 되고, 미지급용지의 경우에는 공익사업의 사업인정고시일이 기준시점이 된다'라는 기준대로면 다음 [자료 2-103]처럼 적용하는 기준이 다르므로, 보상가가 달라진다.

## [자료 2-102] 홍천소방서 실시계획 인가 고시

강원도 고시 제2022 - 133호

### 홍천 군계획시설(공공청사 : 홍천소방서) 사업시행자 지정 및 실시계획인가 고시

홍천군 고시 제2020-228호(2020. 4. 21.)로 최초 결정된 "홍천 군관리계획(시설:공공청사)에 대하여, 「국토의 계획 및 이용에 관한 법률」 제86조 및 제88조 규정에 의하여 도시계획시설 사업의 시행자 지정 및 실시계획 인가하고, 같은 법 제91조, 시행령 제100조 규정에 의한 시행자지정 및 실시계획인가 사항을 고시합니다.

2022년 4월 22일

강 원 도 지 사

1. 사업시행지의 위치 : 강원도 홍천군 홍천읍 ▨▨▨ 94번지 일원

2. 사업의 종류 및 명칭
   ○ 종류 : 홍천 군계획시설(공공청사 : 홍천소방서) 사업
   ○ 명칭 : 홍천소방서 신축사업

3. 사업시행자의 성명 및 주소
   ○ 성명 : 강원도지사, 홍천군수
   ○ 주소 : 강원도 춘천시 중앙로 1, 강원도 홍천군 홍천읍 석화로 93

4. 사업의 면적 또는 규모

| 구분 | 위치 | 결정면적 | 금회시행 | 향후시행 | 비고 |
|------|------|---------|---------|---------|------|
| 공공청사 | 강원도 홍천군 홍천읍 태학리 94번지 일원 | 10,038㎡ | 10,038㎡ | － | |

5. 사업의 착수 및 준공예정일 : 2022. 4. 22. ~ 2024. 12. 31.

6. 법 제99조의 규정에 의한 공공시설 등의 귀속 및 양도에 관한 사항 : 해당없음

7. 수용 또는 사용할 토지 또는 건물의 소재지·지번·지목 및 면적, 소유권과 소유권외의 권리의 명세 및
   그 소유자권리자의 성명·주소 (붙임)

출처 : 강원도

■ 붙임(수용 또는 사용할 토지 및 건물 조서)

| 일련번호 | 소재지 | 지번 | 지목 | 면적 공부상면적(㎡) | 편입면적(㎡) | 토지소유자 성명또는명칭 | 주소 | 관계인 성명또는명칭 | 주소 | 권리의종류및내용 | 비고 |
|---|---|---|---|---|---|---|---|---|---|---|---|
| | 합 계 | | | 11.346 | 10.038 | | | | | | |
| 1 | 홍천읍 | 89-2 | 전 | 183 | 183 | 홍천군 | 홍천군 홍천읍 ▦ 93 | | | | |
| 2 | 홍천읍 | 89-5 | 전 | 118 | 17 | 홍천군 | 홍천군 홍천읍 ▦ 93 | | | | |
| 3 | 홍천읍 ▦ | 89-3 | 전 | 3.452 | 3.416 | 이점▦ | 홍천군 홍천읍 ▦ | 홍천농업협동조합 | 홍천군 홍천읍 | 근저당권 | |
| | | | | | | | | 홍천농업협동조합 | 홍천군 홍천읍 | 지상권 | |
| | | | | | | | | 조남▦ | 서울 중랑구 | 근저당권 | |
| 4 | 홍천읍 ▦ | 89-7 | 전 | 188 | 1 | 이점▦ | 홍천군 홍천읍 ▦ 692 | 홍천농업협동조합 | 홍천군 홍천읍 | 근저당권 | |
| | | | | | | | | 홍천농업협동조합 | 홍천군 홍천읍 | 지상권 | |
| | | | | | | | | 조남▦ | 서울 중랑구 | 근저당권 | |
| 5 | 홍천읍 ▦ | 89-8 | 전 | 65 | 6 | 이점▦ | 홍천군 홍천읍 ▦ 692 | 홍천농업협동조합 | 홍천군 홍천읍 | 근저당권 | |
| | | | | | | | | 홍천농업협동조합 | 홍천군 홍천읍 | 지상권 | |
| | | | | | | | | 조남▦ | 서울 중랑구 | 근저당권 | |
| 6 | 홍천읍 ▦ | 90 | 전 | 1.379 | 1.320 | 홍천군 | 홍천군 홍천읍 ▦ 93 | | | | |
| 7 | 홍천읍 ▦ | 92-1 | 답 | 889 | 889 | 홍천군 | 홍천군 홍천읍 ▦ 93 | | | | |
| 8 | 홍천읍 ▦ | 92-17 | 답 | 61 | 16 | 홍천군 | 홍천군 홍천읍 ▦ 93 | | | | |
| 9 | 홍천읍 대학리 | 92-18 | 대 | 104 | 79 | 홍천군 | 홍천군 홍천읍 석화로 93 | | | | |

출처 : 강원도

[자료 2-103] 해당 표준지 공시지가

| 지번 | 전체면적 (㎡) | 해당 면적 (㎡) | 편입 여부 | 해당 표준지 공시지가 | 비고 |
|---|---|---|---|---|---|
| ○○○ 89-3 | 3,452 | 3,416 | 편입 | 2022년 공시지가 | 최초 편입 |
| | | 36 | 미편입 | 2023년 공시지가 | 미보상용지 |
| ○○○ 89-7 | 188 | 1 | 편입 | 2022년 공시지가 | 미지급용지 |
| | | 167 | 미편입 | 2023년 공시지가 | 미보상용지 |
| | | 10 | 미편입 | - | 잔여지 |
| ○○○ 89-8 | 65 | 6 | 편입 | 2022년 공시지가 | 최초 편입 |
| | | 59 | 미편입 | 2023년 공시지가 | 미보상용지 |

# 미보상과 미지급용지 투자 시 주의사항

미보상과 미지급용지 투자의 장점은 수익이 보장된다는 것과 토지보상 투자를 처음 시작하는 투자자가 접근하기 쉽다는 것이다. 그러나 너무 쉽게 생각하면 손실을 가져다줄 수 있으니, 몇 가지 주의해야 할 사항은 꼭 점검하고 투자해야 한다.

## (1) 법의 취지를 이해하자

미보상과 미지급용지는 둘 다 '토지보상법 시행규칙' 제25조에 의해 종전의 공익사업에 편입될 당시의 이용 상황을 상정해 평가한다고 했다. 이 문구의 뜻은 현재 공도(예 : 고속도로, 국도, 지방도, 시도 등)로 이용하고 있는 토지를 감정 평가할 때에 경매 또는 공매는 공도로 감정평가를 하는데, 미보상 또는 미지급용지는 공도가 되기 전에 이용했던 상황(예 : 농지, 대지, 잡종지 등)으로 감정평가한다는 것이다.

토지보상법 시행규칙 제25조(미지급용지의 평가)

① 종전에 시행된 공익사업의 부지로서 보상금이 지급되지 아니한 토지(이하 이 조에 서 '미지급용지'라 한다)에 대하여는 종전의 공익사업에 편입될 당시의 이용 상황을 상 정하여 평가한다. 다만, 종전의 공익사업에 편입될 당시의 이용 상황을 알 수 없는 경 우에는 편입될 당시의 지목과 인근 토지의 이용 상황 등을 참작하여 평가한다. 〈개정 2015. 4. 28〉

그렇다면 왜 '토지보상법 시행규칙' 제25조 규칙대로 평가하는 것일 까? 예를 들어서 설명하려고 하니, 여러 번 읽고 이해하기 바란다.

[자료 2-104] **2023년 A토지 현황**

현황 : 2023년 현재 A토지는 도로로 사용하고 있다.

## [자료 2-105] 1993년 A토지 현황

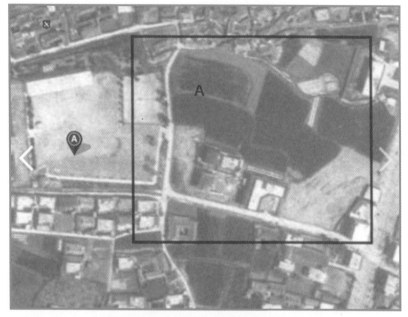

현황 : 1993년 과거 A토지는 농지로 사용하고 있었다.

[자료 2-104] 사례 사진처럼 도로로 사용하고 있는 갑돌이 토지가 있다고 가정합니다.

갑돌이 토지는 아버지에게 상속받은 토지입니다.
아버지는 갑돌이가 태어나기 전에 사업을 하다가 실패해서 세금과 빚을 많이 지게 되었고, 그 세금과 빚을 갚기 위해 고생을 많이 하신 분입니다.
세월이 흐르면서 갑돌이 아버지는 세금과 빚을 모두 갚게 되었습니다. 그렇게 고생만 하시다가 세상을 떠나면서 아들에게 아파트와 땅을 물려주었습니다. 비록 물려준 땅이 도로라서 아무것도 못 하는 쓸모없는 땅이었지만 평생 고생을 하신 아버지를 알기에, 게다가 고가의 아파트를 물려받은 터라 아버지에게 큰 고마움을 느꼈습니다.

시간이 흘러……

어느 날 갑돌이가 신문을 보다가 '보상 없이 도로로 사용하는 사유지가 많아 재산권 피해를 주고 있어 일부 지자체는 보상해야 한다'라는 내용을 읽게 됩니다. 갑돌이는 내 땅도 보상받을 수 있는지 궁금해집니다.

여기저기 물어보니 지자체에 알아보라고 합니다. 지자체에 물어보니, 저 도로가 미보상용지라고 합니다.

30년 전 도로공사 시에 보상을 받아야 하는데 보상신청을 안 한 것이라고 합니다. 예측컨대 세금이 많이 밀려 갑돌이 아버지가 보상을 포기한 것 같습니다(미납세금이 없어야 보상금을 받음).

지자체 담당은 보상 신청하면 예산을 확보하게 되면 감정평가 후 보상을 해준다고 합니다. 보상해준다니 갑돌이는 로또 맞은 것처럼 좋았습니다.

아, 그런데 도로로 평가해서 보상한다고 합니다. 주변 시세가 평당 100만 원인데 도로라서 평당 30만 원으로 보상해준다고 합니다.

왜 도로로 평가하느냐고 갑돌이는 따졌지만, 현황 도로이니 당연히 도로로 평가해서 보상이 된다고 지자체 담당자가 무섭게 이야기합니다. 이 금액에 받기 싫으면 소송하라고 합니다. 결국, 갑돌이는 도로로 평가한 보상금을 받고 끝냈습니다.

지자체 담당자의 말이 맞을까요?

타임머신을 타고 30년 전으로 가보겠습니다.

갑돌이 갑자기 타임머신이 생겼습니다. 타임머신을 타고 30년 전으로 갔더니, 갑돌이의 토지는 농지로 사용하고 있었습니다. 농지에 아파트가 생기면서 도로가 생긴 것입니다.

도로공사로 인해 주변 주민들은 대부분 보상받고 다른 곳으로 이전한다고 합니다. 주민들은 보상금을 수령하고 주변 농지 가격보다 적다고 투덜댑니다.

갑돌이는 곰곰이 생각합니다.
'만약 30년 전 지금 나도 보상을 받았으면 농지로 사용하고 있었으니, 농지로 보상을 받는 것 아닌가?'

여러분 생각은 어떤가요? 갑돌이 생각이 맞나요?

저도 갑돌이 생각이 맞는 것 같습니다.

30년 후에 보상한다고 도로로 보상하면 억울하지 않겠습니까?

법은 억울한 사람 없도록 공평해야겠지요?

그래서 억울하지 않게 법으로 정해 주었습니다.

미지급용지는 현재 사용하고 있는 현황대로 보상하지 말고 공익사업 편입 당시 이용현황대로 보상하라고….

현실로 돌아온 갑돌이는 다시 보상 신청합니다. 지자체는 당연히 받아드리지 않았습니다. 그래서 갑돌이는 소송에 들어갑니다.

여기서 갑돌이는 어떤 증명을 해야 제대로 보상금을 수령할 수 있을까요?

우선 30년 전에 농지로 사용하고 있었다는 것을 증명해야 합니다.

위성사진에 나타나면 가장 확실한 증거입니다.

위성사진으로 증명이 어려우면 분할 전 토지대장, 지형도, 주변 토지 현황 등을 통해서 증명해야 합니다.

이렇게 증명해서, 갑돌이는 현재 주변의 농지 시세로 보상을 받았다고 합니다.

## (2) 이용 상황을 모를 때는 포기하라

[자료 2-106]은 경매 사이트의 물건 정보를 캡처한 것이다. 지목은 대지지만, 현황은 [자료 2-107]처럼 도로로 사용하고 있다. 도로선이 그어져 있는 것 보면, 자연적으로 생긴 도로가 아닌 지자체 등에서 공사를 진행한 것으로 보인다.

현황은 도로로 사용하고 있는데 지목은 왜 대지로 되어 있는 것일까? 공도로 사용하고 있는데 왜 소유권은 개인으로 되어 있는 것일까? 여러 이유가 있겠지만, 여기서는 보상금을 받지 않은 상태로 사업이 완료되어서다. 도로공사 전에 보상이 완료되어야 하는데, 여러 이유로 보상금이 지급되지 않은 상태에서 사업이 완료된 것이다.

과거에는 미보상되는 경우가 많았지만, 현재는 공시송달 후에도 소유자의 연락이 안 되면 공탁 절차를 거친 후 사업을 진행하게 된다. 공탁이 완료된 토지는 소유권이 시행자에게 이전된 것이므로, 투자 시 주의해야 한다.

사례 토지([자료 2-106])는 [자료 2-108] 토지이용계획확인서에 나오듯이, 도시계획시설 도로 '중로 2류'로 최초 결정일은 1992년 4월 24일 (양주군 고시 제1992-19호)이다. 경매 감정은 현황 도로로 평가되어 주변 대지 시세보다 1/3 정도 저감되었다. 미보상용지라서 공익사업에 편입될 당시에 대지로 이용하고 있었다는 것을 증명하면, 보상 감정평가 시에는 대지로 평가해서 경매 감정에 3배가 된다.

**[자료 2-106] 미보상용지 사례**

| 온비드 바로가기 | API수집-바로가기버튼 | | | |
|---|---|---|---|---|
| 2020-01808-001 | | 입찰일자 : 2021-05-31 10:00 ~ 2021-06-02 17:00 | | |
| 집행기관 | 한국자산관리공사 | 담당자 | 서울서부지역본부 / 조세정리2팀 / 1588-5321 | |
| 소재지 | 경기도 양주시 남면 상수리 ■■■ ■■■ | | | |
| 유찰횟수 | 0 회 | 물건상태 | 낙찰 | 감정가 | 17,238,000원 |
| 물건용도 | 대지 | 입찰방식 | 일반경쟁(최고가방식) | 최저가 | (100%)17,238,000원 |
| 위임기관 | | 공고일자 | 2020-04-29 | 배분종기일 | 2020-06-15 |
| 납부기한 | | 낙찰금액별 구분 | | 종류/방식 | 압류재산 / 매각 |
| 면적(㎡) | 대25㎡ , 대77㎡ | | | |

## [자료 2-107] 공매 물건(2020-01808-001) 현장사진

물건 전경

북동측에서 촬영

북서측에서 촬영

남측에서 촬영

## [자료 2-108] 공매 물건(2020-01808-001) 토지이용계획

| 소재지 | 경기도 양주시 남면 상수리 ■■-■■ | | | |
|---|---|---|---|---|
| 지목 | 대 ❓ | | 면적 | 77 ㎡ |
| 개별공시지가(㎡당) | 97,500원 (2022/01) 연도별보기 | | | |
| 지역지구등 지정여부 | 「국토의 계획 및 이용에 관한 법률」에 따른 지역·지구등 | 제1종일반주거지역 , 중로2류(폭 15m~20m)(집산도로) | | |
| | 다른 법령 등에 따른 지역·지구등 | 가축사육제한구역(모든축종 제한)<가축분뇨의 관리 및 이용에 관한 법률>, 배출시설설치제한지역(민원해결과에 문의바랍니다)<물환경보전법>, 성장관리권역<수도권정비계획법> | | |
| 「토지이용규제 기본법 시행령」 제9조 제4항 각 호에 해당되는 사항 | | | | |

출처 : 토지이음

사례 토지는 과거에 필자와 함께했던 스터디 회원들과 투자하려고 조사한 후에 입찰을 포기한 물건이다. 입찰을 포기한 이유는 공익사업에 편입될 당시에 대지로 이용하고 있었다는 것을 증명할 확실한 자료가 없었기 때문이다. [자료 2-109]의 왼쪽 사진(양주시에서 입수한 자료)과 오른쪽 사진(1954년 국토정보맵)에는 과거부터 도로가 있었던 것으로 보이는데, 원래부터 '도로'였는지, 도로 확장공사로 인해 대지 일부를 수용한 것인지 명확하지 않다.

[자료 2-109] **공매 물건(2020-01808-001) 과거 자료**

 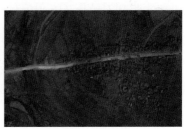

| 과거 지역개발현황 종합도 | 1954년 국토정보맵 |

국토정보맵에도 1954년과 1993년, 2016년에만 항공사진이 촬영되어 정보가 부족한 상태다. 양주시 정보공개 청구한 답변에도 대지로 이용했다는 명확한 답을 주지 않았다. 그러나 낙찰 후 보상 신청하게 되면, 지자체는 문의 시 없다던 자료를 다 찾아낸다. 그러므로 확신이 없는 상태라면 포기하는 것이 좋다.

# 미보상과 미지급용지 물건
# 투자 사례

　미보상과 미지급용지는 앞에서 설명했듯이 비교표준지의 공시지가를 적용하는 시점이 다르다는 것 이 외에는 투자 방법은 동일하다(대부분의 지자체 담당은 미지급용지라는 용어로 사용한다). 때문에, 여기서는 미보상 물건을 찾는 방법에서부터 입찰가를 정하는 까지를 사례를 들어서 설명하겠다.

### (1) 미보상 물건 찾기

　미보상 물건을 찾는 방법은 2가지가 있다. 본서의 CHAPTER 02의 제2장에서 설명한 방법대로 특정 기간에 진행하는 물건을 검색 후 토지이용계획확인서에 도시계획시설이 결정되어 있는지 확인하는 방법과 특정 기간에 진행하는 물건 검색 후 사진으로 찾는 방법이 있다.

　[자료 2-110]은 검색 후 사진으로 찾는 방법으로 해서 필자의 수강생(닉네임 : 코나맘)이 찾은 물건이다.

## [자료 2-110] 미보상 물건 사례

| 2022 타경 100546(2) | 대전지방법원 천안5계 | | 찜하기 메모 공유 인쇄 사진 인쇄 제보 오류신고 |
|---|---|---|---|
| 담당계 (041) 620-3075 | | | |

| 소재지 | 충남 아산시 인주면 금성리 〇〇〇 도로명 검색 | | | | |
|---|---|---|---|---|---|
| 물건종류 | 도로 | 사건접수 | 2022.01.20 | 경매구분 | 강제경매 |
| 건물면적 | 0m² | 소유자 | 안00000000 | 감정가 | 16,942,200원 |
| 대지권 | 332.2m² (100.49평) | 채무자 | 안00 | 최저가 | (100%) 16,942,200원 |
| 매각물건 | 토지지분 | 채권자 | 신000 | 입찰보증금 | (10%) 1,694,220원 |

### 입찰 진행 내용

| 구분 | 입찰기일 | 최저매각가격 | 상태 |
|---|---|---|---|
| 종국결과 | 2022-10-12 | 16,942,200 | 취하 |
| 종국결과 | 2022-10-11 | 0 | 취하 |

사진 설명 : 물건 사진을 보면 현재 공도로 사용하고 있는데 개인 소유로 되어 있다.

💡 **Tip**

**※ 미보상용지(도로) 쉽게 찾는 법**

경매 사이트에서 특정 기간(또는 특정 지역)에 진행하는 물건(토지)을 검색하면 상기처럼 결과 리스트가 나온다. 여기서, 도로가 보이는 물건만 선택해서 토지이용계획 확인서 등을 조사해본다.

## (2) 미보상 여부 조사하기

미보상 물건이 예상되는 물건을 찾으면 지자체 담당에게 유선으로 문의한 후 정보공개포털을 통해서 정보공개 청구를 한다. 정보공개 청구할 내용은 다음과 같다.

① 해당 물건이 미보상이 맞는가? ★
② 맞다면, 관련 예산이 얼마나 책정되었는가?
　맞다면, 미보상 관련 접수 건수는 몇 건인가?
③ 결정고시문 요청(없으면 결정고시일 안내 요청) ★
④ 편입 당시 이용 상황은 무엇인가?
⑤ 공탁되어 있는가? ★

★ 표시 부분은 반드시 문의해야 할 항목

① 미보상이 맞는지는 정보공개 청구로 해서 답변을 꼭 받아야 한다. '미보상용지 같다'라는 명확하지 않은 답변이 오면 투자를 주의해야 한다.

② 대부분의 지자체는 미보상용지(미지급용지)를 위한 예산을 충분하게 확보하지 않는다. 대략 1억 원에서 10억 원 정도를 매년 확보하므로 예산과 접수 건수를 알면 대략적인 보상 시기를 알 수 있다.

③ 결정고시문에는 최초결정일과 편입 당시의 이용 상황을 알 수 있는 정보가 있다. 사업 완료가 오래 전에 되어서 찾기 어려우면, 공사착공일이라도 알아내야 한다.

④ 편입 당시 이용 상황을 안내해주는 곳은 거의 없다. 간혹 알려주더라도 보상 감정 시 불리하게 알려주므로, 결정고시문 등을 활용해서 편입 당시의 이용 상황을 찾아야 한다.

⑤ 공탁된 것은 소유권이 이미 사업시행자에게 이전된 것이니, 투자하면 안 된다.


[자료 2-111]은 필자의 수강생(닉네임 : 코나맘)이 답변받은 사례 토지 2022타경 100546⑵의 정보공개 청구의 회신 내용이다.

담당 공무원의 답변이 어떤가? 친절한 답변 같은가? 회신을 받고도 투자에 필요한 정보가 부족하다. 도로공사를 언제 했는지를 알아봐야 한다.

■ 공공기관의 정보공개에 관한 법률 시행규칙 [별지 제7호서식] <개정 2021. 6 . 23.>

# 아 산 시

수신자 박채■■ 귀하 (우 05376 서울특별시 강동구 풍성로■■■ ■■ ■■■)
(경유)

제 목 정보 ( [∨]공개    [ ] 부분 공개    [ ] 비공개 ) 결정 통지서

※ 뒤쪽의 유의사항을 확인하시기 바랍니다.                                    (앞 쪽)

| 접수번호 | 9911644 | 접수일 | 2022. 09. 30. |
|---|---|---|---|

| 청구 내용 | 안녕하십니까.<br>매수예정인 토지에 대해 질의드립니다.<br>해당 지번 : 충남 아산시 인주면 ■■■■ 93-2번지(도)<br>질문 1. 위 토지는 미보상용지가 맞는가요?<br>질문 2. 위 지번 도로(시도22호선) 에 관한 결정공문서 즉 최종결정문 또는 사업인정고<br>시문을 요청합니다.<br>        존재하지 않는다면 위 사항을 증명할수 있는 공문서도 괜찮습니다.<br>질문 3. 그 당시 보상이 되지 않았다면 공탁이 되어 있는지 여부<br>감사합니다. 수고하세요. |
|---|---|
| 공개 내용 | 평소 시정에 관심을 가져주신데 감사의 말씀을 드립니다. 귀하께서 문의하신 인주면 금<br>성리 93-2번지에 대하여 아래와 같이 알려 드리겠습니다.<br><br>질문 1. 위 토지는 미보상용지가 맞는지요?<br>- 미지급용지에 해당함.<br>질문 2. 위 지번 도로(시도22호선) 에 관한 결정공문서 즉 최종결정문 또는 사업인정고<br>시문을 요청합니다.<br>- 정보부존재<br>질문 3. 그 당시 보상이 되지 않았다면 공탁이 되어 있는지 여부<br>- 소유자 및 이해관계인의 어려움으로 미보상.<br><br>※ 그 밖에 궁금하신 사항이 있으시면 도로과(☎041-540-2465)로 전화주시기 바랍니<br>다. 끝. |

| 공개 일시 | 2022. 10. 05. 17 | 공개 장소 | |
|---|---|---|---|

* 수수료를 추가납부 하여야 할 경우 「공공기관의 정보공개에 관한 법률 시행령」 제12조에 따라
부득이하게 공개일이 변경될 수 있습니다.

| 공개 방법 | [ ] 열람 · 시청 [ ] 사본 · 출력물 [∨] 전자파일 [ ] 복제 · 인화물 [ ] 기타 |
|---|---|

인쇄일자 : 2023. 01. 07. 18:05:41                     210㎜×297㎜[백상지(80g/㎡)]
인쇄자 : 박채■■                                                    1/3

출처 : 정보공개포털

제일 중요한 정보, '최초결정일'이 없다. 최초결정일을 '꼭 알고 투자해야 하나?'라고 반문하는 투자자는 앞에서 설명한 내용을 꼭 이해하기를 바란다. 10건의 투자에 성공했어도 1건의 투자 실패로 큰 손실이 날수 있으니, 편입 당시의 이용 상황을 쉽게 판단하지 않은 것이 좋다.

다음 내용은 수강생(닉네임 : 코나맘)이 담당 공무원과 직접 통화해서 알아낸 정보다. 토지보상 투자를 처음 시작한 분들은 담당 공무원과 통화하는 것을 꺼린다. 통화하면 할수록 질문 수준도 높아지니, 담당 공무원과 통화하는 것을 망설이면 안 된다.

① 1998년 농어촌도로공사에 해당
② 인주면 ○○리 93번지 분할해서 93-1은 보상하고, 93-2는 보상 누락됨.
③ 최초결정문과 사업인정고시문은 오래되어서 자료가 부존재하고 보상공고문만 존재한다.

담당 공무원에게 알아낸 정보를 종합해보면, 도로공사는 1998년에 시작한 것으로 예상된다. 국토정보맵과 산림정보서비스 등에는 1995년 이전과 1999년 이후의 항공사진만을 확인할 수가 있어서, 공익사업에 편입한 1998년 당시의 이용 상황을 확인할 수가 없다.

그렇지만 1995년 이전에는 [자료 2-112]에서 보듯이 농지로 이용하고 있었고, 사례 토지를 포함해 주변 토지는 동일한 날짜에 분할된 후 지목이 '도로'로 변경된 것([자료 2-113] 참조)으로 봐서, 공익사업 편입 당시 이용 상황은 농지로 판단된다.

## [자료 2-112] 1995년 항공사진

출처 : 국토정보맵

## [자료 2-113] 주변 토지이동 연혁

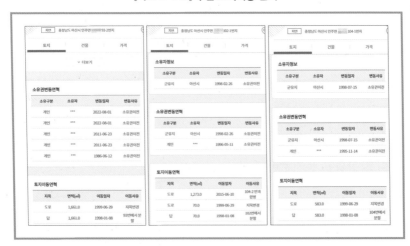

출처 : 스마트국토정보(K-Geo 플랫폼)

## (3) 입찰가 확정

입찰가를 정하기 위해서는 예상되는 보상가를 산출해야 한다. 보상가 산출을 어렵게 생각한다. 복잡하게 생각할 필요가 없다. 도로로 평가한 경매 감정가를 농지로 평가해야 하므로 주변 농지 시세를 파악하면 되는 것이다. 또는, 경매 감정평가서에서 개별요인을 보정해서 보상 감정으로 환산하면 될 것이다(경매 감정과 보상 감정에 관한 자세한 내용은 CHAPTER 03을 참조).

### ① 개별요인 보정

경매 감정평가서의 개별요인에서 보상 감정평가 시 증액할 수 있는 부분을 찾아서 보정해준다.

[자료 2-114] **2022-100546(2) 경매 감정의 개별요인 평가**

| 일련<br>번호 | 비교표준지 | 가로<br>조건 | 접근<br>조건 | 환경<br>조건 | 획지<br>조건 | 행정적<br>조건 | 기타<br>조건 | 계 |
|---|---|---|---|---|---|---|---|---|
| 2 | (A)○○리 93(농지) | – | 1.0 | 1.0 | 0.85 | 1.0 | 0.33 | 0.281 |
| | 대상지는 표준지(A) 대비 경사 등 획지조건, 기타조건(도로조건)에서 다소 열세함. | | | | | | | |

[자료 2-114]는 사례 토지의 경매 감정평가서 일부 내용이다. 공시지가 기준법에 따라 개별요인을 비교한 결과를 정리한 것이다. 경매 대상이 되는 도로인 목적물(2)과 농지인 비교표준지(A)를 비교한 결과다. 여기서 중요한 것은 기타조건이다. 기타조건의 도로조건으로 인해 0.33으로 적용했다. 이 부분이 보상 감정평가를 할 때 '증액'할 수 있는 부분이다. 비교표준지가 농지고, 공익사업에 편입 당시에 이용 상황이 농지였으니, 1로 보정해야 한다.

[자료 2-115] **2022-100546(2) 보상 감정의 개별요인 평가**

| 일련<br>번호 | 비교표준지 | 가로<br>조건 | 접근<br>조건 | 환경<br>조건 | 획지<br>조건 | 행정적<br>조건 | 기타<br>조건 | 계 |
|---|---|---|---|---|---|---|---|---|
| 2 | (A)○○리 93(농지) | – | 1.0 | 1.0 | 0.85 | 1.0 | 1.0 | 0.85 |
| | 대상지는 표준지(A) 대비 경사 등 획지조건에서 열세함. | | | | | | | |

**Tip**

경매 감정 ▶ 비교표준지(농지) 1 : 경매 물건(도로) 0.33
보상 감정 ▶ 비교표준지(농지) 1 : 경매 물건(농지) 1

## ② 보상가 산출

앞에서 보정한 개별요인을 적용해서 보상가를 산출한다. 원칙적으로는 시점수정을 해야 하나, 경매 감정의 시점수정치를 그대로 사용해도 무방하다.

[자료 2-116] **경매와 보상 감정평가 결정단가**

표 1 경매 감정평가 결정단가

| 일련<br>번호 | 공시지가<br>(원/㎡) | 시점수정 | 지역<br>요인 | 개별<br>요인 | 그 밖의<br>요인 | 산정단가<br>(원/㎡) | 결정단가<br>(원/㎡) |
|---|---|---|---|---|---|---|---|
| 2 | (A)96,000 | 1.03187 | 1.0 | 0.281 | 1.83 | 50,939 | 51,000 |

표 2 보상 감정평가 결정단가

| 일련<br>번호 | 공시지가<br>(원/㎡) | 시점수정 | 지역<br>요인 | 개별<br>요인 | 그 밖의<br>요인 | 산정단가<br>(원/㎡) | 결정단가<br>(원/㎡) |
|---|---|---|---|---|---|---|---|
| 2 | (A)96,000 | 1.03187 | 1.0 | 0.85 | 1.83 | 154,087 | 154,000 |

※ 각 항목을 곱한 가격이 결정단가다.

### ③ 입찰가 확정

앞에서 산출한 예상되는 보상단가는 154,000원이다. 경매 감정가의 300%이다. 이것이 미보상(미지급) 용지 투자의 장점이다. 단점은 예산이 부족한 것이다. 이 물건도 3년~4년 후에나 보상받을 수 있을 것 같다. 그렇지만 양도세 측면에서 생각하면 나쁘지 않다. 입찰가는 금액에 따라 다르게 정해야 할 것이다. 최근에는 경매 감정가가 2,000만 원 미만이면서 보상가가 경매 감정가에 3배가 되는 미보상용지는 경매 감정가 대비 190%~210% 범위에서 매각된다. 이 물건은 경매 감정가 대비 200% 수준으로 입찰가를 정했다.

# 제4장

## 고수익을 주는
## 예정공도 투자하기

토지보상 투자방법 중에 고수익을 가져다줄 수 있는 것이 '예정공도' 투자라고 생각한다. 예정공도는 보상가가 경매 감정가 대비 최소 300%이다. 보상가가 낙찰가 대비 약 1,800%인 사례도 본 적이 있다. 이렇게 예정공도 투자를 통해서 고수익을 내기 위해서는 핵심 내용을 알아야 한다.

예정공도 투자 시에 가장 핵심이 되는 것은 '기다림과 확신'이라고 생각한다. 뜬구름 잡는 이야기처럼 들릴 듯하겠지만 전혀 엉뚱한 말이 아니다. 이번 CHAPTER 02의 제4장을 통해서 예정공도 투자의 핵심이 왜 '기다림과 확신'인지를 느껴보기를 바란다.

# 예정공도의
# 정의

    기반시설로써 도로는 [자료 2-73]의 절차처럼 '국토계획법'에 따라 도시관리계획 도로 결정 → 실시계획의 작성 및 인가 → 토지 등의 취득 → 도로개설공사 등과 같은 도시계획시설사업의 시행 절차에 따라 개설된다.

    그런데 예정공도는 도시관리계획에 의해서 '도로로 결정된 후' 앞서 설명한 절차를 거치지 않고 사실상 개설된 도로를 의미한다. 인접 토지에서 건축 등을 함에 따라 자연히 개설된 도로가 이에 해당하는 경우가 많다.

    예정공도가 되기 위해서는 [자료 2-117]의 도로 중에 국토계획법에 따라 결정된 도로만 되는 것이다. 법정도로 모두가 대상이 되는 것이 아니라 도시계획시설 도로만 해당하는 것이다.

    예정공도의 개념을 이해가 쉽게 설명해보겠다.

[자료 2-117] **도로의 종류**

| 구분 | 적용 법률 | 종류 | 보상 대상 |
|---|---|---|---|
| 법정도로 | 국토계획법 | 광로·대로·중로·소로(규모별) | 유 |
| | 도로법 | 고속국도·일반도·지방도·군도 등 | 유 |
| | 농어촌도로 정비법 | 농어촌도로 | 유 |
| | 사도법 | 사도(사실상의 사도와는 다름) | 무 |
| 비법정도로 | 건축법 | 지정도로(허가권자가 지정·공고한 도로) | 무 |

[자료 2-118] **1970년 초 서울시 OO동 항공사진**

출처 : 국토정보맵

[자료 2-118]은 기반시설(도로 등)이 갖춰지지 않은 1970년 초 서울시 한 동네의 항공사진이다. 저 상태에서 항공사진의 빨강 점선처럼 도시관리계획에 의해 도로로 결정된 후 곧바로 도로 사업이 시행되는 것

이 아니라, 수십 년간 도로 사업이 시행되지 않는 장기 미집행 도시계획시설 도로 상태가 된다. 이런 상태에서 건물이 낡아, 빨강 점선 주변의 토지주가 하나둘씩 건축이 필요해 건축허가를 신청할 때는 '도시계획시설 예정도로'는 건축법의 법정도로이므로 그 예정도로로 건축허가가 가능하다.

**[자료 2-119] 2023년 서울시 OO동 항공사진**

출처 : 국토정보맵

예정도로로 건축허가 후에 만약 준공 시까지 예정도로가 완성되지 못하면 건축법 기준에 맞는 통로만 있어도 된다고 유권해석하고 있다. [자료 2-119]처럼 인접 토지에서 건축 등을 함에 따라 자연히 개설되어 사실상 도로로 사용되고 있는 도로 상태가 된다. 이런 경우는 '사실상의 사도'의 개념에서 명시적으로 제외된다(토지보상법 시행규칙 제26조 제2항 참조).

# 예정공도가
# 고수익이 되는 이유

　토지보상 투자 방법 중에 고수익을 가져다줄 수 있는 것이 '예정공도' 투자라고 했다. 예정공도 투자 시에 가장 핵심이 되는 것은 '기다림과 확신'이라고 했다. 이 말은 도시관리계획에 의해 도로로 결정된 후 수십 년간 도로 사업이 시행되지 않을 수도 있다는 것을 인지하고, 언젠가는 사업이 시행될 것이라는 확신을 가지고 기다려야 한다는 의미다.

　현재 도로화된 예정공도를 사업이 시행되겠다고 판단하고 투자했다가 시행되지 않으면, 도로에 투자한 것과 마찬가지다. 장기간 투자금이 묶일 수 있다는 것을 감안하고 투자해야 한다.

　[자료 2-120]은 예정공도다. 도시관리계획에 의해 도로로 결정된 후 아직 사업이 시행되지 않은 상태에서 [자료 2-121]에 보이듯이 현황 도로로 사용하고 있다.

## [자료 2-120] 경매 진행 중인 예정공도 물건

| 2022-01146-001 | **압류재산-매각** | | 찜하기 메모 공유 인쇄 사진 인쇄 제보 오류신고 | | |
|---|---|---|---|---|---|
| 소재지 | 광주광역시 남구 월산동 ▉▉▉▉ 지도 보기 | | | | |
| 물건종류 | 토지 | 재산종류 | 압류재산 | 감정가 | 11,374,000원 |
| 세부용도 | 도로 | 처분방식 | 매각 | 최저입찰가 | (100%) 11,374,000원 |
| 토지면적 | 47㎡ | 물건상태 | 입찰준비중 | 집행기관 | 한국자산관리공사 |
| 건물면적 | | 배분요구종기 | 2023.05.02 | 담당부서 | 광주전남지역본부 |
| 주의사항 | 명도책임자 : 매수인 | 담당자 | 조세정리2팀 (☎ 1588-5321) | 위임기관 | 광주광역시 |
| 물건 사진 | | | | | 사진 더 보기 |

## [자료 2-121] 예정공도의 도면과 항공사진

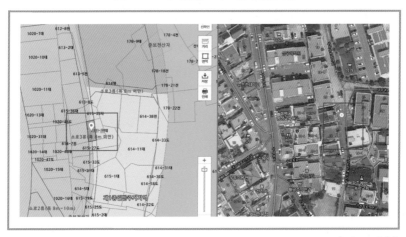

출처 : 토지이음

지자체 담당에게 문의했는데 아직 시행계획이 없다고 하면서, 언제 시행될지 모른다라고 답변했다면 어떨까? 이런 경우라면 대부분 투자를 포기한다. 장기 미집행 도시계획시설 도로이므로 실효가 된다면, 투자금을 언제 회수할지 알 수가 없는 상태가 되기 때문이다.

그런데 여러 번 유찰 후, 투자한 돈은 없는 셈 치고 여러 명이 공동 투자로 약 300만 원 미만으로 낙찰받고 기다리다가, 도로 사업이 시행되면 어떻게 될 것인가?

[자료 2-120] 물건의 경매 감정평가는 사실상 사도라서 인근 토지에 대한 평가액의 3분의 1로 평가한 상태다. 예정공도는 보상평가 시에는 정상 평가하므로 보상가는 낙찰 시점을 기준으로 최소 3,400만 원이 될 것이고, 도로 사업이 시행되는 시점을 기준으로 보상하게 되면 시세가 반영되어 보상금은 더 많아질 것이다.

이렇게 고수익을 낼 수 있는 이유는 앞에서 설명했듯이 도로 사업 시행에 대한 '기다림과 확신' 때문일 것이다.

# 예정공도의
# 감정평가 방법

예정공도는 앞의 사례에서 보듯이, 경매 감정평가와 보상 감정평가가 차이(구체적인 이유는 CHAPTER 03 참조)가 있다.

> **토지보상법 시행규칙 제26조**(도로 및 구거부지의 평가)
> ① 도로부지에 대한 평가는 다음 각호에서 정하는 바에 의한다. 〈개정 2005. 2. 5〉
>
> 1. '사도법'에 의한 사도의 부지는 인근 토지에 대한 평가액의 5분의 1 이내
> 2. 사실상 사도의 부지는 인근 토지에 대한 평가액의 3분의 1 이내
> 3. 제1호 또는 제2호 외의 도로의 부지는 제22조의 규정에서 정하는 방법

사실상의 사도(현황도로)로 이용 중인 토지는 경매와 보상 감정 둘 다 인근 토지에 대한 평가액의 3분의 1 이내로 평가한다. 그런데 예정공도는 경매 감정평가 시에는 사실상의 사도로 평가하고 보상 감정평가 시에는 사실상의 사도로 평가하지 않는다.

예정공도를 경매 감정 기준으로 평가할 경우는 사실상의 사도(현황도로)이므로 토지보상법 시행규칙 제26조 제1항에 따라 인근 토지에 대한 평가액의 3분의 1 이내로 하고, 보상 감정 기준으로 평가할 경우는 인근 토지에 대한 평가액으로 한다. 이렇게 예정공도가 경매와 보상 감정 평가가 차이가 있는 이유는 토지보상법 시행규칙 제26조 제2항과 대법원 판례(대법원 2014두6425 판결) 때문이다.

> 토지보상법 시행규칙 제26조(도로 및 구거부지의 평가)
> ② 제1항 제2호에서 '사실상의 사도'라 함은 '사도법'에 의한 사도 외의 도로('국토의 계획 및 이용에 관한 법률'에 의한 도시·군관리계획에 의하여 도로로 결정된 후부터 도로로 사용되고 있는 것을 제외한다)로서 다음 각호의 1에 해당하는 도로를 말한다. 〈개정 2005. 2. 5, 2012. 1. 2, 2012. 4. 13〉

토지보상법 시행규칙 제26조 제2항은 국토계획법에 따른 도시관리계획에 의하여 도로로 결정된 후부터 도로로 사용되고 있는 것은 사실상 사도에서 제외한다고 한다. 대법원 판결(대법원 2014두6425 판결)에도 예정공도 부지의 보상액을 사실상의 사도로 평가한다면, 토지가 도시관리계획에 의해 도로로 결정된 후 곧바로 도로 사업이 시행되는 경우의 보상액을 수용 전 종전 사용현황인 대지를 기준으로 산정하는 것과 비교해 토지소유자에게 지나치게 불리한 결과를 초래한다고 인정했다. 이 점을 고려해 예정공도 부지는 사실상의 사도에서 제외하고 있다.

이렇듯 도로의 종류에 따라서 손실보상 평가금액에 큰 차이가 발생하기 때문에 투자자는 도시관리계획에 따른 도로 결정 후부터 도로로 사용되고 있다는 것을 항공사진과 관련 자료 등으로 증명할 수 있어야 한다.

---

대법원 2014두6425 판결, 2014. 9. 4 선고
[이의재결처분취소 등] [공2014하, 2057]

**[판시사항]**
'예정공도부지'가 공익사업을 위한 토지 등의 취득 및 보상에 관한 법률 시행규칙 제26조 제2항에서 정한 사실상의 사도에 해당하는지 여부(소극)

**[판결 요지]**
공익사업을 위한 토지 등의 취득 및 보상에 관한 법률 시행규칙(이하 '공익사업법 시행규칙'이라 한다) 제26조 제2항은 사실상의 사도는 '사도법에 의한 사도 외의 도로로서, 도로개설 당시의 토지소유자가 자기 토지의 편익을 위하여 스스로 설치한 도로와 토지소유자가 그 의사에 의하여 타인의 통행을 제한할 수 없는 도로'를 의미한다고 규정한다. 국토의 계획 및 이용에 관한 법률에 의한 도시·군 관리계획에 의하여 도로로 결정된 후부터 도로로 사용되고 있는 것은 사실상의 사도에서 제외하고 있다.
'공익계획사업이나 도시계획의 결정·고시 때문에 이에 저촉된 토지가 현황도로로 이용되고 있지만, 공익사업이 실제로 시행되지 않은 상태에서 일반공중의 통행로로 제공되고 있는 상태로서 계획제한과 도시계획시설의 장기 미집행 상태로 방치되고 있는 도로', 즉 예정공도부지의 경우 보상액을 사실상의 사도를 기준으로 평가한다.
토지가 도시·군 관리계획에 의하여 도로로 결정된 후 곧바로 도로사업이 시행되는 경우의 보상액을 수용 전의 사용현황을 기준으로 산정하는 것과 비교하여 토지소유자에게 지나치게 불리한 결과를 초래한다는 점 등을 고려하면, 예정공도부지는 공익사업법 시행규칙 제26조 제2항에서 정한 사실상의 사도에서 제외된다.

# 감정평가와
# 세금 이해하기

"푸른나무 님, 경매 감정평가보다 높게 입찰하면 남는 게 있나요?"

"같은 토지를 감정평가하는데, 왜 경매와 보상 평가액이 다른가요?"

토지보상 강의를 하거나 투자 모임에서 가장 많이 질문을 받는 내용이다. 경매 감정과 보상 감정은 평가 기준이 다르다. 이 차이를 이해하는 것이 보상 투자의 핵심이다.

"세무사님, 보상금 수령하면 양도소득세를 내야 하나요?" 이 질문은 필자가 보상 투자를 처음 접했을 때, 보상 전문 세무사에게 질문했던 내용이다. 결론은 토지소유자는 자발적으로 매매한 것이 아닌데도 양도세를 내야 한다는 것이다.

CHAPTER 03은 꼭 알아야 할 경매 감정과 보상 감정의 차이와 취득세 및 양도세에 대해 설명함으로써, 보상 투자를 처음 접하는 투자자가 대략적인 수익률을 계산해서 입찰가를 산정할 때 조금이라도 도움 될 수 있도록 하는 것이 목적이다.

# 제1장

## 감정평가
## 이해하기

토지보상 투자를 시작한 투자자가 어려워하는 부분이 예상 보상가를 정하는 것이다. 토지보상액은 '토지보상법' 제70조에 따라 '공시지가기준법'을 적용해서 감정평가사가 산정한다.

공시지가기준법이란 비교표준지의 공시지가를 기준으로 대상 토지의 현황에 맞게 시점수정, 지역 요인과 개별요인 비교, 그 밖의 요인 보정을 거쳐 대상 토지의 가액을 산정하는 것이다.

투자자는 감정평가사가 감정평가하는 방식과 똑같이 할 필요가 없다. 경매 감정평가서를 통해 저평가되어 있는 부분을 찾아내서 보상가를 유추하면 되는 것이다. 그러기 위해서는 공시지가기준법에 대한 이해가 반드시 필요하다.

토지보상법 제70조(취득하는 토지의 보상)

① 협의나 재결에 의하여 취득하는 토지에 대하여는 '부동산 가격공시에 관한 법률'에 따른 공시지가를 기준으로 하여 보상하되, 그 공시기준일부터 가격시점까지의 관계 법령에 따른 그 토지의 이용계획, 해당 공익사업으로 인한 지가의 영향을 받지 아니하는 지역의 대통령령으로 정하는 지가변동률, 생산자물가상승률('한국은행법' 제86조에 따라 한국은행이 조사·발표하는 생산자물가지수에 따라 산정된 비율을 말한다)과 그 밖에 그 토지의 위치 · 형상 · 환경 · 이용상황 등을 고려하여 평가한 적정가격으로 보상하여야 한다. 〈개정 2016. 1. 19〉

# 토지보상의
# 원칙

공익사업의 시행에 따른 손실보상은 '토지보상법'에 규정에 따른다. 토지보상법에 규정되어 있는 손실보상의 원칙은 다음과 같다.

## (1) 사업시행자의 보상 원칙

토지보상법 제61조에 따라 공익사업에 필요한 토지 등의 취득 또는 사용으로 인해서 토지소유자 또는 관계인이 입은 손실은 사업시행자가 보상한다. 따라서 설사 보상업무 및 이주대책에 관한 업무를 지방자치단체 등의 기관에 위탁해서 시행하는 경우라고 하더라도 보상책임은 궁극적으로 사업시행자에게 있다.

## (2) 사전보상의 원칙

토지보상법 제62조에 따라 사업시행자는 당해 사업을 위한 공사에 착수하기 이전에 토지소유자 및 관계인에 대해 보상액의 전액을 지급해야 한다. 다만 토지소유자 및 관계인의 승낙이 있거나 천재지변 시 토지의 사용 또는 시급한 토지의 사용 경우와 같이 성질상 사전보상이 불가능한 경우에는 사후보상이 인정되나 이 경우에는 반드시 법적 근거가 필요하다.

### (3) 현금보상의 원칙

토지보상법 제63조에 따라 손실보상은 다른 법률에 특별한 규정이 있는 경우를 제외하고는 현금으로 지급해야 한다. 예외적으로 사업시행자가 국가지방자치단체·기타 대통령령으로 정하는 정부 투자기관 및 공공단체일 때 토지 등 소유자가 원하거나 부재 부동산 소유자인 경우에 한해서 채권보상을 가능하게 하고 있다.

### (4) 개인별 보상의 원칙

토지보상법 제64조에 따라 손실보상은 토지소유자 또는 관계인에게 개인별로 보상액을 산정할 수 없는 경우를 제외하고는 개인별로 행해야 한다. 따라서 공동투자 시 공유지분에 대해서는 개인별로 보상이 가능하므로, 각 지분의 범위만큼 이의신청 또는 행정소송 제기를 할 수 있다.

### (5) 일괄보상의 원칙

토지보상법 제65조에 따라 사업시행자는 동일인 소유의 토지 등이 여러 개 있는 경우 토지소유자 또는 관계인의 요구가 있을 때는 일괄해서 보상금을 지급해야 한다. 이는 동일인 소유의 보상 물건이 시기적으로 분리 보상되어 대토 등 이주에 지장이 생기는 것을 막기 위한 것으로 사업인정을 받은 동일한 공익사업시행지구 내에서 적용된다.

## (6) 사업시행이익과 상계금지 원칙

토지보상법 제66조에 따라 사업시행자는 동일한 토지소유자에 속하는 일단의 토지의 일부를 취득 또는 사용하는 경우 당해 공익사업의 시행으로 인해 잔여지의 가격이 증가하거나 기타의 이익이 발생한 때에도 그 이익을 그 취득 또는 사용으로 인한 손실과 상계할 수 없다.

## (7) 시가보상의 원칙

토지보상법 제67조 ①항에 따라 시가보상을 원칙으로 한다. 여기서 '시가'란 시장가격이 아니라 보상 시점을 말하는 것이므로 보상액의 산정은 협의에 의한 경우에는 협의 성립 당시의 가격을, 재결에 의한 경우에는 수용 또는 사용의 재결 당시의 가격을 기준으로 한다.

## (8) 개발이익 배제의 원칙

토지보상법 제67조 ②항에 따라 당해 공익사업으로 인해 토지 등이 가격에 변동이 있더라도 이를 보상액에 고려하지 않는다. 따라서 사업인정 고시 이후에 주변 지역의 토지가격 상승분은 토지보상가에 반영이 되지 않는다. 그러나 당해 공익사업과 관계없는 다른 사업의 시행으로 인한 개발이익은 배제하지 않는다.

# 사업인정 고시의
# 중요성

 사업인정이란 공익을 위해 개인의 토지 등을 수용할 수 있는 사업으로 결정하는 것이다. 사업시행자가 일정한 절차를 거칠 것을 조건으로 토지 등에 대한 수용권을 설정해주는 행정처분을 말한다. 그 내용을 국가 또는 지자체가 발행하는 관보에 고시하면서 효력이 발생하는데, 이를 사업인정 고시라고 한다.

 사업인정 고시가 공고되면 사업시행자에게는 [자료 3-1]과 같은 다양한 권한을 부여하게 된다. 그중에서 투자자가 반드시 이해하고 가야 하는 부분이 '보상기준 확정'이라는 항목이다. 보상기준 확정은 보상액 산정을 위한 표준지 공시지가를 고정하는 것이다. 보상액에서 개발이익을 배제한다는 손실보상의 원칙을 의미한다. 개발이익이란 해당 공익사업으로 인한 이익을 말하는 것이다.

[자료 3-1] **사업인정 고시의 효력**

| 효력 | 내용 |
|---|---|
| 수용권 부여 | 사업인정이 되면 목적물을 수용할 수 권한을 부여 |
| 수용대상 토지 확정 | 수용할 토지의 위치와 예정면적의 범위 확정 |
| 관계인의 범위 한정 | 사업인정 고시 후 새로운 관계인(승계인 제외)은 손실보상청구권이 인정되지 않음. |
| 보전의무 | 해당 토지에 대해 형질변경 등의 금지 |
| 토지·물건 조사권 | 해당 토지 등에 출입해 조사할 수 있는 권리 부여 |
| 보상기준 확정 | 보상액 산정을 위한 표준지 공시지가의 고정 |

토지보상법을 의제하는 토지수용을 명시하고 있는 각종 개별법에서는 사용인정이라는 단어를 다양한 이름으로 사용하고 있다. [자료 3-2]는 투자 시 빈번하게 적용하는 개별법과 사업인정 고시명칭을 정리한 자료다.

[자료 3-2] **개별법에서 정한 사업인정**

| 사업지구 | 적용 법률 | 사업인정 고시일 |
|---|---|---|
| 택지개발예정지구 | 택지개발촉진법 | 지구지정 고시일 |
| 공공주택지구 | 공공주택특별법 | 지구지정 고시일 |
| 도시개발구역 | 도시개발법 | 토지세목 고시일 |
| 산업단지 | 산업입지 및 개발에 관한 법률<br>산업단지 인허가절차 간소화를 위한 특례법 | 단지지정 고시일<br>단지계획승인 고시일 |
| 근린공원/민간공원 | 도시공원 및 녹지 등에 관한 법률 | 실시계획 인가 고시일 |
| 도시계획시설 | 국토의 계획 및 이용에 관한 법률 | 실시계획 인가 고시일 |
| 도로개설 | 도로법 | 도로구역 결정/변경 고시 |
| 역세권 개발 사업 | 역세권 개발 및 이용에 관한 법률 | 구역지정 고시일 |

**Tip**

> 경매 감정평가는 대상 물건의 가격조사를 완료한 날짜를 평가 기준으로 한다. 보상 감정평가는 사업인정 고시 전에는 협의 물건의 가격조사를 완료한 날짜, 사업인정 고시 후에는 사업인정 고시일이 평가 기준이 된다.

# 공시지가기준법에 의한 감정평가

    토지감정평가 시 경매는 공시지가기준법에 의한 시산가액과 거래사례비교법에 의한 시산가액을 산출한 후에 합리성을 검토해서 둘 중 하나에서 선택한다. 대부분 공시지가기준법에 의한 시산가액으로 결정한다. 그리고 보상은 공시지가기준법에 의한 시산가액으로 산출한다. 그러므로 공시지가기준법에 의한 감정평가를 이해하고, 토지의 경매 감정평가서를 활용해서 보상 감정평가 방식으로 보정하면, 대략적인 보상가를 예측할 수 있다.

    공시지가기준법이란 감정평가의 대상 토지와 유사하다고 인정되는 비교표준지의 공시지가를 기준으로 현황에 맞게 시점수정, 지역 요인 및 개별요인 비교, 그 밖의 요인 보정을 거쳐 대상 토지의 가액을 산정하는 감정평가방법을 말한다. 산식은 다음과 같다.

> 토지 단가 = 비교표준지 공시지가 × 시점수정 × 지역 요인의 비교 × 개별요인의 비교 × 그 밖의 요인

## (1) 비교표준지 공시지가

필자가 강의를 진행할 때마다, "보상금은 개별공시가의 2배에서 3배로 적용해서 준다고 하는데, 맞나요?"라는 질문을 받는다. 이것은 표준지공시지가에 의한 평가방법을 개별공시지가로 오인해 시작된 말이다.

토지보상에서 공시지가란 표준지공시지가를 말한다. 국토교통부에서는 전국의 토지 중에서 토지의 이용 상황이나 주변 환경 등 기타 자연적·사회적 조건이 일반적으로 유사하다고 인정되는 50만 필지를 선정해 표준지 공시지가를 조사하고 매년 1월 1일 기준으로 적정가격을 평가해 매년 2월 말경 표준지 공시지가를 공시한다. 표준지공시지가는 [자료 3-3]과 같이 한국부동산원이 제공하는 부동산 공시가격 알리미 (https://www.realtyprice.kr)를 통해서 확인할 수 있다.

[자료 3-3] **표준지공시지가 열람 화면**

출처 : 부동산 공시가격 알리미

### ① 비교표준지의 선정기준

토지보상은 공시지가기준법에 따라 평가한다. 공시지가기준법은 대상 토지와 유사하다고 인정되는 비교표준지를 기준으로 삼아 각각의 토지 간의 차이를 반영하면서 보상받을 토지의 가액을 결정하는 방법이다.

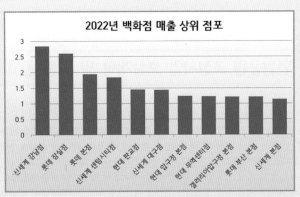

출처 : <글로벌이코노믹> 송수연 기자, 2023년 1월 5일

상기 자료는 2022년 백화점 매출 순위다. 지점을 포함해서 50개가 넘는 백화점에서 1위가 신세계 강남점이다. 여기서 1위인 신세계 강남점이 비교표준지가 되는 것이고, 1위인 신세계 강남점을 나머지 백화점과 비교하는 것이다. 1위를 뽑는 기준이 중요하다. 국내 백화점 매출 1위를 정하는데, 외국 백화점을 포함시키면 안 되는 것이다.

비교표준지는 용도지역, 이용 상황, 주변 환경, 가까운 곳 순으로 선정되며, 만약 적합한 표준지가 없다면 인근 지역과 유사한 지역적 특성을 가진 동일 수급권 안의 표준지 중에서 가장 적절하다고 인정되는 곳을 비교표준지로 선정하기도 한다.

[자료 3-4] 사업인정 전 보상감정 사례

---

경기주택도시공사 공고 제2021-0110호

# 연현공원 조성사업 보상계획 및 열람 공고

안양시 고시 제2021-18(2021.1.29.)호 및 제2021-21(2021.2.5.)호로 도시관리계획 결정 및 지형도면 승인, 사업시행자 지정 고시된 도시계획시설사업(연현공원 조성사업)에 편입된 토지 및 물건 등에 대하여 「공익사업을 위한 토지 등의 취득 및 보상에 관한 법률」(이하 "토지보상법") 제15조의 규정(사업인정전 협의취득)에 따라 아래와 같이 보상계획을 공고하오니, 토지 등의 소유자와 관계인께서는 토지조서 및 물건조서를 열람하시고 조서의 내용에 이의가 있는 경우 열람기간 동안에 서면으로 이의신청하여 주시기 바랍니다.

## 1. 공익사업의 개요

| 사업의 종류 및 명칭 | 사업시행자 | 사업 위치 및 면적 | 사업기간 |
|---|---|---|---|
| 도시계획시설(공원)사업<br>연현공원 조성사업 | 경기주택도시공사 | 경기도 안양시 석수동<br>477-10번지 일원<br>37,315㎡ | 2020.01<br>~<br>2023.12 |

## 2. 보상대상 및 열람내용

| 구분 | 소 재 지 |
|---|---|
| 토지 | 경기도 안양시 석수동 477-10, 477-16, 477-20, 477-24, 477-25, 477-26, 527, 529, 530-5, 530-8, 530-9, 530-10, 530-1, 530-11, 708-15, 708-32, 708-33, 708-14, 710-17, 산136-2, 산136-3, 산137-11, 산137-13 |
| 물건 | 위 토지상에 소재한 지장물건과 권리관계 등 일체 포함 |
| 비고 | - 구체적인 지번은 열람 장소와 경기주택도시공사(GH공사) 홈페이지[https://www.gh.or.kr → 정보마당 → 보상정보(보상공고)]에서 열람가능(소유자 인적사항 제외)<br>- 상기 보상대상 지번은 분할전 지번이며, 향후 실시계획 승인 후 지구계 분할측량 결과를 반영한 신규지번을 보상대상으로 함 ※ 지구계 분할측량 결과 사업지구 편입 면적이 변동될 수 있음 |

※ 토지조서 및 물건조서의 세부 내용은 조서 열람기간 중에 열람 장소에서 보실 수 있으며 토지 등의 소유자 및 관계인에게 개별적으로 알려드립니다. (개별통보를 받지 못한 분에게는 이 공고로 대체합니다)

출처 : 경기주택도시공사(공고 제2021-0110호, 2021. 3. 19)

## ② 사업인정과 비교표준지의 관계

사업인정의 효과 중의 한 가지인 '보상기준 확정'은 보상액 산정을 위한 표준지공시지가를 고정하는 것이다. 이해를 돕기 위해 구체적인 사례를 들어서 설명하겠다.

사업인정 전에 취득하는 경우에는 토지보상법 제70조 제3항에 따라 공시지가는 해당 토지의 가격시점 당시 공시된 공시지가 중 가격시점과 가장 가까운 시점에 공시된 공시지가로 한다.

> **토지보상법 제70조(취득하는 토지의 보상)**
> ③ 사업인정 전 협의에 의한 취득의 경우에 제1항에 따른 공시지가는 해당 토지의 가격시점 당시 공시된 공시지가 중 가격시점과 가장 가까운 시점에 공시된 공시지가로 한다.

[자료 3-4]는 사업인정 전 협의 취득에 의한 보상계획 및 열람공고 내용이다. 여기서 경매와 보상가격 시점이 2021년 5월 13일이면 비교표준지의 공시지가는 언제 공시된 것으로 적용해야 할까?

**[자료 3-5] 경매와 보상의 비교표준지 적용**(사업인정 전)

| 가격시점 | 구분 | 적용 공시지가 | 비고 |
|---|---|---|---|
| 2021년 5월 13일 | 경매 | 2021년 1월 1일 | |
| | 협의 보상 | 2021년 1월 1일 | |

※ 표준지 공시지가는 매년 2월 28일에 공표한다.

Tip

비교표준지는 국토교통부 장관이 공시한다. 매년 1월 1일 표준지의 단위면적당 가격(원/m²)을 말한다. 발표는 매년 2월 28일에 한다.

[자료 3-6] 사업인정 후 보상감정 사례

화성시 공고 제2022 - 463호

# 보상계획 열람 공고

화성시에서 시행하는 "매송도시계획도로 소로2-5,9호선 개설공사"에 편입되는 토지 등에 대하여 「공익사업을 위한 토지 등의 취득 및 보상에 관한 법률(이하 '토지보상법'이라 함)」제15조에 따라 다음과 같이 보상계획의 열람을 통지하오니, 토지 등의 소유자 및 관계인은 기간 내에 열람하시고 토지조서 등의 내용에 대하여 이의(면적상이, 오기 등)가 있을 경우에는 서면으로 이의신청서를 제출하여 주시기 바랍니다.

### 1. 공익사업의 개요
○ 사업의 명칭: 매송도시계획도로 소로2-5,9호선 개설공사
○ 사업시행지역: 경기도 화성시 매송면 천천리 146-2번지 일원
○ 사업 시행 자: 화성시장 [보상업무 수탁(수행)기관: 한국부동산원]
○ 사업인정고시: 화성시 고시 제2020-154호(20.4.10)
○ 사업규모 및 사업기간: B=8m L=611m, 2020.04.10. ~ 2023.12.31.
○ 편입토지: 66필지(9,673㎡, 공공유지 9필지 610㎡ 포함)
○ 보상대상 토지 등: 토지58필지(9,063㎡, 소유자88명 관계인27명) 및 지장물

| 편입필지 | 화성시 매송면 천천리 151-29, 151-13, 151-46, 151-45, 151-14, 151-15, 151-16, 151-44, 151-39, 442-22, 151-43, 151-41, ,151-38, 147-26, 147-24, 147-31, 147-22, 147-33, 147-28, 147-20, 147-27, 147-32 147-21, 147-29, 147-30, 147-34, 444-38, 444-16, 146-9, 145-11, 145-12, 146-11, 161-4, 162-25, 162-26, 162-18, 162-24, 162-19, 162-27, 162-29, 193-5, 194-4, 195-6, 195-7, 197-30, 195-4, 195-5, 195-3, 197-32, 197-1, 196-2, 112-7, 153-1, 444-37, 150-2, 150-1, 149-11, 149-7, 149-8, 149-4, 149-9, 147-23, 147-6, 147-25, 147-3, 147-19 |
|---|---|

### 2. 열람(이의신청)기간 및 장소
○ 기 간: 2022. 2. 7.(월) ~ 2022. 2. 21.(월)
○ 장 소: 한국부동산원 수도권남부보상사업단 (전화 031-290-3273)
　　경기도 수원시 영통구 광교로152(이의동) 디아이티빌딩 2층
　　화성시(도로과): 경기도 화성시 남양읍 시청로 159(화성시 홈페이지:http://www.hscity.go.kr)
　　031-5189-6386

### 3. 보상의 시기
○ 개인별 보상대상 토지 및 물건 내역, 보상액, 보상절차, 협의기간 등의 구체적 사항은 손실보상협의 요청서와 함께 보상시기에 문서로 개별 통지합니다.

출처 : 화성시(제2022-4660호, 2022. 2. 27)

사업인정 후에 취득하는 경우에는 토지보상법 제70조 제4항에 따라 공시지가는 사업인정 고시일 전의 시점을 공시기준일로 하는 공시지가다. 해당 토지에 관한 협의의 성립 또는 재결 당시 공시된 공시지가 중 그 사업인정 고시일과 가장 가까운 시점에 공시된 공시지가로 한다.

> **토지보상법 제70조(취득하는 토지의 보상)**
> ④ 사업인정 후의 취득의 경우에 제1항에 따른 공시지가는 사업인정 고시일 전의 시점을 공시기준일로 하는 공시지가로서, 해당 토지에 관한 협의의 성립 또는 재결 당시 공시된 공시지가 중 그 사업인정 고시일과 가장 가까운 시점에 공시된 공시지가로 한다.

[자료 3-6]은 사업인정 후(2020년 4월 10일) 협의 취득에 의한 보상계획 열람공고 내용이다. 경매와 보상가격 협의 시점이 2022년 5월 10일이면 비교표준지의 공시지가는 언제 공시된 것으로 적용해야 할까? 그리고 보상가격 협의 시점이 2022년 1월 10일이면 비교표준지의 공시지가는 언제 공시된 것으로 적용해야 할까?

협의 보상 시에는 '가장 가까운 시점 2022년 2월 28일에 발표된 2022년 1월 1일 기준의 공시지가를 기준으로 적용한다'라고 생각하는 투자자가 많을 것이다.

[자료 3-6]에서 사업인정고시일은 2020년 4월 10일이다. 그러므로 보상가격 협의 시점이 2022년 5월 10일이라도 사업인정 고시일을 기준으로 2020년 2월 28일에 발표된 '2020년 1월 1일' 기준의 공시지가로 적용해야 한다. 그리고 경매 평가시점은 평가 시점이 2022년 5월 10일이므로 2022년 1월 1일 기준의 공시지가를 적용한다. 2022년 1월 10일은 아직 2022년 공시지가를 발표하기 전이므로 2021년 1월 1일 기준의 공시지가를 적용한다.

[자료 3-7] **경매와 보상의 비교표준지 적용**(사업인정 후)

| 가격시점 | 구분 | 적용 공시지가 | 비고 |
|---|---|---|---|
| 2022년 5월 10일 | 경매 | 2022년 1월 1일 | |
| | 협의 보상 | 2020년 1월 1일 | |
| 2022년 1월 10일 | 경매 | 2021년 1월 1일 | |
| | 협의 보상 | 2020년 1월 1일 | |

※ 표준지 공시지가는 매년 2월 28일에 공표한다.

필자가 운영하는 카페 토투캠에서 토지보상 투자 강의를 정기적으로 하고 있다. 정규강의 과정에 비교표준지 공시지가 적용하는 문제 풀이를 항상 하고 있다. 수강생들이 가장 많이 틀리는 부분이 사업인정 후 협의 취득에 의한 보상일 때, 비교표준지 공시지가를 선택하는 문제다.

## (2) 시점수정

시점수정이란 사례 토지의 거래시점과 기준시점이 시간상으로 불일치해 사례 가격을 거래시점의 가격수준에서 기준시점의 가격수준으로 정상화하는 작업을 말한다. 시점수정에 사용되는 가격변동률은 인근 지역이나 인근 지역과 유사한 가격변동과정을 거쳤다고 인정되는 동일 수급권 내의 다른 용도지역에서 구해야 한다.

예를 들어 [자료 3-5]로 감정평가를 한다고 가정했을 때, 시점수정을 위한 대상 기간은 다음과 같다.

[자료 3-8] **경매와 보상감정의 시점수정 비교**

| 가격시점 | 구분 | 대상기간 | 비고 |
|---|---|---|---|
| 2022년 5월 10일 | 경매 | 2022. 1. 1 ~ 2022. 5. 10 | |
| | 협의 보상 | 2020. 1. 1 ~ 2022. 5. 10 | |
| 2022년 1월 10일 | 경매 | 2021. 1. 1 ~ 2022. 1. 10 | |
| | 협의 보상 | 2020. 1. 1 ~ 2022. 1. 10 | |

지가변동률(시점수정치)은 국토교통부 장관의 의뢰를 받은 한국부동산원장이 '감정평가 및 감정평가사에 대한 관한 법률' 및 '지가변동률 조사·산정에 관한 규정' 등을 준용해 조사한 표본지의 산정가격을 기초로 산정된 지가지수의 기준시점과 비교 시점의 비율을 말한다. 지가변동률 조사, 산정은 매월 실시하며, 조사 산정 기준일은 다음 달 1일이다. 시·군·구별, 용도지역별 등으로 지가변동 현황을 발표한다.

대상 기간의 지가변동률 값은 직접 계산할 필요 없이 2가지 방법으로 지가변동률 조회가 가능한 사이트에서 활용하면 된다. 한 가지 방법은 '용도지역' 기준, 다른 한 가지 방법은 '읍·면·동' 기준으로 검색하는 것이다.

첫 번째 지가변동률 조회하는 방법은 다음과 같다.

① 부동산통계정보시스템(https://www.reb.or.kr/r-one)에 접속한다.
부동산통계정보시스템에 접속하면 메인화면에 공개자료실이 있다. 공개자료실에서 '지가변동률계산기'를 클릭한다.

출처 : 부동산통계정보시스템

② 지가변동률계산기에 접속한 후 원하는 대상 기간, 지역을 선택하고 검색을 누른다.

출처 : 부동산통계정보시스템

③ 다음 검색 결과 중에서 해당하는 용도지역 결과치를 참조한다. 다음 결과치는 [자료 3-8]의 2022년 1월 1일에서 2022년 5월 10일까지의 결과다.

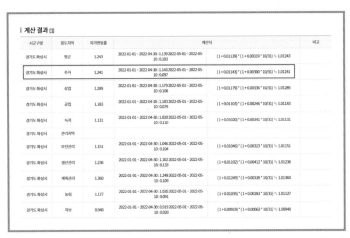

| 시군구명 | 용도지역 | 지가변동률 | 계산식 | | 비고 |
|---|---|---|---|---|---|
| 경기도 화성시 | 평균 | 1.243 | 2022-01-01 ~ 2022-04-30 : 1.139 2022-05-01 ~ 2022-05-10 : 0.103 | (1 + 0.01139) * (1 + 0.00319 * 10/31) ≒ 1.01243 | |
| 경기도 화성시 | 주거 | 1.241 | 2022-01-01 ~ 2022-04-30 : 1.143 2022-05-01 ~ 2022-05-10 : 0.097 | (1 + 0.01143) * (1 + 0.00300 * 10/31) ≒ 1.01241 | |
| 경기도 화성시 | 상업 | 1.289 | 2022-01-01 ~ 2022-04-30 : 1.179 2022-05-01 ~ 2022-05-10 : 0.108 | (1 + 0.01179) * (1 + 0.00336 * 10/31) ≒ 1.01289 | |
| 경기도 화성시 | 공업 | 1.183 | 2022-01-01 ~ 2022-04-30 : 1.103 2022-05-01 ~ 2022-05-10 : 0.079 | (1 + 0.01103) * (1 + 0.00246 * 10/31) ≒ 1.01183 | |
| 경기도 화성시 | 녹지 | 1.131 | 2022-01-01 ~ 2022-04-30 : 1.020 2022-05-01 ~ 2022-05-10 : 0.110 | (1 + 0.01020) * (1 + 0.00341 * 10/31) ≒ 1.01131 | |
| 경기도 화성시 | 관리지역 | | | | |
| 경기도 화성시 | 보전관리 | 1.151 | 2022-01-01 ~ 2022-04-30 : 1.046 2022-05-01 ~ 2022-05-10 : 0.104 | (1 + 0.01046) * (1 + 0.00323 * 10/31) ≒ 1.01151 | |
| 경기도 화성시 | 생산관리 | 1.236 | 2022-01-01 ~ 2022-04-30 : 1.102 2022-05-01 ~ 2022-05-10 : 0.133 | (1 + 0.01102) * (1 + 0.00412 * 10/31) ≒ 1.01236 | |
| 경기도 화성시 | 계획관리 | 1.360 | 2022-01-01 ~ 2022-04-30 : 1.249 2022-05-01 ~ 2022-05-10 : 0.109 | (1 + 0.01249) * (1 + 0.00339 * 10/31) ≒ 1.01360 | |
| 경기도 화성시 | 농림 | 1.127 | 2022-01-01 ~ 2022-04-30 : 1.035 2022-05-01 ~ 2022-05-10 : 0.091 | (1 + 0.01035) * (1 + 0.00283 * 10/31) ≒ 1.01127 | |
| 경기도 화성시 | 자보 | 0.940 | 2022-01-01 ~ 2022-04-30 : 0.919 2022-05-01 ~ 2022-05-10 : 0.020 | (1 + 0.00919) * (1 + 0.00063 * 10/31) ≒ 1.00940 | |

출처 : 부동산통계정보시스템

두 번째 지가변동률 조회하는 방법은 다음과 같다.

① 구글 검색에서 '지가변동률'로 검색해서 접속한다.

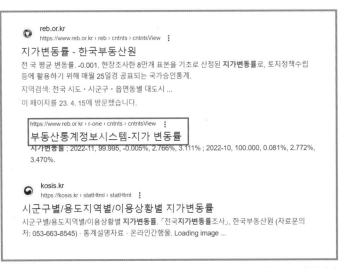

출처 : 구글 검색 결과

② 지가변동률에 접속해서 원하는 지역(읍·면·동)과 대상 기간을 선택하고 검색한다. 면 단위까지 검색한 결과는 1.469% 상승했다.

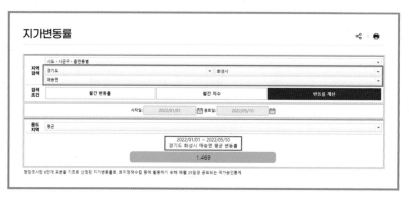

출처 : 한국부동산원 지가변동률

### (3) 지역 요인의 비교

지역 요인은 유사한 비교표준지가 인근 지역에 없어서 인근 지역 외에서 비교표준지를 선정했을 경우, 지역의 차이를 반영해주는 것이다. 대부분 인근 지역의 것을 선정하므로 '1'로 정하면 된다.

### (4) 개별요인의 비교

개별요인은 비교표준지와 대상 토지의 개별적인 특성을 비교하는 것이다. 비교해서 어떤 토지가 더 좋은 것인지 판단한다.

개별요인 = 가로조건 × 접근조건 × 환경조건 × 획지조건 × 행정조건 × 기타조건 개별요인이란 [자료 3-9] 사례와 같이 가로조건, 접근조건, 환경조건, 획지조건, 행정조건, 기타조건 총 6가지 기준을 두고 두 토지를 구체적으로 비교해서 그 차이만큼을 곱해주는 요인이다.

[자료 3-10] 사례에서 보면 비교표준지와 대상 토지의 개별요인 비교를 항목별로 수치화해 제시하고 있다. 대상 토지는 비교표준지보다 가로조건, 접근조건, 환경조건, 획지조건은 동등하고 행적조건과 기타조건은 0.85와 0.7만큼 열세해서 누계치는 비교표준지와 비교하면 0.595만큼 열세인 토지라는 것을 보여주고 있다.

[자료 3-9] **개별요인 비교항목**(상업지역 사례)

| 조건 | 항목 | 세부 항목 |
|------|------|-----------|
| 가로<br>조건 | 가로의 폭, 구조 등의 상태 | 폭, 포장, 보도, 계통 및 연속성 |
| 접근<br>조건 | 교통시설과의 접근성 | 상업지역 중심과의 접근성, 인근 교통시설과의 거리 및 편의성 |
| 환경<br>조건 | 고객의 유동성과의 적합성 | 고객의 유동성과의 적합성 |
| | 인근 환경 | 인근 토지의 이용상황, 인근 토지의 이용상황과의 적합성 |
| | 자연환경 | 지반, 지질 등 |
| 획지<br>조건 | 면적, 접면 너비, 깊이, 형상 등 | 면적, 접면너비, 깊이, 부정형지, 삼각지 등 |
| | 방위, 고저 등 | 방위, 고저, 경사지 |
| | 접면 도로 상태 | 각지, 2면 획지, 3면 획지 |
| 행정<br>조건 | 행정상의 규제 정도 | 용도지역, 지구, 구역 등, 기타규제(입체이용제한 등) |
| 기타<br>조건 | 기타 | 장래의 동향, 기타 |

[자료 3-10] **개별요인 비교치**(사례)

| 일련<br>번호 | 비교<br>표준지 | 가로<br>접근 | 접근<br>조건 | 환경<br>조건 | 획지<br>조건 | 행적<br>조건 | 기타조<br>건 | 계 |
|---|---|---|---|---|---|---|---|---|
| 1 | 관설동<br>000-00 | 1.00 | 1.00 | 1.00 | 1.00 | 0.85 | 0.70 | 0.595 |
| | | 본건은 비교표준지와 비교해서 행정조건(본건 전체 도시계획 도로 저촉), 기타조건(제시외건물로 인한 제한)에서 열세함. | | | | | | |

개별요인은 토지보상 투자 시에 매우 중요한 부분이다. [자료 3-10]은 경매 감정평가 사례다. 이 자료를 활용해서 보상 감정평가로 보정할수 있어야 한다. 그러기 위해서는 다음(CHAPTER 03, 제1장 48)의 '경매와 보상평가의 차이'를 이해해야 한다.

## (5) 그 밖의 요인

그 밖의 요인은 공시지가와 시가와의 차이를 보정해주는 것이다. 즉, 시세를 반영하는 것인데, 다음 사례를 보면 이해가 빠를 것이다.

[자료 3-11]은 같은 토지의 단가를 산출한 것이다. 토지 단가가 다른이유는 그 밖의 요인의 값이 다르기 때문인 것을 알 수가 있다.

그 밖의 요인은 인근 지역 또는 동일 수급권 내 유사지역의 가치형성요인이 유사한 정상적인 거래사례 또는 평가사례 등을 고려해서 감정평가사 선택한다.

[자료 3-11] 그 밖의 요인 사례

| 토지 | 비교 표준지 | 시점수정 | 지역요인 | 개별요인 | 그 밖의 요인 | 토지 단가 |
|---|---|---|---|---|---|---|
| 1 | 10,000원 | 1.00 | 1.00 | 1.00 | 1.10 | 11,000원 |
| 1 | 10,000원 | 1.00 | 1.00 | 1.00 | 1.20 | 12,000원 |
| 1 | 10,000원 | 1.00 | 1.00 | 1.00 | 1.35 | 13,500원 |
| 1 | 10,000원 | 1.00 | 1.00 | 1.00 | 1.40 | 14,000원 |

감정평가사가 선택하는 거래사례 또는 평가사례에 따라 토지 단가가 11,000원에서 14,000원으로 결정된다. 그러므로 투자자는 거래사례와 또는 평가사례 특히, 인근 지역의 보상 전례를 잘 조사해서 보상 시 증액할 수 있는 부분을 고려해 투자한다.

# 경매와 보상평가의
# 차이 이해

    필자에게 "실패하지 않는 토지보상 투자를 하려면, 제일 중요한 것이 무엇인가?"라고 질문을 한다면, "경매 감정평가와 보상 감정평가의 차이를 이해하는 것"이라고 답할 것이다.

    감정평가가 어떻게 다를 수 있겠는가 하는 생각이 들 수 있겠다. 하지만 토지보상 평가는 토지보상 평가지침에 따라 감정평가를 한다. 이로 인해 경매 평가와 보상 평가액이 다르게 되는 원인이 된다.

    경매 평가와 토지보상 평가의 차이 중에, [자료 3-10]은 투자자가 반드시 알고 가야 할 사항이다. 각 항목에 대한 설명을 숙지해야 한다. 이 차이를 명확하게 이해하고 있는 투자자라면, 경매나 공매 진행 시 첨부되는 감정평가서를 통해 저평가된 부분을 찾을 수 있다.

    보상평가금액도 추정할 수 있는데, 이것은 토지보상 경매에서 매우 중요한 역할을 한다.

[자료 3-12] 경매 평가와 보상 평가의 차이

| 구 분 | 경매 평가 | 토지보상 평가 |
|---|---|---|
| 이용 상황 | 현실적 이용 상황 | 현실적 이용 상황<br>(예외: 무허가 건축물 부지, 일시적 이용 등) |
| 제시외건물 | 제시외건물로 인해 저감 가능성 | 토지 위에 건물은 지장물<br>(건물이 없는 것으로 평가 단, 집합건물 예외) |
| 일반적 제한 | 제한받는 상태 | 제한받는 상태<br>(당해 사업으로 용도지역 변경은 미고려) |
| 개별적 제한 | 제한받는 상태 | 제한받지 않는 상태 |
| 도시계획시설 | 제한받는 상태 | 제한받지 않는 상태 |
| 개발이익 | 개발이익 반영 | 개발이익 배제<br>(당해 사업과 무관한 개발이익 반영) |

## (1) 이용 상황

현실적인 이용 상황으로 평가한다는 것은 지적 공부상 지목과 실제 현황이 다른 경우에는 실제 현황을 기준으로 평가한다는 것을 말한다. 그러나 토지보상 평가는 모두 실제 이용 상황대로 평가하는 것은 아니다. 허가받지 않고 행한 경우, 일시적으로 이용한 경우에는 현황평가에 따라 평가하지 않는다.

모든 토지가 실제 이용 상황대로 평가되는 것은 아니다. 지목이 대인 토지가 일시적으로 농지로 이용되고 있다면 건축허가 관련 서류, 건축물대장 등 객관적인 자료를 제시해 대지로 평가받을 수 있도록 해야 한다.

반면 지목이 대나 실제 이용 상황이 답, 유지, 저수지 등 사실상 대지로 사용하기 위한 회복이 불가능한 경우에는 실제 이용 상황을 임시로 볼 수 없으므로 답, 유지 등으로 평가하는 것이 타당하다.

앞에서 설명한 대로 보상 대상 토지는 현황을 기준으로 평가하는 것이 일반적이다. 그러나 다음의 경우처럼 예외 규정을 두고 있으니, 보상 투자를 위해서는 이해하고 있어야 한다.

> **토지보상 감정평가 시 현실적 이용 상황 적용 예외사항**
> ① 일시적 이용 상황
> ② 미지급용지와 미보상용지
> ③ 불법 형질 변경된 토지
> ④ 무허가 건축물 등의 부속토지
> ⑤ 공법상 제한을 받는 토지
> ⑥ 당해 공익사업 시행을 위해 용도지역이 변경된 토지

## (2) 일시적 이용 상황

'일시적 이용 상황'이란 관계 법령에 따른 국가 또는 지방자치단체의 계획이나 명령 등에 의해 그 토지 등을 본래의 용도로 이용하는 것이 일시적으로 금지 또는 제한되어 그 본래의 용도 외의 다른 용도로 이용되고 있는 것을 말한다. 또한, 당해 토지의 주위 환경의 사정으로 봤을 때 현재의 이용방법이 임시적인 경우가 여기에 해당된다.

예를 들어 [자료 3-13]처럼 주거지역에 있던 오래된 건물을 신축 목적으로 철거하고 있다가 여러 가지 이유로 나지 상태로 도시계획시설 도로가 결정되었다면, 해당 '대지'에는 건축할 수 없다.

이런 이유로 여러 가지 채소류를 경작하게 되었다면, 보상 시에는 도시계획시설 도로 계획으로 인해 건축을 금지하고 있으므로 채소경작은 일시적 이용 상황으로 보고 '대지'로 보상한다.

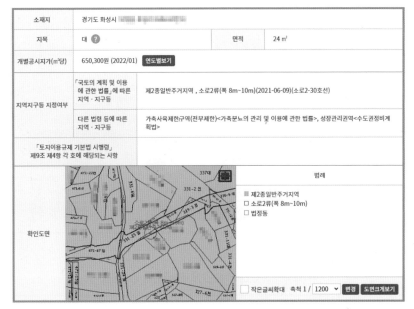

| 소재지 | 경기도 화성시 | | |
|---|---|---|---|
| 지목 | 대 ❓ | 면적 | 24 m² |
| 개별공시지가(m²당) | 650,300원 (2022/01) [연도별보기] | | |
| 지역지구등 지정여부 | 「국토의 계획 및 이용에 관한 법률」에 따른 지역·지구등 | 제2종일반주거지역 , 소로2류(폭 8m~10m)(2021-06-09)(소로2-30호선) | |
| | 다른 법령 등에 따른 지역·지구등 | 가축사육제한구역(전부제한)<가축분뇨의 관리 및 이용에 관한 법률>, 성장관리권역<수도권정비계획법> | |
| 「토지이용규제 기본법 시행령」 제9조 제4항 각 호에 해당되는 사항 | | | |

출처 : 토지이음

### (3) 미보상용지와 불법형질 변경

불법 형질 변경된 토지, 예를 들면 토지대장의 지목은 '임야'인데 산지 전용허가 없이 '농지'로 이용하고 있으면 '임야'로 평가한다. 그러나 구(舊) 산림법이 시행된 1962년 1월 20일 이전부터 농지로 이용하고 있으면 '농지'로 평가한다.

## [자료 3-14] 불법 형질변경 사례

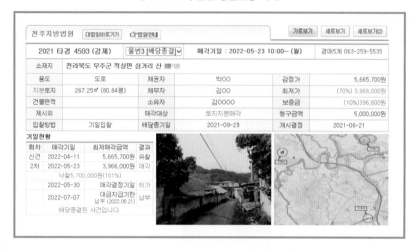

| 전주지방법원 | 대법원바로가기 | 이법원안내 | | | | 가로보기 | 세로보기 | 세로보기(2) |
|---|---|---|---|---|---|---|---|---|

| 2021 타경 4593 (강제) | 물번3 [배당종결] ∨ | | 매각기일 : 2022-05-23 10:00~ (월) | | 경매5계 063-259-5535 |
|---|---|---|---|---|---|
| 소재지 | 전라북도 무주군 적상면 삼가리 산 ▉▉▉ | | | | |
| 용도 | 도로 | 채권자 | 박OO | 감정가 | 5,665,700원 |
| 지분토지 | 267.25㎡ (80.84평) | 채무자 | 김OO | 최저가 | (70%) 3,966,000원 |
| 건물면적 | | 소유자 | 김0000 | 보증금 | (10%)396,600원 |
| 제시외 | | 매각대상 | 토지지분매각 | 청구금액 | 5,000,000원 |
| 입찰방법 | 기일입찰 | 배당종기일 | 2021-09-23 | 개시결정 | 2021-06-21 |

**기일현황**

| 회차 | 매각기일 | 최저매각금액 | 결과 |
|---|---|---|---|
| 신건 | 2022-04-11 | 5,665,700원 | 유찰 |
| 2차 | 2022-05-23 | 3,966,000원 | 매각 |
| | 낙찰5,700,000원(101%) | | |
| | 2022-05-30 | 매각결정기일 | 허가 |
| | 2022-07-07 | 대금지급기한 납부 (2022.06.21) | 납부 |
| | 배당종결된 사건입니다. | | |

## [자료 3-15] 진안–적상 간 도로확장공사 공시송달

### 익산지방국토관리청장
### 공 시 송 달 조 서

공 사 명 :  진안-적상간 도로확장공사(2공구)

| 연번 | 토지소재지 | 지 번 | | 지 목 | | 면적(㎡) | | 지분 | 산정금액 | 소유자 | | | 등기상 | | | 비고 |
|---|---|---|---|---|---|---|---|---|---|---|---|---|---|---|---|
| | | 분할전 | 분할후 | 공부 | 실제 | 공부 | 편입 | | | 성명 | 주 소 | | 성명 | 주소 | 권리종류 | |
| 1 | 무주,적상,삼가리 | 1890-1 | 1890-4 | 임 | 임 | 122,579 | 2,743 | 1/4 | 1,954,380 | 김윤배 | 무주군 적상면 삼가리 1282 | | | | | |
| 2 | 무주,적상,삼가리 | 1890-1 | 1890-5 | 임 | 임 | 122,579 | 210 | 1/4 | 149,620 | 김윤배 | 무주군 적상면 삼가리 1283 | | | | | |
| 3 | 무주,적상,삼가리 | 산44-1 | 산44-16 | 임 | 임 | 305,646 | 4,509 | 1/4 | 5,354,430 | 김윤배 | 무주군 적상면 삼가리 1284 | | | | | |
| 4 | 무주,적상,삼가리 | 산44-1 | 산44-17 | 임 | 임 | 305,646 | 1,258 | 1/4 | 5,032,000 | 김윤배 | 무주군 적상면 삼가리 1285 | | | | | |
| 5 | 무주,적상,삼가리 | 산44-3 | 산44-18 | 임 | 임 | 1,758 | 689 | 1/4 | 2,290,920 | 김윤배 | 무주군 적상면 삼가리 1286 | | | | | |
| 6 | 무주,적상,삼가리 | 1715-2 | 1715-2 | 전 | 전 | 264 | 264 | 1/1 | 5,860,800 | 한규칠 | 무주군 적상면 삼가리 1604 | | | | | |

출처 : 익산지방국토관리청

[자료 3-14]는 필자의 수강생이 응찰해 낙찰받은 물건이다. 현황은 도로로 이용 중인 미보상용지다. 미보상용지는 CHAPTER 02, 제3장에서 설명한 것처럼 종전 공익사업에 편입될 당시의 이용 상황을 상정해서 평가한다.

[자료 3-15]는 익산지방 국토관리청에서 조사한 공시송달 조서다. 공시송달 조서에는 사례 토지의 공부와 현황이 임야지만, [자료 3-16]처럼 최초로 도로 결정된 2008년 이후에도 농지로 사용하고 있었다. 따라서 이 물건은 보상평가 시에는 농지로 평가해야 한다. 단, 합법적으로 농지로 사용해야 한다. 사례 토지는 불법이지만, [자료 3-17]처럼 1962년 1월 20일 이전에도 농지로 사용하고 있었으므로 농지로 평가받을 수 있다.

 Tip

1962년 1월 20일 이전부터 임야를 불법으로 농지로 사용했으면, 토지보상 평가 시에는 농지로 평가한다.

## [자료 3-16] 2010년 항공사진

출처 : 국토정보맵

## [자료 3-17] 1954년 항공사진

출처 : 국토정보맵

## (4) 무허가 건축물 등의 부속토지

무허가 건축물 등의 부지도 현황평가의 예외가 되어 건축될 당시의 이용 상황으로 평가하게 된다. 다만, 무허가 건축물 등의 예외로 1989년 1월 24일 이전에 건축된 무허가 건축물부지에 대해서는 실제 이용 상황을 기준으로 현황 평가하게 된다.

[자료 3-18]은 청주 네오테크밸리 산단 조성 예정지에 편입되는 물건이다. 사례 토지의 경매 감정평가는 임야로 평가했지만, 실제로는 일부는 농지와 대지로 사용하고 있다. 농지와 대지는 [자료 3-19]와 같이 오래전부터 있었으므로, 해당 면적만큼은 토지보상 평가 시 농지와 대지로 평가받을 것이다.

**[자료 3-18] 청주 네오테크밸리 산단 조성 예정지**

[자료 3-19] **신평리 산9 항공사진**

1989년 이전 항공사진

1962년 이전 항공사진

출처 : 국토정보맵

## (5) 공법상 제한을 받는 토지

'공법상 제한'을 받는 토지란 관계 법령에 의해서 토지의 이용규제나 제한받는 토지를 말한다. 이중 가장 대표적인 것은 국토계획법에 의한 용도지역·용도지구·용도구역의 지정 또는 변경을 받은 토지와 도로 등의 도시계획시설로 고시된 토지다.

**토지보상법 시행규칙 제23조(공법상 제한을 받는 토지의 평가)**
① 공법상 제한을 받는 토지에 대하여는 제한받는 상태대로 평가한다. 다만, 그 공법상 제한이 당해 공익사업의 시행을 직접 목적으로 하여 가하여진 경우에는 제한이 없는 상태를 상정하여 평가한다.

공법상 제한을 받는 경우 제한받는 상태대로 평가해야 한다. 그러나 공법상 제한이 사업시행을 위한 것이면, 개별제한이라고 해서 공법상 제한이 없는 것으로 보고 평가한다.

공법상 제한에는 일반적 계획제한과 개별적 계획제한이 있다. 일반적 계획제한은 제한 그 자체로 목적이 완성된다. 구체적인 시행이 필요하지 않은 사업이다. 개별적 계획제한은 구체적인 사업의 시행이 필요한 사업이다.

[자료 3-20] 일반적 계획제한과 개별적 계획제한 사례

| 일반적 계획제한 | 개별적 계획제한 |
|---|---|
| ① 용도지역·지구·구역의 지정/변경 | ① 도시계획시설 |
| ② 개발제한구역의 지정/변경 | ② 도시관리계획의 결정 |
| ③ 군사시설보호구역의 지정/변경 | ③ 공익사업의 시행을 위한 지구지정 |
| ④ 문화재보호구역의 지정/변경 | ④ 공익사업의 사업인정 |
| ⑤ 자연공원 지정/변경 | ⑤ 도시개발 사업 |

※ 일반적 계획제한 : 공사하지 마라, 개별적 계획제한 : 공사해라

일반적 계획제한을 받는 토지의 평가는 당해 토지가 제한받는 상태대로 평가한다. 그 제한의 정도를 감안해 적정하게 감가해서 평가하고, 개별적 계획제한을 받는 토지의 평가는 제한 사항이 직접 목적으로 가해진 경우에는 제한을 받지 않은 상태로 평가한다.

예를 들면, [자료 3-21]은 일반적 계획제한에 해당하므로 정상적인 지가 보다 감가해서 보상평가한다. [자료 3-22]는 개별적인 계획제한에 해당하므로 근린공원이 아닌 상태로 보상평가한다.

## [자료 3-21] 일반적 계획제한 사례

| 소재지 | 경상북도 영주시 단산면 옥대리 산 ▓▓▓▓ | | |
|---|---|---|---|
| 지목 | 임야 ❓ | 면적 | 56,241 ㎡ |
| 개별공시지가(㎡당) | 449원 (2022/01) 연도별보기 | | |
| 지역지구등 지정여부 | 「국토의 계획 및 이용에 관한 법률」에 따른 지역·지구등 | 자연환경보전지역 | |
| | 다른 법령 등에 따른 지역·지구등 | 가축사육제한구역(2013-02-25)(닭, 오리, 개, 돼지, 젖소)<가축분뇨의 관리 및 이용에 관한 법률>, 가축사육제한구역기타(2013-02-25)(소, 말, 사슴, 양)<가축분뇨의 관리 및 이용에 관한 법률>, 공익용산지(공익용산지)<산지관리법>, 국립공원<자연공원법>, 공원자연환경지구<자연공원법> | |
| | 「토지이용규제 기본법 시행령」 제9조 제4항 각 호에 해당되는 사항 | | |

범례
- ☐ 보전산지
- ☐ 공익용산지
- ☐ 보전관리지역
- ■ 자연환경보전지역
- ☐ 행정구역 리
- ☐ 국립공원
- ☐ 공원자연환경지구
- ☐ 가축사육제한구역
- ☐ 가축사육제한구역기타
- ☐ 법정동

출처 : 토지이음

## [자료 3-22] 개발적 계획제한 사례

| 소재지 | 전라남도 목포시 죽교동 ▓▓▓▓ | | |
|---|---|---|---|
| 지목 | 전 ❓ | 면적 | 1,438 ㎡ |
| 개별공시지가(㎡당) | 9,450원 (2022/01) 연도별보기 | | |
| 지역지구등 지정여부 | 「국토의 계획 및 이용에 관한 법률」에 따른 지역·지구등 | 도시지역 , 보전녹지지역, 근린공원 | |
| | 다른 법령 등에 따른 지역·지구등 | 가축사육제한구역<가축분뇨의 관리 및 이용에 관한 법률>, 야생생물보호구역<야생동·식물보호법> | |
| | 「토지이용규제 기본법 시행령」 제9조 제4항 각 호에 해당되는 사항 | | |

범례
- ☐ 야생생물보호구역
- ☐ 보전산지
- ☐ 공익용산지
- ☐ 도시지역
- ■ 보전녹지지역
- ☐ 궤도
- ☐ 근린공원
- ☐ 법정동

출처 : 토지이음

## (6) 당해 공익사업 시행을 위해 용도지역이 변경된 토지

경매 감정 등 토지는 일반적으로 가격시점 현재의 용도지역에 따라 평가하지만, 보상 감정은 다르다. 즉, 용도지역이 당해 공익사업 계획과 직접 관계없이 변경된 경우에는 변경된 후의 용도지역을 기준으로 평가한다. 당해 공익사업 계획을 원인으로 변경된 경우에는 변경되기 전의 용도지역을 기준으로 평가한다.

> **토지보상법 시행규칙 제23조(공법상 제한을 받는 토지의 평가)**
> ② 당해 공익사업의 시행을 직접 목적으로 하여 용도지역 또는 용도지구 등이 변경된 토지에 대하여는 변경되기 전의 용도지역 또는 용도지구 등을 기준으로 평가한다.

[자료 3-23]의 물건은 청주 하이테크밸리 산업단지 조성사업에 편입되는 것이다.

**[자료 3-23] 청주 하이테크밸리 산단 편입물건**

사례 토지의 산업단지계획 승인 고시일은 2020년 11월 20일이고 경매 감정평가는 2021년 1월 21일이다. 즉, 경매 감정평가 시점에는 [자료 3-24]처럼 공업지역으로 변경되어 있다.

[자료 3-25]에서 보듯이 공업지역(경매 감정평가 하는 시점에는 2021년 비교표준지가 공시되지 않으므로 2020년 비교표준지로 사용)의 비교표준지는 공업지역에서 선택할 것이다. 그렇지만 보상평가 시에는 공업지역을 기준으로 비교표준지 등을 선택하는 것이 아니라, 산업단지계획 승인 고시 전의 용도지역에서 선택해야 한다.

**[자료 3-24] 청주 하이테크밸리 산단 편입물건**

| 소재지 | 충청북도 청주시 흥덕구 강내면 태성리 산 ▩▩ | | |
|---|---|---|---|
| 지목 | 임야 ❓ | 면적 | 2,869 ㎡ |
| 개별공시지가(㎡당) | 19,500원 (2022/01) 연도별보기 | | |
| 지역지구등 지정여부 | 「국토의 계획 및 이용에 관한 법률」에 따른 지역·지구등 | 도시지역(2020-11-20) 일반공업지역, 공업용지(산업시설용지, 건폐율 80%이하, 용적률 350%이하) , 지구단위계획구역(2020-11-20)(청주하이테크밸리) , 중로1류(폭 20m~25m)(저촉) | |
| | 다른 법령 등에 따른 지역·지구등 | 가축사육제한구역(가축사육전부제한구역)<가축분뇨의 관리 및 이용에 관한 법률>, 일반산업단지(2020-11-20)(청주하이테크밸리 일반산업단지)<산업입지 및 개발에 관한 법률>, 준보전산지<산지관리법> | |
| 「토지이용규제 기본법 시행령」 제9조 제4항 각 호에 해당되는 사항 | | | |

출처 : 토지이음

**[자료 3-25] 경매 평가 시 선택한 비교표준지**

(공시기준일: 2020.01.01)

| 기호 | 소재지 | 면적 (㎡) | 지목 | 이용 상황 | 용도 지역 | 도로 교통 | 형상 지세 | 공시지가 (원/㎡) |
|---|---|---|---|---|---|---|---|---|
| A | 태성리 ▩▩ | 2,888 | 답 | 공업기타 | 일반공업 | 세로(가) | 사다리 평지 | 75,000 |

출처 : 경매 감정평가서

## (7) 제시외건물

제시외건물이란 공부상 서류인 등기부등본이나 건축물대장에 기재되지 않은 건물이 있을 수 있다는 것이다. 즉, 공부상에는 건물이 존재하지 않는데 실제로는 존재하고 있는 것을 말한다.

경매 평가 시 제시외건물은 낙찰 후 법정 지상권 성립 여부 등의 문제를 살펴봐야 한다. 개별 물건마다 별도의 처리문제를 강구해야 하므로 [자료 3-26]과 같이 정상적인 경매 평가액에서 저감한다. 그러나 토지보상평가 시에는 집합건물을 제외하고는 건물이 없는 것으로 평가하므로 정상 평가한다. 이 차이가 토지보상 투자 시에 수익을 낼 수 있는 부분이다.

**[자료 3-26] 제시외물건 경매 감정평가 사례**

### (토지)감정평가 명세표

| 일련번호 | 소재지 | 지번 | 지목/용도 | 용도지역/구조 | 면적(㎡) 공부 | 면적(㎡) 사정 | 단가(원/㎡) | 금액(원) | 비고 |
|---|---|---|---|---|---|---|---|---|---|
| 1 | 강원도 원주시 관설동 | | 대 | 제1종 일반주거지역 | 139 | 139 | 373,000 | 51,847,000 | 도시계획시설도로 저촉, 제시외건물에의해 제한받지 않을 경우 단가 533,000원/㎡ |
| | 합계 | | | | | | | ₩51,847,000.- | |
| | | | | - 이 하 여 백 - | | | | | |

---

**토지보상법 시행규칙 제22조(취득하는 토지의 평가)**
② 토지에 건축물등이 있는 때에는 그 건축물등이 없는 상태를 상정하여 토지를 평가한다.

# 건축물 등은
# 어떻게 보상하나

  건축물 등은 토지와 분리해서 평가, 보상하는 것이 원칙이다. 그러나 건축물 등이 토지와 함께 거래되는 사례가 있는 경우에는 토지와 일괄해서 평가한다.

  건축물 등은 그 구조, 이용 상태, 면적, 내구연한, 유용성 및 이전 가능성, 그 밖에 가격형성에 관련되는 제 요인을 종합적으로 고려해서 이전비로 보상한다. 그러나 토지보상법 제75조 제1항에 예외사항에 해당하는 경우에는 물건가격으로 보상한다.

---

**토지보상법 제75조(건축물 등 물건에 대한 보상)**

  ①건축물·입목·공작물과 그 밖에 토지에 정착한 물건(이하 '건축물 등'이라 한다)에 대하여는 이전에 필요한 비용(이하 '이전비'라 한다)으로 보상하여야 한다. 다만, 다음 각 호의 어느 하나에 해당하는 경우에는 해당 물건의 가격으로 보상하여야 한다.

1. 건축물 등을 이전하기 어렵거나 그 이전으로 인하여 건축물 등을 종래의 목적대로 사용할 수 없게 된 경우
2. 건축물 등의 이전비가 그 물건의 가격을 넘는 경우
3. 사업시행자가 공익사업에 직접 사용할 목적으로 취득하는 경우

---

## (1) 건축물의 철거비용

건축물 가액으로 보상한 건축물의 철거비용은 사업시행자가 부담한다. 다만, 건축물의 소유자가 당해 건축물의 구성 부분을 사용 또는 처분할 목적으로 철거하는 경우에는 건축물의 소유자가 부담한다.

## (2) 잔여 건축물

동일인 소유 일단의 건축물 일부가 취득되거나 수용되어 잔여 건축물의 가치가 감소하거나 그 밖의 손실이 있을 때는 공익사업에 편입되기 전의 잔여 건축물의 가액에서 편입 후의 잔여 건축물 가액을 뺀 금액으로 한다. 사업에 편입된 후의 잔여 건축물 가액은 보수가 완료된 상태를 전제로 평가한다.

## (3) 무허가·불법 건축물

무허가·불법 건축물은 '사업인정 고시일' 이전에 건축된 경우에는 보상 대상이 된다. 다만, 위법 건축물에 대해서 철거 등 원상복구명령을 받은 경우에는 보상 대상이 되지 않을 수 있다.

## (4) 수목의 보상

수목은 관상수, 수익수, 묘목, 입목, 죽림 등으로 분류한다. 수목은 공통적으로 그 수종, 수령, 수량을 조사해 보상한다. 수목의 규격은 수고, 흉고직경, 근원직경을 실제 조사한다. 수목은 이식비로 보상하는 것이 원칙이나 이식이 부적합하거나 이식비가 당해 입목의 취득비를 초과하는 경우에는 취득비로 보상한다. 여기서 이전 가능한 것의 여부는 경제적으로 판단한다.

# 제2장

## 수익률과
## 입찰가 결정

대략적인 예상 보상가를 산정했으면 기대하는 수익률을 고려해서 입찰가를 결정한다. 여기서 중요한 부분은 기대수익률을 일률적으로 정하지 말라는 것이다. 필자는 일시적인 자금 부족이 있는 경우, 수강생 또는 스터디 회원의 공동 투자를 위해 물건 추천을 자주 한다.

기본적인 조사와 예상 보상가 정하는 부분까지는 문제없이 잘 진행된다. 그러나 입찰가 정하는 부분에서 의견이 맞지 않아서, 공동 투자 신청하고 나서 이탈하는 경우가 빈번하다. '나는 연 30% 이상 수익이 아니면 투자를 안 해'라는 고정관념을 가지고 있는 투자자는 기대수익률을에 못 미칠 때는 투자를 포기한다. 또는 수익률을 높게 정함으로써 낙찰에 실패하는 경우가 많다.

기대수익률은 투자하는 물건에 따라 다르게 정해야 한다. 현재 보상 중이라서 낙찰 후 소유권 이전하면 바로 보상금 수령이 가능한 물건을 고정된 기대수익률을 고집하면 안 된다. 기대수익률이 30% 이상으로 생각하더라도 때로는 10% 미만이어도 투자할 수 있어야 한다. 반대로 사업시행 여부가 명확하지 않아서 경쟁이 낮을 것으로, 예상되는 물건이나 보상 감정 지식을 활용해서 증액할 수 있는 물건이라면 기대수익률을 높일 수 있다.

필자는 투자 물건 하나에 대한 수익률보다는 일정 기간(예를 들면 2년, 3년)을 정해서 전체 투자금 대비 수익률을 고려한다. 이를 위해서는 공동 투자를 활용하는 것이 좋다. 자기자본 1억 원을 한 곳에 투자하는 것보다 공동 투자로 여러 개 물건에 투자하는 것이 수익률 측면에서는 유리하다.

수익률을 정하기 위해 중요한 것 중의 하나가 세금이다. 토지보상 투자를 위해 투자자가 알아야 할 기본적인 사항을 알고 있어야 한다.

# 공동 투자를
# 적극적으로 활용하라

필자는 토지보상 투자 시에 공동 투자를 적극적으로 권한다. 일반적으로 토지보상 투자 이외의 투자는 공동 투자를 하면 문제가 빈번하게 발생한다. 당초 약속했던 투자 기간이 끝나기 전에 지분을 처분하려는 투자자가 생기기도 한다. 초과 이익이 발생하면 큰 문제가 나타나지 않지만, 손해가 날 때 책임소재를 둘러싸고 분쟁이 발생하기도 한다. 그렇지만 토지보상 투자의 공동 투자는 공동 명의로 등기를 하고 각자 보상 신청이 가능하므로 문제가 발생하는 경우는 거의 없다. 오히려 소액으로도 투자할 수 있어서 분산 투자가 가능하다.

또한, 기본공제를 활용하면 [자료 3-27]처럼 단독으로 투자할 때보다 수익률이 높다. 공동 투자는 경쟁률이 높은 물건을 진행할 경우, 입찰가 산정에 반영할 수 있어서 유리한 조건이 될 수 있다.

## [자료 3-27] 단독 투자와 공동 투자의 수익금 비교(1년 미만)

| 구분 | 공투인원 | 입찰가 | 취득세등(4.6%) | 매입금액 | 1인당 매입금액 | 1인당 보상금액 | 양도차익 | 기본공제 | 과세표준 | 산출세금 | 수익금액 | 환산 수익금액 |
|---|---|---|---|---|---|---|---|---|---|---|---|---|
| 1 | 1명 | 100,000,000 | 4,600,000 | 104,600,000 | 104,600,000 | 120,000,000 | 15,400,000 | 2,500,000 | 12,900,000 | 7,095,000 | 8,305,000 | - |
| 2 | 2명 | 100,000,000 | 4,600,000 | 104,600,000 | 52,300,000 | 60,000,000 | 7,700,000 | 2,500,000 | 5,200,000 | 2,860,000 | 4,840,000 | 9,680,000 |
| 3 | 3명 | 100,000,000 | 4,600,000 | 104,600,000 | 34,866,667 | 40,000,000 | 5,133,333 | 2,500,000 | 2,633,333 | 1,448,333 | 3,685,000 | 11,055,000 |
| 4 | 4명 | 100,000,000 | 4,600,000 | 104,600,000 | 26,150,000 | 30,000,000 | 3,850,000 | 2,500,000 | 1,350,000 | 742,500 | 3,107,500 | 12,430,000 |
| 5 | 5명 | 100,000,000 | 4,600,000 | 104,600,000 | 20,920,000 | 24,000,000 | 3,080,000 | 2,500,000 | 580,000 | 319,000 | 2,761,000 | 13,805,000 |
| 6 | 6명 | 100,000,000 | 4,600,000 | 104,600,000 | 17,433,333 | 20,000,000 | 2,566,667 | 2,500,000 | 66,667 | 36,667 | 2,530,000 | 15,180,000 |
| 7 | 7명 | 100,000,000 | 4,600,000 | 104,600,000 | 14,942,857 | 17,142,857 | 2,200,000 | 2,500,000 | - | - | 2,200,000 | 15,400,000 |

설명 : 동일한 조건으로 1명이 투자할 경우에는 수익금액이 8,305,000원이지만, 공동 투자를 할 경우에는 투자자 수만큼 기본공제를 활용이 가능해서 7명이 투자할 때는 환산수익금액은 15,400,000원이 된다.

# 토지보상과
# 세금

## (1) 취득세

　토지보상 투자 시 수익률을 정할 때, 중요한 것 중의 하나가 세금이다. 그중에서 취득세는 가장 먼저 고려해야 한다. 부동산 취득세 중에서 토지의 취득세는 4.0%이다. 이외 농지의 경우 신규취득의 경우 3.0%가 적용되며, 2년 이상 자경할 경우 1.5%로 줄어든다. 상속받은 농지일 경우 2.3%의 취득세율이 적용된다. 여기에 농어촌특별세 0.2%와 지방교육세 0.4%를 합하면 전체는 4.6%이다. 전답이나 과수원 등의 농지의 경우 취득세 3%와 농특세 0.2%와 지방교육세 0.2%를 합쳐 총 3.4%를 부담해야 한다.

[자료 3-28] **토지의 취득세**(개인 기준)

| 구분 | | 취득세 | 농어촌특별세 | 지방교육세 | 합계 |
|---|---|---|---|---|---|
| 농지 외 토지(나대지, 잡종지, 임야 등) | | 4.0% | 0.2% | 0.4% | 4.6% |
| 농지<br>(전·답, 과수원) | 신규농지 | 3.0% | 0.2% | 0.2% | 3.4% |
| | 2년 이상 자경/귀농인 | 1.5% | – | 0.1% | 1.6% |
| 상속 | 농지 외 상속 | 2.8% | 0.2% | 0.16% | 3.16% |
| | 농지 | 2.3% | 0.2% | 0.06% | 2.56% |
| | 2년 이상 자경한 농지 | 0.15% | – | 0.03% | 0.18% |

※ 주의 : 세법은 자주 개정되므로, 적용되는 최신 법령을 확인해야 한다.

**Tip**

> 예상하는 취득세 산출 시에는 현황이 기준이다. 지목이 농지라도 농지로 사용하지
> 않으면, 소유권 이전 시 담당 공무원이 농지 외로 취득세를 산출할 수 있으니 주의
> 해야 한다.

### (2) 양도소득세

필자에게 "토지보상금에 대해서 양도세를 내야 하나요?"라고 질문하
는 수강생이 종종 있다. 양도세 내야 한다고 답하면 "공익이라는 구실
로 강제로 빼앗기는데, 양도소득세까지 내라고 하는 것은 과도한 처사
아닌가요?"라고 목소리를 높이기도 한다.

양도세는 본인의 자발적인 의사에 의한 양도뿐만 아니라, 토지보상법
등에 따른 수용과 같이 강제양도의 경우도 양도소득세 과세대상이 된
다. 또한, 양도세는 신고납세 세목으로서 납세자가 납부해야 할 세액을
과세관청에 신고 및 납부해야 한다. 간혹 토지보상금 수령 후에 양도세

신고 및 납부하는 것을 놓치는 투자자가 있는데, 반드시 주의해야 한다.

• **양도세율**

양도세율은 네이버 블로그 등에 게시되어 있는 자료를 확인하는 투자자가 있는데 자주 개정되므로 국세청 사이트(국세신고안내-양도소득세-기본정보-세율)에 게시되어 있는 정보를 확인하는 것이 정확하다.

[자료 3-29] **토지의 양도세율**(개인 기준)

| 구분 | | 현행 | | | 12·16 대책 | 개선 | |
|---|---|---|---|---|---|---|---|
| | | 주택 외 | 주택·입주권 | 분양권 | 주택·입주권 | 주택·입주권 | 분양권 |
| 보유<br>기간 | 1년 미만 | 50% | 40% | 50%<br><br>(조정지역)<br>기본세율<br><br>(기타지역) | 50% | 70% | 70% |
| | 2년 미만 | 40% | 기본세율 | | 40% | 60% | 60% |
| | 2년 이상 | 기본세율 | 기본세율 | | 기본세율 | 기본세율 | 60% |

※ 비사업용토지는 기본세율+10%

## (3) 사업인정고시일과 양도세

토지보상금 양도세 신고 시에 양도세 감면 등을 고려한다면, 토지보상법에서 정한 공익사업의 범위에 해당하는지 파악해야 한다. 적용법령이 공익사업의 범위에 해당하지 않는다면 사업시행자가 국가나 지방자치단체 등이어도 감면 등의 혜택을 받을 수 없다.

공익사업의 범위에 해당하는지 확인하는 방법은 토지보상법 제4조 제8호의 '그 밖에 별표에 규정된 법률에 따라 토지 등을 수용하거나 사용할 수 있는 사업(112개 법률)'을 확인하면 된다.

사업인정 고시일로부터 2년 이전에 취득한 토지 등은 상기 3가지 혜택을 적용받을 수 있으므로 주의 깊게 살펴봐야 한다. 특히 토지보상 투자자는 비사업용 토지에 대한 중과세율 제외하는 혜택을 눈여겨봐야 한다.

### (4) 양도소득세 계산

기대수익률을 정한 후 입찰가 확정을 위해 사전에 예상되는 양도소득세를 계산해야 한다. 그러기 위해서는 양도소득세를 계산하는 방법을 이해하고 있어야 한다.

[자료 3-30] **양도소득세 계산**

|  | 항목 | 의미 |
|---|---|---|
|  | 양도가액 | 실지거래가액(토지보상금 수령액) |
| (−) | 취득가액 | 보상물건 취득에 소요된 실지거래가액 |
| (−) | 필요경비 | 취득세, 중개수수료, 증액소송비 등 |
| (=) | 양도차익 | 양도가액 − 취득가액 − 필요경비 |
| (−) | 장기보유특별공제 | 토지 3년 이상 4년 미만은 6% 등 (국세청에서 확인) |
| (=) | 양도소득금액 | 양도차익 − 장기보유특별공제 |
| (−) | 양도소득기본공제 | 250만 원 |
| (=) | 과세표준 | 양도소득금액 − 기본공제 |
| (×) | 세율 | [자료 3-29] 참조 |
| (=) | 산출세액 | 과세표준 × 세율 |
| (−) | 감면세액 | 세액공제 및 조특법상 감면세액 |
| (=) | 납부할 세액(지방세 포함) | 산출세액 − ( 세액공제 + 감면세액 ) |

※ 납부세액의 10%를 지방소득세로 추가 납부

양도소득세를 모의 계산하는 경우에는 국세청 홈텍스 사이트를 활용하면 편리하다. 이런 경우 네이버에서 '양도세 계산기'로 검색한 후 링크를 타고 들어가면 바로 접속이 된다.

[자료 3-31]은 네이버에서 양도세 계산기 검색한 후에 접속한 화면이다. 빈칸에 해당 값을 입력하고 '세액 계산하기'를 누르면 자동 계산된다.

[자료 3-31] **양도소득세 계산**

**양도소득세 간편계산 입력** 부동산 양도분에 한함

**① 기본사항**

| | | |
|---|---|---|
| * 양도일자 | 2023 ∨ 년 4 ∨ 월 15 ∨ 일 | 양도일자를 입력하여 주십시오 |
| * 취득일자 | 2023 ∨ 년 4 ∨ 월 15 ∨ 일 | 부동산을 산 날로 잔금을 지급한 날입니다. |
| * 양도물건종류 | ○ 토지 ○ 주택 ○ 고가주택(1세대1주택) ○ 기타 | 토지, 주택(일반주택, 다세대, 아파트 등), 기타(일반건물 등)로 구분합니다. |

**② 거래금액** ※ 고가주택을 공동소유한 경우 본인 지분에 해당하는 금액을 입력합니다.

| | | |
|---|---|---|
| * 양도가액 | [ ] 원 | 부동산을 팔면서 실제로 받은 금액입니다. |
| * 취득가액 | [ ] 원  [조회] | 취득가액계산 상세 명세서에 입력한 금액의 합계입니다. 조회 버튼을 클릭하시면 상세내역을 입력할 수 있습니다. |
| 기타필요경비 | [ ] 원  [조회] | 기타필요경비 상세 명세서에 입력한 금액의 합계입니다. 조회 버튼을 클릭하시면 상세내역을 입력할 수 있습니다. |
| 양도소득기본공제 | 2,500,000 원 | 해당 과세기간의 양도소득금액에서 인별로 연간 250만원 공제됩니다. |
| | ※ 1인당 연간 250만원 한도임 | |

**③ 기타사항** [닫기]

| | | | |
|---|---|---|---|
| 미등기양도입니까? | ○ 예 ◉ 아니오 | | |
| 상속받은 자산입니까? | ○ 예 ◉ 아니오 | 피상속인 취득일 | [ ] 📅 |

| | |
|---|---|
| 비사업용토지(2016.1.1 양도분부터 추가과세 적용)에 해당 합니까? | ○ 예 ◉ 아니오 |
| 1세대 1주택으로서 2년이상 보유하여 1세대 1주택 비과세 대상에 해당합니까? | |
| • 1세대 1주택으로서 '17.8.3.이후 조정대상지역에 있는 주택을 취득하였다면 등 주택을 2년이상 보유하고 2년이상 거주하여야 1세대 1주택 비과세 적용을 받을 수 있습니다. | ○ 예 ◉ 아니오 |
| • 다만 양도주택의 취득시점에 조정대상지역에 소재한 경우로서, 조정대상지역 공고가 있는 날 이전에 매매계약을 체결하고 계약금을 지급한 사실이 증빙서류를 통해 확인되고 1세대가 계약금 지급일 현재 주택을 보유하지 않은 경우, 종전 규정에 따라 거주기간의 제한을 받지 않습니다. | |
| • 2021.1.~2022.5.9.까지 2주택 이상(일시적2주택 제외)을 보유한 1세대1주택 외의 주택을 처분 (양도,증여,용도변경)한 경우에는 1주택이 된 날부터 보유기간 및 거주기간을 계산합니다. | ○ 예 ◉ 아니오 |
| • 2022.5.10.이후 양도분부터는 주택의 취득일부터 보유기간을 계산합니다. | |
| 1세대1주택 비과세에 해당하는 고가주택인 경우 과세대상 양도차익을 입력하세요. | [과세대상 양도차익 계산기] |
| 양도주택에 거주한 기간을 입력하세요. (보유기간 3년 이상이면 필수임) | [장기보유특별공제 계산기] |
| 해당 주택이 조정대상지역에 있는 중과대상 2주택 입니까?  [조정대상지역] ※ 주택 수 계산시 의회원입주권 및 종양권('21.1.1.이후 취득분부터) 포함 ※ 2022.6.10.~2024.6.9.까지 양도하는 경우 중과직용 배제 | ○ 예 ◉ 아니오 |
| 해당 주택이 조정대상지역에 있는 중과대상 3주택 입니까?  [조정대상지역] ※ 주택 수 계산시 의회원입주권 및 종양권('21.1.1.이후 취득분부터) 포함 ※ 2022.6.10.~2024.6.9.까지 양도하는 경우 중과직용 배제 | ○ 예 ◉ 아니오 |

[이전]  [세액계산하기]

출처 : 국세청 홈텍스

## (5) 기타 주요 사항

토지보상금 수령 후 세금과 관련한 주요한 사항은 다음과 같다. 투자자가 놓치기 쉬운 부분이니 꼭 인지하고 있어야 한다.

### ① 양도 시기

토지보상법에 따라 수용되는 경우에는 대금을 청산한 날, 수용개시일 또는 소유권이전등기접수일 중 빠른 날이다. 소유권에 대한 소송으로 보상금이 공탁되면 소송판결 확정일이 양도 시기다.

### ② 토지보상금 증액의 양도 시기

토지보상금을 증액하는 경우에는 증액보상금의 수령일이 양도 시기가 아니다. 처음 보상금을 수령한 때를 기준으로 양도 시기를 판단하는 것이지, 증액보상금에 대해 별도로 양도를 판단하는 것이 아니다. 증액보상금에 대해서는 수령 후 양도소득세를 수정신고해야 한다. 납세자는 증액된 보상금의 수령일이 속하는 달의 말일부터 2개월 이내에 양도소득세 과세표준 수정신고서를 제출하고 증가된 세액에 대해 추가로 자진납부해야 하는데, 만일 신고 납부하지 않았을 경우에는 가산세가 부과된다.

### ③ 양도소득세 예정신고

수용의 양도 시기가 도래하면 토지소유자는 양도일이 속하는 달의 말일부터 2개월 이내에 예정신고 및 납부해야 한다. 간혹 손실로 인해 양도차손이 발생한 경우에 신고하지 않는 투자자가 있는데, 양도차익이 없거나 양도차손이 발생한 경우에도 신고해야 한다.

### ④ 지장물 양도소득세

과수 또는 농작물, 수목 등은 손실에 대한 보상금 중 그 손실의 범위를 초과하지 않는 금액은 과세소득에 해당하지 않는다.

# 입찰가
# 확정

경매 또는 공매로 투자를 진행하는 경우, 예상하는 보상가가 정해졌으면 감정가 대비 입찰가율에 따라 입찰가와 수익률 등을 계산하고 각자가 생각하는 기대수익률을 고려해서 최종적으로 입찰가를 확정한다. [자료 3-32]는 제2장에서 사례([자료 2-83] 참조)로 들어 설명한 투자물건의 수익률표다. 처음 투자하는 투자자를 위해 각각의 항목에 대해 다음과 같이 설명하겠다.

① 면적 : 사례 토지의 해당 면적
② 적용단가 : 예상 보상단가
③ 양도가액(예상 보상가) : 면적에 적용단가를 곱해서 산출한 가격
④ 입찰가 : 기대수익률을 고려해서 정한 가격
기대수익률은 물건마다 접근방법을 다르게 적용해서 산출해야 한다. 일률적으로 몇 퍼센트 이상으로 정하는 것보다는 보상 시기, 개발정보의 알려진 정도 등을 고려해서 정하는 것이 좋다.
⑤ 입찰가율 : 입찰가(④) / 경매 감정가 × 100

| 면적 ① | 적용단가 ② | 양도가액 (예상분양가) ③ | 입찰가 ④ | 입찰가율 (감정가대비) ⑤ | 취득가액 ⑥ | 양도차익 ⑦ | 인당 양도차익 ⑧ | 인당 과세표준 ⑨ | 인당 양도세 ⑩ | 인당 지방세 ⑪ | 인당투입금액 | 인당수익금 | 수익률 (자기자본대비) |
|---|---|---|---|---|---|---|---|---|---|---|---|---|---|
| 139.00 | 635,700 | 88,362,300 | 45,895,500 | 150% | 48,006,693 | 40,355,607 | 8,071,121 | 5,571,121 | 2,785,561 | 278,556 | 9,601,339 | 5,007,005 | 52% |
| 139.00 | 635,700 | 88,362,300 | 44,365,650 | 145% | 46,406,470 | 41,955,830 | 8,391,166 | 5,891,166 | 2,945,583 | 294,558 | 9,281,294 | 5,151,025 | 55% |
| 139.00 | 635,700 | 88,362,300 | 42,835,800 | 140% | 44,806,247 | 43,556,053 | 8,711,211 | 6,211,211 | 3,105,605 | 310,561 | 8,961,249 | 5,295,045 | 59% |
| 139.00 | 635,700 | 88,362,300 | 41,305,950 | 135% | 43,206,024 | 45,156,276 | 9,031,255 | 6,531,255 | 3,265,628 | 326,563 | 8,641,205 | 5,439,065 | 63% |
| 139.00 | 635,700 | 88,362,300 | 39,776,100 | 130% | 41,605,801 | 46,756,499 | 9,351,300 | 6,851,300 | 3,425,650 | 342,565 | 8,321,160 | 5,583,085 | 67% |
| 139.00 | 635,700 | 88,362,300 | 38,246,250 | 125% | 40,005,578 | 48,356,723 | 9,671,345 | 7,171,345 | 3,585,672 | 358,567 | 8,001,116 | 5,727,105 | 72% |
| 139.00 | 635,700 | 88,362,300 | 36,716,400 | 120% | 38,405,354 | 49,956,946 | 9,991,389 | 7,491,389 | 3,745,695 | 374,569 | 7,681,071 | 5,871,125 | 76% |
| 139.00 | 635,700 | 88,362,300 | 35,186,550 | 115% | 36,805,131 | 51,557,169 | 10,311,434 | 7,811,434 | 3,905,717 | 390,572 | 7,361,026 | 6,015,145 | 82% |
| 139.00 | 635,700 | 88,362,300 | 33,656,700 | 110% | 35,204,908 | 53,157,392 | 10,631,478 | 8,131,478 | 4,065,739 | 406,574 | 7,040,982 | 6,159,165 | 87% |
| 139.00 | 635,700 | 88,362,300 | 32,126,850 | 105% | 33,604,685 | 54,757,615 | 10,951,523 | 8,451,523 | 4,225,761 | 422,576 | 6,720,937 | 6,303,185 | 94% |
| 139.00 | 635,700 | 88,362,300 | 30,597,000 | 100% | 32,004,462 | 56,357,838 | 11,271,568 | 8,771,568 | 4,385,784 | 438,578 | 6,400,892 | 6,447,205 | 101% |

⑥ 취득가액 : 입찰가(④) + [입찰가(④)×A] (A=취등록세)

⑦ 양도차익 : 양도가액(③)에 취득가액(⑥)을 뺀 금액

⑧ 인당 양도차익 : 양도차익(⑦) / 총 공동 투자자 (사례 물건은 5명)

⑨ 인당 과세표준 : 인당 양도차익(⑧) - 기본공제(250만 원)

여기서, 마이너스 값은 0원을 의미한다.

⑩ 인당 양도세 : 인당 과세표준(⑨) × 양도세율

⑪ 인당 지방세 : 인당 양도세(⑩) × 10%

⑫ 인당 자기자본 :

취득가액(⑥) / 총 공동 투자자 + 인당 양도세(⑩) + 인당 지방세(⑪)

⑬ 수익률(자기자본 대비) : 인당 양도차익(⑧) / 인당 자기자본(⑫) × 100

# 토지보상
# 절차의 이해

공익사업에 필요한 토지를 취득하는 방법은 협의 취득과 토지수용재결에 의한 강제취득방법이 있다. 각종 공익사업의 시행을 위해 국가나 공공기관 등은 토지를 취득하기 위해 토지소유자와 협의에 따른 매매계약을 체결한 후 보상금을 지급하고 토지에 관한 소유권을 취득하는 것이 원칙이다. 그러나 협의 매수가 불가능한 경우에는 토지보상법에서 정한 일정한 법적 절차([자료 4-1] 참조)에 따라 토지 등의 소유권 등을 강제로 취득하게 된다.

공익사업을 수행하는 사업시행자는 토지조서 및 물건조서의 작성, 보상계획의 공고, 통지 및 열람, 보상액의 산정과 관련해서 토지소유자 및 관계인과 협의 절차를 거쳐야 한다. 만일 협의가 되지 않으면, 사업시행자 또는 토지소유자 등은 토지수용위원회에 재결 절차를 진행할 수 있다.

토지수용위원회의 재결 결정에도 불구하고 이의가 있으면 중앙토지수용위원회에 이의를 신청할 수 있다. 그리고 중앙토지수용위원회의 이의재결 결정에도 이의가 있으면 법원에 행정소송을 제기해서 다툴 수 있다.

원주민은 억울한 사항을 당하지 않기 위해 토지보상 절차를 알아야 한다. 토지보상 투자자는 증액 여부가 수익률에도 영향을 줄 수 있으므로, 다음의 불복절차와 방법을 명확하게 이해하고 있어야 한다.

## [자료 4-1] 토지보상법에 따른 보상 절차

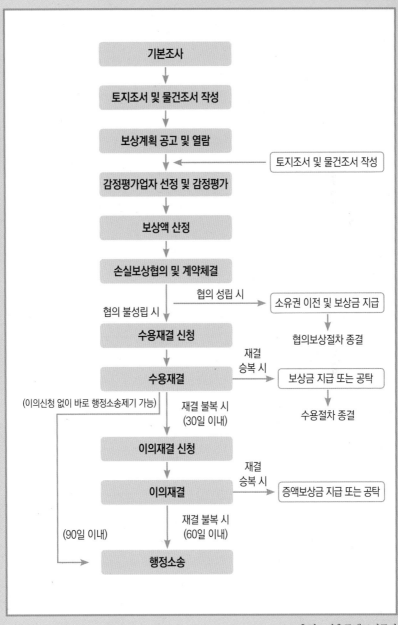

출처 : 서울주택도시공사

# 제1장

## 손실보상
## 단계별 절차의 이해

# 손실보상 협의 및 계약 체결

　[자료 4-1] 절차 중 기본조사에서 손실보상 협의 및 계약 체결까지를 협의 단계로 보면 된다. 협의 단계는 통보된 보상금액에 대해 소유자가 그 가격으로 사업시행자와 매매계약을 체결할지를 결정하는 단계다. 이 단계에서 무조건 계약을 체결할 필요는 없다. 협의 결과에 대해서는 계약의 구속력이 강하게 작동하므로 협의의 내용을 잘 확인하고 응해야 한다.

### ① 토지 조서 및 물건 조서 작성
　사업시행자는 편입되는 토지, 지장물 등의 조사해서 보상 대상의 현황과 권리관계를 파악하며, 각종 공부를 조사한다.

### ② 보상계획 공고 및 열람
　소유자 등 이해관계인들에게 개별통지하고 일간신문에 공고하는 등 14일간 열람을 거쳐 보상 대상을 확정한다. 공고 및 통지된 토지 조서 및 물건 조서의 내용에 대해 이의(異議)가 있는 경우에는 열람 기간 내에

서면으로 이의를 제출할 수 있다.


### ③ 보상액 산정

사업시행자는 감정평가업자 3인을 선정(시·도지사 추천 1인, 토지소유자 추천 1인, 사업시행자 추천 1인)하고 선정된 2개 이상의 감정평가업자에 손실보상액 산정을 위한 감정평가를 의뢰해 감정평가액의 산술평균으로 보상액을 산정한다.


### ④ 손실보상 협의 및 계약 체결

보상금이 산정되면 토지 등 소유자에게 보상금, 계약장소, 구비서류 등을 통보해서 손실보상 협의 요청을 한다. 협의 기간이 지난 후에는 서면으로 사업시행자에게 재결을 신청할 것을 청구할 수 있다.

# 수용재결
# 단계

  수용재결은 사업시행자가 토지수용위원회에 신청해야 한다. 토지수용을 위해서는 사업시행자는 [자료 4-1]의 협의 절차에 따라 먼저 토지소유자와 보상 협의를 하고 협의가 이루어지지 않을 때 비로소 수용재결에 의한 취득할 수 있다.

  재결이 신청되면 관할 토지수용위원회의 의뢰에 따라 시장·군수·구청장이 재결신청서 및 관계 서류의 사본을 공고한다. 14일 이상 열람할수 있도록 하며, 제출할 의견이 있으면 열람 기간에 의견서를 낸다.

  관할 토지수용위원회는 2인의 감정평가사를 지정해서 새로이 감정평가한 결과를 보상액으로 결정해서 수용재결한다. 수용재결일로부터 15일 또는 30일 이후에 수용개시일을 정하고, 토지소유자에게 보상금을 지급하거나 법원에 공탁하게 된다. 토지보상 투자 시에 공탁 여부를꼭 확인해야 한다. 공탁되어 있으면 사업시행자에게 소유권이 넘어간상태라 경매 물건 투자 시 주의해야 한다.

**[자료 4-2] 수용재결 절차**

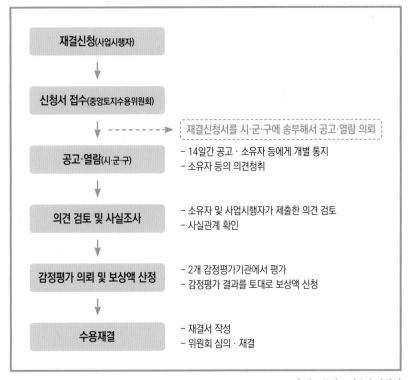

재결신청(사업시행자)

↓

신청서 접수(중앙토지수용위원회)

┄┄┄┄┄→ 재결신청서를 시·군·구에 송부해서 공고·열람 의뢰

↓

공고·열람(시·군·구)
- 14일간 공고 · 소유자 등에게 개별 통지
- 소유자 등의 의견청취

↓

의견 검토 및 사실조사
- 소유자 및 사업시행자가 제출한 의견 검토
- 사실관계 확인

↓

감정평가 의뢰 및 보상액 산정
- 2개 감정평가기관에서 평가
- 감정평가 결과를 토대로 보상액 신청

↓

수용재결
- 재결서 작성
- 위원회 심의 · 재결

출처 : 중앙토지수용위원회

# 이의신청 및
# 행정소송

토지 등 소유자는 수용재결에 따른 보상금액을 '전액 수령'하면서도 수용재결에 불만족한 경우 중앙토지수용위원회에 이의신청할 수 있다. 이때 중요한 사항은 보상금 수령 시 반드시 '이의유보'를 표시해야 한다. 이의신청하더라도 다른 불이익은 없다. 오히려 보상금 증액의 기회가 주어지므로 이의신청을 하는 것이 좋다.

수용재결과 이의재결에도 보상금이 만족하지 못할 때는 재결서를 받은 날부터 90일 이내에, 이의신청 재결을 거친 때는 이의신청에 대한 재결서를 받은 날부터 60일 이내에 각각 행정소송을 제기할 수 있다. 이의재결까지는 토지소유자에게 따로 드는 비용이 없지만, 행정소송은 비용이 발생하므로 주의해야 한다.

**[자료 4-3] 이의재결 및 행정소송**

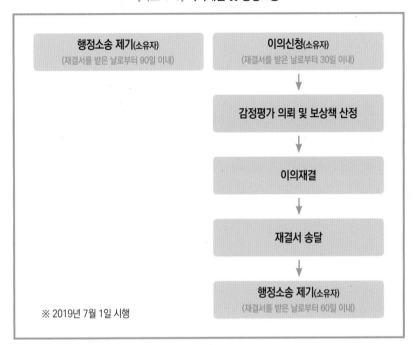

행정소송 제기(소유자)
(재결서를 받은 날로부터 90일 이내)

이의신청(소유자)
(재결서를 받은 날로부터 30일 이내)

↓

감정평가 의뢰 및 보상책 산정

↓

이의재결

↓

재결서 송달

↓

행정소송 제기(소유자)
(재결서를 받은 날로부터 60일 이내)

※ 2019년 7월 1일 시행

출처 : 중앙토지수용위원회

 Tip

일반적으로 수용재결, 이의재결에서 2~4% 정도 증액이 되는데, 이 부분을 고려해서 입찰가를 구할 수 있다(단, 물건에 따라 다를 수 있으니, 주의해야 한다).

# 제2장

# 사례를 통한
# 토지보상 절차 이해

# 수용 및 이의재결
## 사례

사업시행자가 제시한 손실보상금에 만족하지 못할 경우, 행정사 등을 통해서 수용재결, 이의재결을 진행한다. 이런 경우, 협의 보상가가 잘못되었다는 명백한 근거를 제시하면 보상가가 크게 상승할 것이다. 그런데 토지에 따라 다르겠지만, 아무런 자료를 제시하지 않아도 수용재결, 이의재결에서 2~4% 정도 증액이 된다.

[자료 4-4]는 아파트 주변 도로 확장공사에 편입된 물건을 낙찰받아서 이의재결 신청한 것인데, 재감정에 참여하라는 공문이다.

협의 보상 중인 물건을 공동 투자로 낙찰받은 후에 공동 투자자들과 협의해서 바로 보상받지 않고 수용재결과 이의재결까지 진행한 것이다.

[자료 4-5]는 신청만 하고 증액에 대한 아무런 증거자료를 제시하지 않은 상태에서의 보상 감정 결과다. 재결 기간이 짧아서 증액률이 낮지만 약간씩 상승한 것을 알 수 있다.

재결 기간이 긴 사업들은 보상금 증액과 양도세 일반과세 적용을 위해 일부러 신청하는 전략도 세울 수 있다.

## [자료 4-4] 재결 사례 물건

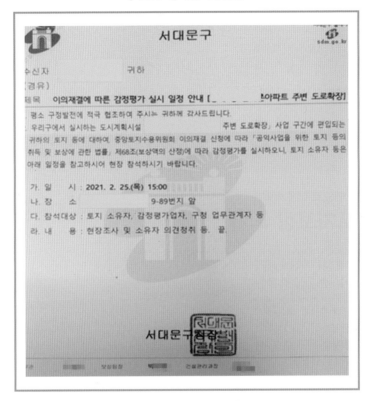

## [자료 4-5] 감정 결과 현황

| 감정평가 종류 | 감정가 | |
|---|---|---|
| 경매 감정 | 2,660,000원 | |
| A사 협의 감정 | 3,590,000원 | 3,610,000원 |
| B사 협의 감정 | 3,630,000원 | 3,610,000원 |
| C사 수용재결 감정 | 3,700,000원 | 3,680,000원 |
| D사 수용재결 감정 | 3,660,000원 | 3,680,000원 |
| 이의재결 감정 | 3,680,000원 | |

**한 권으로 평생 써먹는**
# 토지보상 투자

**제1판 1쇄**  2023년 6월 5일
**제1판 3쇄**  2024년 5월 30일

**지은이** 김보겸
**펴낸이** 허연                    **펴낸곳** 매경출판㈜
**기획제작** ㈜두드림미디어
**책임편집** 이향선              **디자인** 김진나(nah1052@naver.com)
**마케팅** 김성현, 한동우, 구민지

**매경출판㈜**
**등록** 2003년 4월 24일(No. 2-3759)
**주소** (04557) 서울시 중구 충무로 2(필동 1가) 매일경제 별관 2층 매경출판㈜
**홈페이지** www.mkbook.co.kr
**전화** 02)333-3577
**이메일** dodreamedia@naver.com(원고 투고 및 출판 관련 문의)
**인쇄·제본** ㈜M-print 031)8071-0961

**ISBN** 979-11-6484-565-1 (03320)

# 같이 읽으면 좋은 책들

집을 싸게 사려면 내재가치를 마스터하라
**내 집을 싸게 사는 최고의 방법**
김병철 지음
내 집의 가치를 알아내 팔아!
작은 투자금으로 부동산 수익률을 최대화하라
매일경제신문사

서울시 공정경제과 함박사가 알려주는
**NEW 상가임대차 분쟁 솔루션**
함박사 지음
100가지 상가임대차 분쟁을 해결하는 상가 솔루션!
상담으로만 알 수 있었던 내용 공개 지침서
매일경제신문사

**멈출 수 없는**
UNSTOPPABLE
공간개발의 미래과제와 부동산 투자의 새로운 시작
블록체인상의 시작,
투자 전사이트와 사업기획을 동시에게임을 제시하는 책
매일경제신문사

신방수 세무사의
**주택임대사업자 등록말소주택 절세 가이드북**
신방수 지음
이제 전문가들도 놓치고 있는
등록말소주택에 대한 세금의 진짜 어려워진다!
매일경제신문사

부동산 성공 투자의 시작
**알기 쉬운 경매 실무**
설민규 지음
발품 팔면 성공이 보인다
매일경제신문사

**RESTART 부동산 투자**
아무도 말해주지 않는 블나의 성공비법
박철민 지음
무엇을 보고 어떻게 고쳐 나가야하는
45가지 핵심 기술
매일경제신문사

백만장자 라이프
**극한 직업 건물주**
김성래 지음
창업하지, 임대업 이렇게 건물주 가자,
상가용 상품이라니까지 따라오다
[건물주도 돈이번다]
매일경제신문사

백만장자 바이블
**꼬마빌딩 건축**
김경만 지음
원룸 70실, 매달 월세 60만 원씩 받는 실화 따라잡기
매일경제신문사

신방수 세무사의
**확 바뀐 상가빌딩 절세 가이드북**
신방수 지음
상가·빌딩 세금 모르면 진짜 손해본다!
매일경제신문사

우대방과 함께하는
**성공 부동산 중개사무소 창업**
우대방 지음
투명하지! 공장하시게 부동산 중개 시장을 바꾼다!
매일경제신문사

수익률과 파이 두 마리 토끼를 잡는
**지식산업센터 투자의 정석**
권선욱 지음
서울에서 화제였던 것 같이 지식산업센터도 살 수 있다!
매일경제신문사

닥치고 현장!
**소액자본으로 부동산 부자되기**
남우 착업자 지음
발품들은 팔 6개 지역을 선정했을까?
남양주, 광주, 청양, 세종, 거제, 목포, 6개 지역
부동산 핫한 분석 따라가
매일경제신문사

신방수 세무사의
**부동산 증여에 관한 모든 것**
신방수 지음
일반원칙에서 부당부동산증여까지
나에게 꼭 맞는 절세 전략을 찾을 수 있다!
매일경제신문사

부자 경매의 시작
**알기 쉬운 기초 경매**
설민규 지음
볼 줄 알고 읽을 줄만 알면 경매는 한다
매일경제신문사

라헬과 함께 공부하는
**셀프 경매 바이블**
라헬 지음
셀프 등기부터 셀프 소송·셀프 채권 신고까지!
법무사·변호사·세무사 등 전문가 도움 없이
셀프 경매 낙찰 지식을 습득하기 위한 완벽한 지침서
매일경제신문사

실전 사례로 풀어보는
**상가 셀프 경매의 정석**
설민규 지음
상가 경매로 노후 대책 마련하기
재촌상업소·소호상무실·공유오피스·꼬마빌딩
상가 경매를 통해 안정적
파이프라인을 만드는 비법 공개
매일경제신문사

현장42 바이블
장민이를 위한 특급 투자 비밀
**닥치고 현장! 부동산에 미치다**
남우 착업자 지음
부동산 투자의 답은 현장에 있다.
매일경제신문사

돈이 없어도 투자가 가능한 빌라 투자의 NEW 패러다임
쉽게 따라 하고 빠르게 도전하는
**빌라 투자 방정식**
김용섭 지음
투자의 6가지 조건과 공·경·공의 3가지 트라
빌라 투자 방정식을 완벽하게 전달한다
매일경제신문사

**DEVELOPER**
부동산 투자의 제1플멜
**디벨로퍼 경매**
진승섭 지음
5000개 세미나룸과 수강 지식으로 배우는 디벨로퍼 경매 스킬?
매일경제신문사

부동산 슈퍼리치만 아는
**투자 비밀**
임금자 지음
SUPER RICH
입금자 저자, 1세대 투자 전문가로 상위처 개인별 상세설명!
매일경제신문사

신방수 세무사의
**부동산 거래 전에
자금출처부터
준비하라!**

**부동산 관리도
경영의 시대**

종합관리 실무 전문가와 부동산 학과 교수가 함께 쓴
**부동산 관리와
종합서비스**

신방수 세무사의
상속분쟁 예방과
**상속
증여
절세 비법**

김 과장도 돈 버는
셰어하우스

**SHARE
HOUSE**

**내 생애 짜릿한
대박 상가
투자법**

신방수 세무사의
**주택임대사업자
등록과
절세 비법**

이영화의 실전 경매 운영자 재테크로의
**나는 장애를 딛고
부동산 경매로
성공했다**

불황에도 매출 10배 올리는
**상위
1%
공인
중개사의
마케팅
비법**

GTX 시대, 부동산 투자 비법은 따로 있다!
**아파트는 살고
땅은 사라**

부동산 투자를 시작하기 전에 꼭 알아야 할 실전 기술
**부동산
상식을
돈으로
바꾸는 방법**

**해외 부동산 투자,
나는 말레이시아로
간다**

M A L A Y S I A

투자자에게 알려주고 싶은 부동산 블루오션

당신도 건물주가 될 수 있다!
**원룸
마스터**

부동산 투자자,
계약자가 꼭 알아야 하는
**부동산
실무 法
용어사전
1,000**

**부자로 환승하라
머니트레인**

부동산 투자, 이제는 지하철이 핵심이다!

**부동산 투자
인사이트**

그는 어떻게
**부동산
1인 창업으로
10억을
벌었을까?**

부동산 투자의 숨겨진 진실!

**돈 버는
주택임대
관리기법**

10%대 수익률을 위한
최고의 부동산 재테크
**P2P
투자의
정석**

**동산으로 이룬
유의**

전세가를 알면
부동산 투자
가 보인다

서울시 공정경제과
주무관이 알려주는
부동산
거래와
판례

스타들의
부동산
재테크

지분 경매로
토지 개발업자 되기

부동산 재테크
역세권이
답이다

세무사 10년이 알려주는
세무조사
대비의 모든 것

주택 연출가
무조건 따라하기

커피 한 잔 값으로
초대형 오피스 주인 되기
리츠
얼리어답터

고수익을 안겨주는
블루오션 토지 경매
신의 한 수
금맥
경매

주택
아파트
세무 가이드북
실전편

권리분석
완전정복으로
10년 안에
10억 벌기

대한민국을
움직이는
땅 투자 법칙 100

흔한 직장인의 흔하지 않은 투잡 경매 성공기
돈의 보감
평범한 샐러리맨, 투잡 경매로
5년에 10억 벌다

경매로 재테크하고
N잡으로 두 번째 월급 받다

나는 갭 투자로
300채 집주인이
되었다

아파트 300채 부자
박정수가 공개하는
화제의 투자법 대공개!

토지
세무
가이드북
실전편

新
상가
투자
보물
찾기

상가투자라면 공인중개사도 꼭 알아야 하는
상가
세무
가이드북
실전편

응답하라!!
위기의
부동산

나는
토지 경매로
금맥을 캔다

NPL과 경매, 토지보상이 아니죠
토지보상경매
실전활용

**DM**
dodreamedia
# 두드림미디어

**(주)두드림미디어 카페**
https://cafe.naver.com/dodreamedia

가치 있는 콘텐츠와 사람
꿈꾸던 미래와 현재를 잇는 통로

Tel : 02-333-3577
E-mail : dodreamedia@naver.com